테크놀로지
리더

테크놀로지 리더

피터 코핸 지음, 박성휘·김홍 옮김

한국능률협회

테크놀로지 리더
The Technology Leaders

초판 발행 / 2001년 3월 5일

지은이 / 피터 코핸
옮긴이 / 박성휘 · 김홍
펴낸이 / 신영철
펴낸곳 / 한국능률협회
1978년 5월 15일 등록(제13-19호)
서울 마포구 도화동 544 고려빌딩
전화 / (02)719-1424
팩시밀리 / (02)715-7807
홈페이지 / www.kmabook.com
디자인 / 우리는 좋은 친구 (02)2277-5752

값 12,000원

ISBN 89-7277-197-X   13320

찰스 다윈이 주장한 바대로 적자생존(자연도태)의 원칙이 지배하는 이 세계에서 살아남기 위해서는 진화의 최고단계에까지 이른 미국의 기업으로부터 배워야 할 것이 많다. 즉, 급속한 변화의 소용돌이 속에서 고도성장을 주도해 온, 그리고 지적요구의 정도가 높은 시장에서 선두자리를 지키고 있는 성공적인 기업으로부터 여러 가지 교훈을 얻어 낼 수 있다. 미국에서 특히 고도로 진화한 기업은 첨단기술(high-tech) 산업계에서 성공한 기업들이다. 이제 첨단기술은 전 산업에 확산되고 있고, 일반소비재의 기반을 형성하는 한편 모든 서비스 산업에서 빼놓을 수 없는 기본요소가 되어 가고 있다.

그러나 기술의 중요성이 크게 높아졌다고는 하지만 기술 그 자체만으로는 성공적인 기업을 일으키기에 충분치 않다. 아직도 엄청난 금액이 기업에 별다른 수입을 가져다 주지 않는 '기술개발'에 투입되고 있다. 반면, 몇몇 하이테크 기업들은 첨단기술을 이용하여 엄청난 속도로 부를 증식시키고 있고, 초기투자의 몇백 배, 몇만 배를 벌어 개인 자산으로 축적하고 있다. 이러한 움직임은 결국 '창조적 파괴'라 불리는 자본주의의 부산물인 것이다.

기업의 성과를 꾸준히 향상시켜 나가려면 고객의 수요 변화, 기술 진보, 경쟁상대의 전략, 투자자의 요구사항 등의 요소에 대해 적절한 배려를 해야 한다. 그런데 기업경영의 현장에서 관찰해 보면 많은 기업들이 평이한 변화과정을 겪고 있다. 기업주들이 처음 사업을 창설할 때에는 대개 세 가지 자본원천 즉, 자기자본, 판매수입, 외부투자자본에 의존한다. 그 다음 기업활동의 확장을 위해 은행에서 자금을 차입해서 주식을 증모 발행하고, 사업부를 신설하며, 영업권을 매매하거나 합병하고, 또 이 과정에서 시장의 환경에 나름대로 적응해 간다. 그리고 목표 수익률에 다다르게 되면 이를 보호하는 데 치중한다. 그러는 가운데 결국은 처음에 거둔 성공의 강점으로부터 일탈해 나가곤 한다.

의사결정권을 부여받은 중역들은 변화하는 고객의 니즈, 기술 진보, 경쟁기업 전략에 관한 종합적인 방침을 조정할 때 이들 중요사항을 하위직급에게 맡기기도 한다. 대신 그들은 주식명의 개서에 관한 논쟁 중재, 자신들의 보수체계에 대한 논의, 사업부서의 부분매각 문제 검토 및 기구조직표를 몇 번씩이나 고쳐 작성하는 등 그들 표현에 의하면 '더 중요한' 사항에 대해 합의를 도출하기 위해 장시간 주력한다고 한다.

이러한 이유로 인해 젊은 신세대 기업가들이 기존의 고객을 빼앗아 가도 대기업의 경영자들은 속수무책으로 당하기 일쑤이다. 오늘날 대기업의 경영자 대부분은 급변하는 기업환경에 정신을 차리고 보면 신세대 기업가들이 제창하는 '새로운 가치관'에 뒤떨어져 있음을 깨닫게 된다. 대기업은 오래 전부터 존속해 오고 있지만 이제는 경영전략상의 주도권을 잃었고, 매출액 증가에도 불구하고 비용절감의 실패로 인해 수익성은 더욱 하락하고 있다.

그러나 대기업 중에도 이와 같은 사태를 슬기롭게 극복하여 여전히 건전한 성장을 구가하고 있는 능력 있는 기업도 있다. 따라서 두 대기업의 상반된 사례를 들어 최근의 변화에 대응하는 모습을 비교하고자 한다. IBM 사와 휴렛 패커드(HP) 사의 지난 10년 간의 역사를 상고해 보자. 이 두 기업의 공통적인 기업환경 중 중요한 요인은 퍼스널컴퓨터(PC)의 중요성 증대, 개발사용자가 전용(專用)하는 대형 컴퓨터를 중심으로 하는 시스템으로부터 개방적인 클라이언트 서버(Client Server)를 기초로 하는 네트워크 아키텍처(Network Architecture)로의 이행, 그리고 응용 프로그램의 역할 증대라는 극적인 변화를 들 수 있다. 그런데 IBM 사는 이러한 변화에 대해 효과적인 대응책을 강구하지 않았다. 신뢰도가 상대적으로 떨어지는 대형범용기 사업에만 치우쳐 PC의 기본 소프트웨어와 응용 프로그램 시장을 아무런 힘도 써 보지 못하고 마이크로소프트(Microsoft; MS) 사에 넘겨주었다. 그럼에도 불구하고 경영진은 조직의 재편성에만 관심을 두어 고위 경영층을 일부 교체하였다. 그러자 주가는 피크를 이루었던 1987년의

180달러에서 1993년에는 40달러까지 떨어졌다. 새로운 경영진이 들어서자 IBM 사의 재무상태는 극심한 적자에서 흑자로 돌아서기는 했으나, 과거 컴퓨터업계에서 누리던 승자로서의 전략적 주도권을 회복할 수 있을지는 지금으로서는 불투명하다.

이에 반해 HP 사는 자체 개발한 잉크젯 기술을 적극적인 경영전략에 의해 상품화함으로써 100억 달러 규모의 레이저 프린터 시장에서 60%의 시장 점유율을 획득하였다. HP 사는 또 워크스테이션(Work Station)의 네트워크용 서버로 작동될 수 있는 UNIX 베이스의 컴퓨터를 제조, 급속한 업무 신장세를 보이고 있다. 이에 따라 퍼스널 컴퓨터 시장에서 HP 사의 점유율은 계속 상승되고 있으며, 총 매출액의 90%는 과거 4년 이내에 출시된 신상품이 차지하고 있다. 그 결과 1991년부터 1995년 사이 HP 사의 주가는 480%나 상승하였다.

그러면 IBM 사와 HP 사의 차이점은 무엇일까? 이 책에서는 HP 사를 포함한 20개 사의 성공한 하이테크(Hi-tech) 기업을 대상으로 어떠한 이유로 이들이 업계의 승자가 되었는지를 탐구하려고 한다. 본 연구의 대상인 20개 사는 상당한 영업실적이 있는 1,309개의 미국기업 중에서 선택되었는데, 선발기준은 매출액 중 연구개발 투자의 비율이 높고, 5년 간의 자기자본 수익률이 업계에서 상위에 속하며, 혁신적 제품과 서비스 공급에서 높은 평가를 받는 기업을 대상으로 하였다.

이들 20개 우량기업의 평균 실적은 눈부시다. 자기자본 수익률은 전 미국기업 중앙치(median)의 2.4배이고, 주가는 전 미국 유가증권지수의 4.5배 비율로 성장하고 있으며, 종업원 1인당 이익률은 전 미국 산업계 중앙치의 4.1배에 이른다. 더욱 인상적인 것은 매출 신장률이 전 미국 평균치의 5.7배에 달한다는 사실이다.

여기에 선발된 기업은 암젠(Amgen) 사, 시스코 시스템(Cisco Systems) 사, 컴팩 컴퓨터(Compaq Computer) 사, EMC 사, 질레트(Gillette) 사, 하트스트림(Heartstream) 사, HP 사, 인텔(Intel) 사, 인터내셔널 플레이버스 앤 플레그런스(International Flavors and Fragrances) 사, 존슨 앤 존슨(Johnson and Johnson)

사, 메르크(Merck) 사, 마이크로 테크놀로지(Micro Technology) 사, 마이크로소 프트(Microsoft) 사, 미네소타 마이닝(Minnesota Mining) 사, 오라클(Oracle) 사, 파라메트릭 테크놀로지(Parametric Technology) 사, 슈룸버거(Schlumberger) 사, 시놉시스(Synopsys) 사, 써모 일렉트론(Thermo Electron) 사, 그리고 US로보틱 스(U.S. Robotics) 사 등 20개이다.

이들 20개 우량기업이 타 기업의 추격을 뿌리치고 계속해서 업계 상위를 지 킬 수 있는 최대요인은 변화에의 적응 방법이라고 생각된다. 이들 하이테크 우 량기업들은 어떠한 변화가 일어나면 이를 부정적으로 받아들이지 않고 오히려 그 변화를 고객 이익증진의 방향으로 이용하려고 모색한다. 기업환경의 변화에 의해 자사제품이 시대에 뒤떨어진다고 판단될 때면 가차없이 해체하거나 교체 해 버린다. 그리고 그 사업활동 자체를 폐지하기도 한다.

이 책에서 분석하고 있는 하이테크 우량기업은 그들의 경영전략에 관한 의사 결정을 인도하는 일종의 정신적 모델(<그림 P.1> 참조)에 따라 행동한다. 그 모 델은 인간과 테크놀로지가 결합하여 고객이 원하는 제품을 창조한다. 제품은 자 본과 경험으로부터의 지혜를 만들어 낸다. 한편, 자본은 제품의 매출이익으로부 터 나오며, 경험으로부터의 식견은 고객과 경쟁기업으로부터의 반응과 의견 (feedback)에서 나온다. 신제품 개발과 제품공급은 그 회사의 중심적 업무활동 이 된다. 하이테크 우량기업은 자원배분을 통해 이 자본과 경험을 새롭게 하여 제품개발 및 업무추진 방식의 혁신과 재설계에 동원한다.

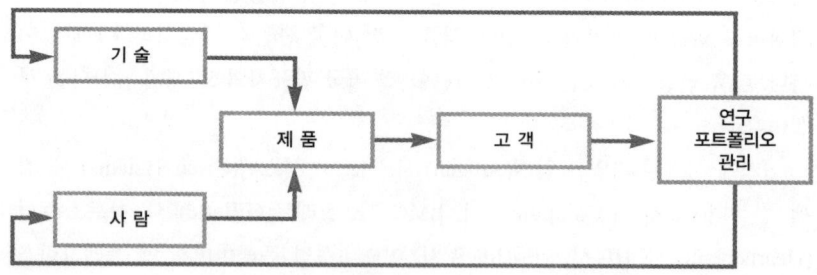

〈그림 P.1〉 하이테크 우량기업: 자본과 아이디어의 흐름

하이테크 우량기업들은 이상의 모델을 최적으로 운용함으로써 자본과 경험을 새롭게 확대하고, 새로운 성공 사이클을 구축해 나간다. 즉, 이들 기업은 가장 중요한 네 가지 경영 실천항목을 구사하여 성공을 향한 신주기(新週期)를 확대 발전시켜 나간다. 그 네 가지 실천항목을 살펴보자.

기업가로서의 리더십(Entrepreneurial leadership): 하이테크 우량기업은 가장 우수한 인재를 찾아내어 채용하고, 그들이 최대한의 능력을 발휘하여 일할 수 있도록 동기를 부여한다. 기업의 CEO들은 기술에 대한 깊은 이해와 동시에 고객만족을 통한 이익추구에 강한 의욕이 있어 새로운 인사관리에 효율적으로 대처하고 있다. 또한 기업의 비전도 이 가치관에 기초를 두어 기획, 설계되기 때문에 이것에 의해 우수한 인재를 발굴하여 회사가 정한 방향으로 이끌어 갈 수 있게 된다. 그런데 같은 업종의 다른 기업에서는 사원들에게 '주가를 최대화하라' 는 채찍질로 독려하고 있어 하이테크 우량기업과는 대조적이다. 또, 하이테크 우량기업의 조직은 개방적 형태를 띠고 있으며, 인사관리도 인간 본위로 운영되고 있다. 그러나 거기에는 엄격한 측면도 있는데, 조직간 경쟁이 매우 심하고 보수는 능력본위이다. 회사의 주가가 계속 상승하는 경우에는 계약한 급여의 최저수준이 보장되기도 하고, 현재의 급여는 적지만 후일 주식으로 배정받기로 하는 선택(스톡옵션)의 형태로 계약하기도 한다.

개방적 기술관리 정책: 하이테크 우량기업은 고객의 니즈 실현을 위한 기술을 적극적으로 취득하려 하며, 이를 위해 많은 자금을 투입한다. 그 기술이 사내에 있을 때는 고객에 대해 보다 가치 있는 형태로 상품화한다. 만일 그 기술이 사내에 없으면 기술 사용권을 취득하는데, 그 방법은 기술 보유자를 회사에 영입하거나 혹은 개발자와 특허 라이센스(license) 계약을 체결하는 등 다양한 형태를 취한다. 또, 하이테크 우량기업은 기술력에서의 우월한 지위를 확립하기 위해 특정의 '기준기술' 확보에 노력하며, 이를 위해 제3자로 하여금 업계 표준의 기준기술이 무엇인가를 객관적으로 정립해 줄 것을 요청하기도 한다. 그리고 신기술에 대한 충분한 정보를 얻기 위해 일부 직원을 할당하여 기술 감시역으로 임명하고, 타사의 기술 중 어떠한 내용이 자회사의 기술에 위협이 될 것인가를 조사하게 한다. 이와 동시에 이들 하이테크 우량기업은 개발 후 잘 쓰이지 않는 기술은 기록하여 보관해 놓지만, 어떤 특수한 프로젝트에만 쓰이는 기술은 외부에서 차용(renting)하여 쓰기도 한다.

경계 없는 제품개발: 하이테크 우량기업은 인적자원과 기술을 잘 결합하여 고객에게 더 높은 가치를 제공하려 한다. 이를 위해 기능횡단적(cross functional)인 팀을 편성하여 지금껏 관리해 온 고객에 대해 그 동안 만족시키지 못한 니즈가 무엇인지 파악하게 한다. 이에 근거하여 신기술과 결합된 새로운 시제품 모델이 만들어지는데, 고객의 반응도(feedback)에 따라 때로는 여러 번 수정을 가하기도 한다. 그리고 하이테크 우량기업은 대량 소비시장의 요구에 부응하기 위한 품질의 수준과 판매시기에 맞춰 제조 혹은 공급을 위한 설비능력을 개발해 나간다.

규율 있는 자원 배분: 하이테크 우량기업은 성공적인 신상품으로부터 나오는 자본과 경험을 이용하여 그 성공의 사이클을 새롭게 전개해 나간다. 또, 조직이 그 동안 축적한 지식을 확대하기 위해서도 자원을 할당한다. 기술개발 프로젝트 중 이미 자금을 배정받은 부분에 대해서는 평가표를 작성하여 성과를 측정하며, 앞으로 추진할 연구개발 프로젝트에 대해서는 진행추이 곡선을 설정해 놓고 이것에서 벗어나는 경우 어디에서 손을 뗄 것인가를 미리 정해 놓기도 한다. 또, 여러 프로젝트의 우선순위를 정하고, 투자여부를 결정할 때에는 성공확률, 자금순환(cash flow)을 추정하여 참고한다.

이 책을 읽는 분들에게

이 책은 각 기업에 근무하고 있는 실무자들이 앞에서 살펴본 네 가지 성공요건을 이해해 주기를 바라는 마음에서 집필되었다. 기술집약적인 산업에서의 CEO, CTO, 사업부문 책임자, 제품개발 담당 직원, 연구자, 엔지니어들은 특히 이 네 가지 기본조건을 이해하여 자신이 사용하는 테크놀로지와 연결하여 활용해 주기 바란다. 벤처 자본가, 투자회사, 상업은행, 기타 금융매체와 일반 투자가들은 본서로부터 얻은 지식을 활용하여 잠재적 가치가 높은 투자대상을 찾아낼 수 있을 것이다. 아직은 기술집약도가 그리 높지 않은 기업이라 할지라도 관계자들이 이 책을 잘 이해하여 경영전략 수입에 활용한다면 기술혁신으로부터 오는 이익률을 현저히 높일 수 있을 것이다.

이 책의 내용

Chapter 1에서는 기술집약형 산업이 직면하는 기회와 위협을 살펴보고, CEO로부터 엔지니어에 이르는 조직이 이들의 최근 동향에 의해 어떠한 영향을 받게 되는지 살펴보고자 한다. 또, 하이테크 우량기업 20개 사를 선정하는 데 사용된 분석적 방법에 대해 상세히 설명하려 한다. 아울러 이들 20개 기업들이 과거 발군의 성과를 올리고 최근에도 지속된 회사 성장에 기여한 네 가지 주력조건이 어디로부터 나왔는지 그 근원을 캐고자 한다.

　Chapter 2에서는 네 가지 주력조건 중 첫번째인 '기업가로서의 리더십(entrepreneurial leadership)'에 대해 고찰한다. 여기에서는 대표적인 리더십을 보여 온 데이빗 패커드(HP 사), 로이 베이질러스(메르크 사)와 빌 게이츠(마이크로소프트 사)의 사례를 살펴보기로 한다. 그리고 이 Chapter에서는 HP 사, 시스코 시스템 사, 3Com 사의 예를 통해 의사결정의 효과적인 분산화에 대해 탐구하려 한다. 즉, 시스코 시스템 사를 비롯한 여타의 우량기업에서 어떠한 방법으로 우수한 인재를 확보하였는지를 서술하고, 써모 일렉트론 사와 마이크로소프트 사의 가치 있는 신규사업 분야 개척을 가능케 한 강력한 금전적 보상책(financial incentives)을 설명하려 한다. 이 Chapter의 결론 부분에서는 CEO들이 이 원리를 자회사에 도입, 정착시키는 순서에 대해 설명한다.

　Chapter 3에서는 하이테크 우량기업의 두 번째 성공조건이라 할 수 있는 '개방적 기술관리 정책'에 관해 논의한다. 이들 우량기업들은 자기 기업의 경쟁력에 필수 불가결한 기술을 육성하고 경신하기 위해 다섯 단계의 기술양성 과정을 추구하고 있다. 나아가 시스코 시스템 사나 컴팩 사와 같은 신기술 개발의 선두 주자들이 어떤 방법으로 산업계의 표준을 만들어 내고 있는지를 살펴보고, 시놉시스 사, 존슨 앤 존슨 사, 메르크 사, 휴렛 패커드 사 등의 선진기업들의 신기술

모니터 방법에 대해 설명하기로 한다. 또한 신기술 개발의 격차를 좁히기 위한 마이크로소프트 사와 시스코 시스템 사의 타사와의 제휴·합병 방법에 대해서도 고찰한다. 이 Chapter의 마지막 부분에서는 이들 우량기업에서 매우 큰 성과를 거두었던 경영 실천항목을 소개해 독자들이 소속한 기업의 CEO들이 거쳐야 할 변혁의 절차에 대해 요약해 놓았다.

Chapter 4에서는 암젠 사와 인텔 사의 사례를 인용하여 하이테크 우량기업이 특정 프로젝트에서 타사의 기술을 차용(rent)하는 방법에 대해 살펴보려 한다. 또한 루이 뒤레퓌스 사(Louis Dreyfus)의 예를 참고로 하여 기술자산의 관리도 일종의 재정(arbitrage, 裁定)의 형식을 띠고 있다는 원리를 설명하려 한다. 이 Chapter에서는 우량기업들이 기술의 '임대차 계약(rental agreement)'을 설정함으로써 과도기적 기간 중에만 가치가 있는 사업기회에 대해서는 항구적인 투자를 하지 않고도 필요한 기술을 입수하는 방법을 설명하려 한다. 또한 이러한 기술 임대차 계약에는 수많은 함정이 있음을 부각시키는 한편 이를 피해 나갈 적절한 안내도를 제시하고자 한다. 그리고 이 Chapter의 마지막 부분에서는 이 안내도가 시스코 시스템 사의 뛰어난 업적에 얼마나 큰 기여를 하였는지 상세히 설명하고자 한다.

Chapter 5에서는 이들 하이테크 우량기업의 세 번째 성공조건 즉, '경계 없는 제품개발' 전략을 통해 인적·물적 요소를 최적 결합해 나가는 방법을 소개한다. 이어서 이들 우량기업이 고객의 니즈에 따른 신제품을 시장에 내놓을 때 사용하는 다섯 단계의 절차를 설명하고, 아울러 이 절차를 충실히 실천한 휴렛 패커드, 마이크로소프트 사, 슈룸버거 사, 질레트 사, US로보틱스 사 등이 커다란 성과를 얻게 된 경위에 대해 상세히 살펴보려 한다. 이에 관련하여 파라메트릭 테크놀로지 사(Parametric Technology)와 시놉시스 사가 공동개발한 '프로토타입(prototype)' 개발용 소프트웨어를 사용한 기계 또는 반도체 제조업체가 신제품 개발주기를 비약적으로 향상시키게 된 경위를 검증하려 한다. 그리고 이 Chapter의 마지막에는 이들 우량기업에 유익했던 기술관리 방법을 독자의 회사에 도입하려 할 때 밟아야 할 수순에 대해 살펴보려 한다.

Chapter 6에서는 경계 없는 제품개발 전략에서 가장 중요한 요소 즉, '고객을 위한 가치창조'에 초점을 맞추어 고찰하려 한다. 여기에서는 '가치의 삼각형(value triangle)'에 대한 개념을 소개하고, 아울러 각 기업이 이 가치의 세 정점을 어떻게 연결하는가에 따라 제품의 성공여부가 결정된다는 점을 논증해 보겠다. 그리고 이어서 이 원칙을 실제 적용한 사례로서 EMC 사, 인터내셔널 플레이버스 앤 플레이그런스 사와 하트스트림 사의 경우를 살펴보겠다. 이 Chapter의 말미에서는 3Com 사와 시스코 시스템 사의 사례를 근거로 하이테크 우량기업들이 고객을 위한 가치창조를 위해 실천하고 있는 방법과 절차를 요약 정리하려 한다.

Chapter 7에서는 네 번째 성공조건인 '규율 있는 자원배분(disciplined resource allocation)'을 검토한다. 하이테크 우량기업에 있어 자원배분이란 불확실성하의 도박과 같은 것으로 간주된다. 즉, 앞의 세 가지 성공요건이 구비되는 과정에서 모아진 자본과 아이디어들이 자원배분 과정을 통해 투자되는데, 하이테크 우량기업들은 경쟁에서 승리하기 위해 연구개발 투자의 우선순위 결정에 따른 위험관리를 효율화함에 있어 다섯 가지 원칙을 정하여 지키고 있다. 이 Chapter에서는 제약업계의 최근 사례를 바탕으로 이 원칙을 설명하려 한다. 아울러 이 원칙이 유효하게 작동되도록 하기 위해 하이테크 우량기업들이 어떤 방법을 사용하는지에 대하여 고찰하려 한다.

Chapter 8에서는 Chapter 7까지의 내용을 압축하여 독자들이 소속된 경영조직과 하이테크 우량기업이 어떻게 비교될 수 있는지를 보여 주기 위한 설문지 즉, '기술혁신 채점표(Innovation Scorecard)'를 제시하려 한다. 이 채점표를 통해 독자들은 각자의 기업체가 기술혁신 수익률, 리더십, 테크놀로지, 제품개발, 자원배분과 같은 항목에서 상대적으로 어떠한 성적을 나타내고 있는지 평가할 수 있을 것이다. 아울러 이 Chapter에서는 각 기업이 이 채점표에 답하기 위해 필요한 자료를 수집하는 방법도 제시될 것이다. 그리고 마지막에는 CEO들이 각 경영조직을 더욱 혁신적으로 만들어 가기 위해 필요한 수단에 대해 설명하려 한다.

Chapter 9에는 미래에 대한 전망이 실려 있다. 하이테크 우량기업들이 산업계 전체의 풍경(landscape)을 어떻게 바꾸어 나갈 것인지, 또 이들 변화가 경영자, 사원, 소비자, 자본가 등에 미칠 영향의 의미를 조명해 보고자 한다.

필자의 관련 경험

본서의 주제에 대한 관심은 신기술 개발 및 이용자들을 대상으로 자문을 해 온 15년 이상의 경험으로부터 나오게 되었다. 자문을 청해 온 고객(clients)들의 업종은 소프트웨어, 통신, 반도체, 온라인 정보서비스, 생명공학(biotechnology), 화학, 정유 및 판매, 유전개발 등 여러 분야에 걸쳐 있었다. 나는 고객들이 시장개발, 신상품 개발, R&D 포트폴리오 관리, 합작 투자계획의 작성과 실행, 기술 특허(license) 계약 등 여러 문제를 적절히 다루어 나가도록 도와주었다. 또한 기술판매를 주업으로 하는 고객들과 함께 일한 적도 있었고, 자기 회사의 영업활동에 대한 고객의 반응에 보다 효율적으로 대처하기 위한 업무개선 계획을 작성하려는 팀과 함께 일한 적도 있었다. 내 경험에 비추어 보면 하이테크 산업에서 신규사업에 실패하는 주된 이유는, 기술 담당자가 그들이 개발하는 제품이 고객에게 어떠한 가치를 창출해 내는지에 대해 충분히 이해하지 못하거나 아니면 이해하려고 하지도 않는다는 사실에 있다. 이 문제가 얼마나 중요한지를 보려면 컴퓨터업계가 전용 오퍼레이팅 시스템에서 개방 시스템으로 전환되면서 일어난 상황을 살펴보면 된다. 기술능력이 희소한 시기에는 그 기술을 지배하는 기업이 시장의 향배에 대해서도 지배력을 갖는다.

즉, 소비자는 기술자가 설계한 대로 제품을 구매하는 외에 다른 선택이 있을수 없다. 그러나 컴퓨터 기술이 널리 분산되고 널리 보급되면서 많은 컴퓨터 기술 관련 기업들은 시장상황의 변화에 심각한 위기감을 느껴야 했다. 어느 순간정신이 들었을 때엔 시장의 중심이 기술선행(technology-push)에서 고객우선(customer-pull)으로 급격히 전환된 것이다. 내가 자문했던 여러 사업들도 이러한 시장변환에 따른 위기에 대처할 방법을 모색하는 것들이었다.

필자는 1995년에 일단의 R&D 책임자들이 몇 가지 주요문제에 관해 어떤 방식으로 대처해 나가는 가를 조사·연구하여 보고서를 제출하는 작업에 참여한

적이 있다. 이 연구의 중요항목은 각 기업의 영업측면과 기술측면이 적정한 균형을 이루어 갈 수 있는 방법은 무엇인가, 경쟁기업에 앞서 보다 수익성이 좋은 제품을 먼저 시장에 출시하는 방법은 무엇인가, 기술자원의 가치를 평가하는 방법은 무엇인가, 연구개발 조직의 생산성을 극대화하는 방법은 무엇인가, 그리고 연구개발 포트폴리오의 가치를 최적화하는 방법은 무엇인가에 관한 문제가 포함되었다.

이 연구 프로젝트에서 나름대로의 성공을 거두게 됨에 따라 나는 근본적인 경영문제를 보다 심층 연구해 보고자 하였다. 지금까지 얻은 지식에 대해 보다 확대된 기업군에 그 타당성을 시험해 보고 싶었다. 내가 원하는 것은 전산업계의 경영자들에게 큰 도움이 되는 일련의 원리들이 보다 명료하게 설명될 수 있도록 정제하고 농축해 보려는 것이다.

감사의 말

많은 사람들의 도움이 없었다면 이 책은 완성되기 어려웠을 것이다. 이 책에서 논의된 주제들에 관해 다양한 의견을 제시해 준 각 기업의 임원진, 자본가들에게 감사를 드리고자 한다. 특히 딘 머튼(HP 사), 봅 살디크와 존 미즐리(레이켐 사), 윌리엄 드레이퍼(드레이퍼 인터내셔널 사), 케빈 콤튼(크라이너 퍼킨스 사), 제프 양(인터내셔널 벤처 파트너스 사), 존 모그리지(시스코 시스템 사), 빅터 그리자바, 브라이언 크라크, 버나드 그라밀렛(슈룸버거 사), 마이클 그리피스(인스탓 사), 앨런 레비(하트스트림 사), 존 부쉬(질레트 사), 조지 헤일마이어(벨코어 사), 에릭 벤하무(3Com 사), 아르드 지어스.커트 쿠쳐, 폴립(시놉시스 사), 모린 로런스(화이트리 사), 앤디 크라크(이스트만 케미컬 사)에 깊은 감사를 표하고 싶다.

그리고 다음에 거명된 동료들의 도움에 대해서도 감사를 드린다. 부르스 헨더슨(메이트릭스 USA 사), 봅 스트린저(셔부룩 어소시이트 사), 제프 코번(코번 컨설팅 사), 제프 휄윅(르네상스 솔루션 사), 탐 린취(라자르 프레르 사), 에릭 스탱(레이켐 사), 라이언 잉글런드(몬산토 사), 데니스 하프(알렉스 브라운 사), 피터 레이노(K-Ⅲ 커뮤니케이션 사), 제이크 웨스너(맥컨지 사), 모르데카이 훼스터(시스코 시스템 사), 리처드 야노비치(베리싸인 사), 그리고 척 로쉬 등에게 감사드린다. 그리고 이 책의 출판과정에서 격려와 지원을 아끼지 않은 조시 바스사의 세드릭 크로커, 치릴 그린웨이, 바이런 슈나이더 씨에게도 감사를 드린다.

마지막으로, 이 책의 전편을 꼼꼼히 읽고 그의 실무경험으로부터 우러나오는 깊은 통찰력으로 매우 유익한 코멘트를 해준 나의 아내 로빈에게 특별한 감사와 애정을 표하고자 한다.

매사추세츠 주 이스트 말보로에서

피터 S. 코핸

이 책의 공동 번역자들이 소속된 호서대학교는 정부의 'BK 21 계획'에 의한 벤처전문대학원을 인가받아 서기 2000년부터 운영해 오고 있으며, 산학협동과 벤처산업교육의 선두주자로 인정받고 있다.

그러나 호서대학교가 벤처교육을 시작한 1991년만 하더라도 천안에 소재한 지방군소대학으로서 별다른 주목을 받지 못하였다. 당시 총장이었고 지금은 명예총장인 강석규 박사는 충남 서북부 지역에 산재한 지방중소기업을 살리고 호서대학에서 공부한 사람들이 지역경제의 활성화와 우리 나라 중소기업의 진흥을 위해 기여할 수 있도록 벤처교육 프로그램을 마련토록 하였다. 역자들 중 한 사람은 기획처장, 한 사람은 연구처장으로서 총장을 도와 오늘날 호서대학이 벤처 교육의 요람으로 자라는 데 일조하였고, TBI, 벤처 동아리 육성, 호서 기술 컨설팅위원회 설립 · 운영에 협력하는 한편 현재 김홍 교수는 벤처전문대학원 원장으로, 박성휘 교수는 호서 산학위원회 위원으로서 벤처교육의 기획은 물론 벤처대학원과 학부에서 벤처교육을 담당하고 있다.

역자들은 피터 코핸의「Technology Leaders」를 벤처교육의 여러 교재 중 하나로 사용하였으며, 학생들이 벤처기업의 성공조건에 관해 구체적으로 이해하는 데 효과가 있음을 발견하였다. 역자들은 또 저자가 컨설턴트로서 현장경험을 통해 얻은 놀라운 통찰력으로 분석 · 정리한 이 책의 내용이 벤처산업에 종사하는 일반 독자들에게도 유익하다고 생각하였다.

이 책을 번역할 때 郡司芳昭 씨의 일본어 판도 참고하였지만 오히려 그의 번역과 다른 곳이 더 많을는지도 모르겠다. 전문용어를 우리말로 옮길 때 원어보다는 우리말 용어를 찾아 쓰려 하였으나, 적절치 못한 곳이 있으리라 생각된다.

여러 선생들의 고침을 받고자 한다.

끝으로, 이 작은 번역서를 내는 데에도 많은 격려와 도움을 주신 강석규 호서대 명예총장님과 황희룡 교수님, 강박광 교수님께 감사를 드리며, 출판을 도와준 동료 김병국 교수, K&P사의 박연정 양, 그리고 양가의 가족들에게도 고마움을 전하고 싶다.

박성휘 · 김홍

차례

하이테크 산업계의
선두주자들과 그 성공 요건

The Technology Leaders

당신이 일하고 있는 회사를 생각하며 다음 설문에 답하시오.

- 귀사의 당기매출과 이윤의 대부분이 신상품으로부터 나오고 있는가?
- 귀사의 고객들은 귀사 제품을 업계 표준이라고 생각하고 있는가?
- 귀사 제품의 시장 점유율은 1위인가?
- 귀사 중심기술의 내용과 그 가치를 알고 있는가?
- 귀사는 항상 신기술 동향을 주시하고(monitor) 있는가? 또, 그 신기술이 기존 제품을 도태시키는 경우 그 기술이 제공하는 새로운 기회에 자본을 투입하기 위해 노력하고 있는가?
- 귀사는 이익 증대에 도움이 되는 업무 제휴관계를 형성하고 관리하는데 타사에 비해 뛰어난 성과를 얻고 있는가?
- 귀사는 기존의 경영조직으로서는 고객의 요구에 부응할 수 없음을 알고, 타사를 합병 · 통합하여 기술격차를 좁히는 데 성공하였는가?

- 귀사는 업계 제일의 과학자와 엔지니어를 갖추고 있는가?
- 귀사의 종업원 1인당 이윤과 매출액이 업계 1위에 올라 있는가?
- 귀사는 제품개발에 대한 자원배분에 있어 예상수익의 순위에 따라 질서 있게 실천하고 있는가?
- 귀사의 기술혁신에 대한 지금까지의 투자가 회사가치의 증대에 확실히 기여하고 있는가?

이상의 모든 질문에 긍정적인 답변을 할 수 있다면 당신의 회사는 하이테크 우량기업(technology leader) 중 하나라고 할 수 있다. 그러나 그렇지 못하다면 바로 이 책이 고객의 수요, 경쟁상대 기업의 전략, 그리고 기술의 변화에 요령 있게 대응하여 귀사가 가지고 있는 기술과 시장 사이에 긴밀한 연계관계(tight linkages)를 구축함으로써 귀사의 업적을 획기적으로 개선할 수 있는 방법을 제시해 줄 것이다.

하이테크 우량기업의 경험적 특징을 살펴보면, 그들은 기술집약적 산업분야에 참여하고 있고, 당기수익과 이윤의 대부분이 신제품으로부터 창출되고 있으며, 5년 간 주당 평균 수익률(자기자본 수익률)도 각 분야에서 최고 수준에 올라 있다. 이들 하이테크 우량기업들은 이윤 창출이 기업생존의 필수요건이라는 점을 인정하지만 주식가치의 극대화만을 주목표로 삼고 있지는 않다. 또, 그들은 경쟁기업의 존재와 그 전략에 늘 두려움을 가지고 대처하고 있으나 그렇다고 그들을 제거하기 위해 별도의 예산을 책정하지는 않는다. 그들은 새로운 시장의 요구에 대해 자사의 기본적 능력이 적합한지 여부를 신중히 검토는 해보지만, 기존 사업부문을 중심으로 신시장 대책을 수립하지는 않는다. 마지막으로, 하이테크 우량기업들의 조직을 구조조정할 경우에도 대량해고는 극력 피하고 있다. 사실 그들은 평소에 어떤 업무영역을 도태시킬 것인지에 시간과 노력을 들이기보다 가장 우수한 인재를 찾아 맞아들이고 계속 보유하는 일에 더 중점을 두고 있다.

하이테크 산업계의 선두 우량기업들은 고객의 필요를 이해하는데 전력을 다하고 있다. 이러한 집중력으로 경쟁기업보다 고객의 수요에 보다 만족스런 제품을 공급할 수 있게 된다. 하이테크 제품은 원래 매우 복잡하기 때문에 이들 우량기업에서는 고객이 구매의사결정을 내릴 때 되도록 복잡하지 않고 간단하게 느낄 수 있도록 만들려고 한다. 그리고 하이테크 우량기업은 여기저기 흩어져 있는 부품이나 단순품목들을 결합하여 가장 유지비가 적게 들며, 즉시 사용 가능한 턴키 베이스(turnkey base)의 표준 시스템을 편성하는 일에 매우 능하다. 이런 식으로 구축되는 업계의 표준 시스템을 만들어 내고 또 조정함으로써 하이테크 우량기업들은 최대의 시장 점유율을 차지할 수 있다.

또, 이들은 그들의 우월한 지위를 유지하기 위하여 최고의 과학자와 엔지니어를 구하여 경쟁기업과의 기술경쟁에 효과적으로 대처한다. 이들 우량기업과 업계의 기타 회사들과는 시장 점유율에 있어 현격한 차이가 있듯이 이들이 보유하고 있는 최고의 과학자, 엔지니어들과 타 기업의 기술진과는 생산성에 있어 엄청난 차이를 보이고 있다. 짐작하는 바와 같이 이들 하이테크 우량기업들의 경영진은 최고 수준의 인력을 찾아내어 임용하고 재훈련하는 데 엄청난 노력을 기울이고 있다. 앞으로 제2장에서 상세히 살펴보겠으나 기업의 소재지(physical location)도 최우수 인재를 획득하는 전략의 한 요소가 되고 있다. 예컨대 하이테크 기업들이 밀집해 있는 실리콘 밸리(Silicon Valley)에서 멀리 떨어진 워싱턴 주 레드몬드 시(Redmond)에 본부를 두고 있는 마이크로소프트 사

(Microsoft)는 경쟁 상대들이 자사 직원을 빼내가는 데 많은 비용을 지불해야 함에 따라 사실상 그러한 기도를 포기하도록 만들고 있다.

하이테크 우량기업은 급속히 변하는 고객의 수요, 과학기술, 경쟁기업의 전략에 적절히 대응하면서 고객을 위한 신가치 창조에 적합한 거대조직을 만들어 내었음을 볼 때, 비즈니스 생태학상 최고로 진화된 기업체라 할 수 있다. 그리고 이들 우량기업들이 정상의 위치를 지속적으로 고수할 수 있는 유일하고도 최대의 요인은 지적 겸허(intellectual humility)이다. 그들은 이미 획득하여 지배하고 있는 시장도 눈 깜짝할 사이에 변해 버릴 수 있다는 점을 너무나 잘 알고 있기 때문에 고객을 위한 신가치 창조를 향하여 그들 스스로를 혁신해 나가는 데 필요한 정보를 부단히 추구하고 있다. 결과적으로, 하이테크 우량기업을 깊이 있게 이해하게 된다면 모든 경영조직들도 큰 유익을 얻게 될 것이다.

기술집약형 산업의 역학(力學)

기술집약형 산업에 속하는 기업들이 고도의 수익성 유지에 곤란을 겪게 하는 일련의 강력한 역학적 요인들에 노출되어 있다. 아래에서 이들을 좀더 자세히 살펴보기로 하자.

기술의 급속한 변화로 많은 현역 기업이 몰락한다. IBM 사가 컴퓨터 업계에서 누리던 최고의 지위는 전용대형범용기(專用大型汎用機) 시장에서 중심적 역할을 했던 점이 뒷받침되고 있었는데, 마이크로소프트 사가 개인용 컴퓨터의 운영체제를 지배하게 되었을 때 심각한 타격을 입게 되었다. 그런데 이제는 개인용 컴퓨터의 운영체제에서 최고의 지위를 누리고 있는 마이크로소프트 사도 네트워크 컴퓨터(Network Computer; NC)에 의해 위협받게 될 가능성이 제시되고 있다. NC는 오라클 (Oracle), 선 마이크로시스템스(Sun Microsystems) 그리고 몇 개의 인터넷 서비스 업체들이 제기한 개념인데, 한 대에 겨우 500달러라는 가격에 '씬 클라이언트(thin client)'라 불리는 장치를 사용하여 업무에 필요한 소프트웨어나 정보를 인터넷으로부터 조속히 전송(download)받는다는 것이다. 이 NC의 성공 여부는 현재의 저렴한 유지비용이 앞으로 PC용의 기업용 프로그램을 수정하는 비용보다 계속 낮게 유지될 것인가 혹은 높아질 것인가에 달려 있다. 업계의 선두 자리를 계속 고수하려는 마이크로소프트 사는 NC 컨셉트(concept)가 유력한 시장으로 발전될 경우에 대비하여 비밀리에 NC용 제품과 부대 서비스를 개발해 놓음으로써 상황변화에 따른 이익확보에 유의하고 있다.

기술집약형 산업에는 신규기업의 진입장벽이 낮다. 테크놀로지의 중요한 변화들이 생각지도 않던 곳에서 일어나는 경우가 많은데, 그 이유는 신규기업의 진입장벽(entry barriers)이 아주 낮기 때문이다. 어떤 우수한 두뇌를 가진 인물이 좋은 아이디어를 가지고 있을 때 이를 상품화로 성공시키는 데 반드시 많은 자본이 들지는 않는다. 예컨대 인텔 사의 CPU를 쓰는 개인용 컴퓨터를 위해 작성된 UNIX 기준 소프트웨어의 파생작품인 리눅스(Linux)의 핵심 프로그램 대부분을 쓴 사람은 핀란드 헬싱키에 살고 있는 라이너스 토발스(Linus Torvalds)이다. 그런데 이 리눅스를 완성된 기본 인터넷 패키지(Internet package)로 만드는 데 기여한 사람들은 인터넷으로 연결된 전세계 수백 명의 지원자(volunteers)들이었다(Klaus, 1933 참조).

지적소유권을 보호하는 수단으로서 특허의 전통적 역할은 침식당했다. 특허는 제약업계에서 확실히 유용하다. 신약을 개발하는 경우 4억 달러까지나 투자해야 하기 때문에 이를 회수하기 위해서는 적어도 17년 이상의 특허권 보호가 필수적인 것이다. 그러나 기술지향의 거의 모든 업종에서는 특허를 인허받았을 때 이미 시장은 몇 세대 앞서 나가 버리는 경우가 허다하다. 즉, 기술집약형 산업에 속한 기업에 대해서는 특허가 그들의 우월한 지위(leadership)를 지키는 수단으로서의 의미를 잃게 되었다. 이제 이들 기업에서는 특허를 얻는 데 주력하기보다는 직장환경 정비에 더 많은 투자를 해서 경쟁상대보다 한시라도 빨리 수익성 좋은 신제품을 출시할 수 있는 우수 인재를 고용하는 편이 유리하다. 그러나 앞으로 Chapter 4에서 살펴보겠지만 경쟁상대와 기술을 교환(swap)하는 하이테크기업의 경우에는 특허가 교섭 수단으로서의 가치가 있다.

기술집약형 산업에 있어 업계 표준을 세우고 관장하는 기업은 높은 수익성을 유지하는 지위를 누리게 된다. 이에 대한 전형적인 예로 마이크로소프트 사가 MS-DOS와 Window를 업계 표준이 되는 운영체계로 확립한 사실을 들 수 있다. 마이크로소프트 사는 인텔 그리고 여타 프로그램 개발 회사들과 협력하여 소프트웨어 제품에서 고수익성을 누릴 수 있는 운영 체계를 확립함으로써 자신의 우월한 위치를 보다 확고히 하였다. 그런데 사실 소프트웨어 산업의 진입 장벽은 매우 낮기 때문에 수많은 중소기업들도 특정 문제에 대한 솔루션(solutions)을 개발하는 일에 뛰어들기란 그리 어렵지 않다. 그러나 사용자 입장에서 보면 다양한 요구와 변화에 적응하기 어려운 프로그램들을 값이 싸다고 가판대(vendor)에서 구입하는 모험을 할 수는 없다. 특히 사용 기업의 경우 프로그램을 개서(改書)하거나 종업원을 재교육하는 데 드는 경비도 최소화해야 하는데, 이러한 위험과 비용을 절감할 수 있는 업계 표준이 수립될 경우 이를 만들어 낸 기업은 엄청난 영업상의 우위를 보유하게 되는 것이다.

기술시장의 다양한 변화에 기존 기업이 적응하기 위하여 기업합병·매입의 기록적인 증가가 나타났다. 기술 담당 임원들은 업계를 일변케 할 정도의 신기술에 자기 기업이 뒤떨어지게 될 위험이 너무 크기 때문에 차라리 해당 기술분야에서 지도적 위치에 있는 기업을 매입하는 것이 낫다는 점을 깨닫게 되었다. 예컨대 수년 전 AT&T 사는 맥코우 셀룰러 사(McCaw Cellular)를 115억 달러에 매입하였는데, 전 미국에 휴대용 전화망을 부설하는 데 많은 시간과 비용을 지불하는 대신 차라리 이 매코우 사를 사들이는 것이 낫다고 판단한 것이다. 이와 마찬가지로 시스코 시스템 사도 스트라타콤 사(StrataCom)를 40억 달러에 매입하였을 때, ATM(비동시 전송방식; 고가이나 고속의 데이터 통신을 위한 표준의 하나임)의 획득을 위해 비슷한 계산이 나왔던 것이다. 그런데 시스코 시스템 사에 대해 이 회사 매입은 그의 고객들에게 통합적으로 기능하는 완전한 네트워크 제품을 공급하기 위해 기획된 일관된 연관 기업 매입 과정의 하나에 불과하였다.

기술집약형 산업에서 '횡적 교섭의 주도권'은 기술 제공자로부터 기술 사용자에게로 넘어갔다. 휴렛 패커드(HP) 사와 디지털(Digital) 사가 성공한 핵심요인의 한 가지를 예로 든다면, 엔지니어들이 옆자리에 앉아 있는 동료 엔지니어를 위해 제품을 설계하였기 때문이었다(이를 '동료직인 패러다임(the next bench paradigm)'이라 한다). 이 두 회사는 업계 최고 수준의 엔지니어들을 고용하고 있었기 때문에 타사의 엔지니어들은 이들이 설계·제공하는 제품에 자기들의 욕구를 갖다 맞추는 데 큰 불만이 없었다. 그러나 컴퓨터의 개방적 운영체제가 보편화되고 보다 효율적인 컴퓨터 보급 경로가 수립되는 한편, 소비자 시장에 대한 컴퓨터 판매가 더 중요시됨에 따라 예의 '동료직인(同僚職人) 패러다임'은 근본적인 변화를 맞게 되었다. 이를 보다 구체적으로 말하면, 위의 변화 추이로 인해 제품 구매자들이 여러 판로를 통해 공급되는 다양한 유사제품들을 비교할 기회를 맞게 된 것이다. 이들 소비자들은 그들의 막대한 구매력에서 우러나오는 힘을 이용하여 제품 성능의 꾸준한 향상을 요구하는 한편 제품의 구입, 사용의 부대 비용을 현저히 삭감시켜 버렸다. HP 사는 이러한 추세 속에서 고객의 니즈에 신속히 부응하였고, 그 한 예가 레이저 프린터(laser printer)의 개발이다. 그러나 디지털 사는 고객 니즈에 대한 수용 능력의 부족으로 HP 사에 뒤지고 말았다. 이러한 추이는 의약업계에도 불어닥치고 있다. 관리의료 프로그램에 관한 의료제품의 대량 구매 기업인 메드코 사(Medco)를 메르크 사(Merck)가 60억 달러에 사들인 것도 패러다임 전환에 대처하는 방식이 달랐기 때문이다.

기술집약형 산업의 선두 기업은 그들의 핵심 기술을 계속 재평가한다. 이러한 지속적인 기술 재평가 과정을 통해 하이테크 우량기업들은 새로운 시장에 참여하는 데 수반되는 위험을 제한하기 위하여 기업간 전략적 제휴(strategic alliances)에 발벗고 나서게 되었다. 이러한 현상은 최근에 더욱 극적인 증가세를 보이고 있는데, 예를 들면 HP 사는 자체적으로는 투자를 기피해 오던 64비트 CPU 개발에 인텔 사와 전략적 제휴를 맺기로 교섭하였다. 그러나 이러한 동맹관계는 당사자들간에 서로 다른 시장에서 협력과 경쟁을 동시에 진행시켜야 한다는 경영상의 과제 때문에 기본적으로 불안한 것이다. 예를 들면 마이크로소프트 사는 아메리카 온라인 사(America Online; AOL)로 하여금 윈도우95(Window 95)에 AOL을 탑재할 것을 허용하면서 AOL이 세계 전역의 월드 와이드 웹 시스템(World Wide Web browser)인 마이크로소프트 익스플로러

(Microsoft Explorer)를 사용할 것을 교환조건으로 요구하였다. 이렇게 함으로써 마이크로소프트 사는 자사의 '마이크로소프트 온라인 정보 서비스(Microsoft Network on-line Information Service)' 와 경쟁관계의 기업을 도와주면서도 웹 브라우저(Web browser) 시장의 시장 점유를 증대시키려 하고 있다.

CEO,CTO, 기타 관계자에 대한 함의

지금까지 논의해 온 기술과 시장의 제변화 추이는 CEO, CTO, 사업부문의 관리자, 제품개발 담당 관리자, 그리고 엔지니어들의 입장에 미치는 상당한 영향과 중대한 함의(含意)를 지니고 있다고 본다. 이를 차례대로 살펴본다.

CEO

당신은 회사의 최고경영자로서 다음과 같은 사항들을 자문(自問)해 보아야만 할 것이다. 변화하는 업계의 사정에 의해 당사의 수익성은 어떤 영향을 받고 있는가? 또, 이러한 시장의 변화로 말미암아 당사의 경쟁력은 어떻게 변할 것인가? 당사의 일부 사업부문을 매각할 것인가, 또는 경영 기능의 어떤 부분을 '아웃소싱(outsourcing)' 할 것인가? 중요 기술 중 사내에서 개발하기보다 타사에서 사들이거나 라이센스 계약(license contract)을 하는 편이 더 좋은 부분은 없는가? 이러한 제반 변화 추이에 의해 당사의 자산가치(개발 포트폴리오를 포함하여)에 어떤 영향을 주고 있는가? 당사의 종업원과 관리직 개개인은 이러한 변화 가운데서도 회사의 사업목표를 달성하기에 적합한 인물들인가? 당사가 개발 중인 품목은 시장의 수요에 적합한 것인가? 재정면¡/정책면에서 실시되고 있는 각종 인센티브(incentives)는 목표 달성의 중요성을 일층 강조하는 사내 분위기를 조성하고 있는가?

CTO

CTO의 입장에서 당신은 다음의 질문에 답해 보라. 귀사의 연구·개발 부서에서는 '기술'과 '영업' 간의 올바른 균형이 유지되고 있는가? 귀사는 경쟁사에 앞서 수익성 높은 신제품을 시장에 내놓는 데 얼마나 우위에 있는가? 귀사의 중심(core)기술을 잘 이해하고 그 가치를 극대화하고 있는가? 또, 종속(non-core)기술은 무엇이며, 효율성과 편리성간의 조화를 이루고 있는가? 최우수 과학자와 기술자를 보유하고 있는가, 그리고 그들의 생산성을 극대화하고 있는가? 개발 포트폴리오(R&D Portfolio)의 가치를 명확하게 이해하고 있는가, 또 개발 프로젝트의 우선순위에 기초하여 인적·물적 자원을 배분하는 일에 체계적인 접근방법을 쓰고 있는가?

사업 부문의 관리책임자

이 직급에서 일하는 사람들은 CEO와 유사한 문제를 취급하고 있는데 다만 그 규모가 작을 뿐이다. 사업 부문의 관리책임자로서 타 부서와의 기능을 어떻게 공유하여 회사 전체의 업적을 향상시켜야 할 것인가? 이들 관리책임자들과 그 부하직원들이 공통 프로젝트에 참여할 때 정당한 보상을 받고 있는가?

제품개발 부서의 관리책임자

각 부서의 기능을 연결·조정하는 팀의 중요성을 회사는 어느 정도 이해하고 있는가? 특히 고수익성 신제품을 경쟁기업에 앞서 출시하려 할 경우 기술, 제조, 마케팅, 판매, 재무관리 부문을 조정(coordinate)하는 데 필요한 금전적, 정책적 보상책을 세워 놓고 있는가?

기술자(Engineer)

최근에 닥쳐 오고 있는 시장경쟁의 도전에 기술직에 있는 당신들은 어떻게 대처해 나갈 것인가? 엔지니어는 종래부터 직능계층(functional hierarchy)의 최고 지위를 누려 왔지만 앞으로는 그 지위를 타 직능, 적어도 제조 부문과 마케팅 부문의 종사원들과 공유하지 않으면 안 될 것 같은데, 당신의 각오는 어떠한가? 앞으로 엔지니어는 직업적 관심에 부합하는 최첨단 기술을 계속 추구해 나갈 수 있을까, 아니면 그리 고도한 기술은 아니지만 시장 우선의 기술을 응용하는 데 더 중점을 두어야 하는 것일까? 이제 엔지니어도 상업적 역할이 중시되는 마당에 회사는 그 기준으로 보수를 책정해야 하는 것인가, 또 이렇게 되면 엔지니어는 최첨단 기술력을 가장 높게 평가해 주는 타 회사로 전직해 나가야 하는 것인가?

하이테크 산업계의 우량기업 20개 사

앞에서 거론된 제 문제들에 대해 좀더 확실한 조망(perspective)을 얻기 위해 하이테크 우량기업 20개 사가 이에 어떻게 대처하였는지를 조사해 보았다. 이 조사에는 CEO, CTO, 연구 책임자, 엔지니어, 산업분석자, 학자들과의 면담이 포함되어 있다. 그리고 공표되어 있는 자료들, 예컨대 재무 보고서, 제품 설명서, 경영진들을 취재한 기사, 업계 잡지나 비즈니스 관련 출판물에 게재된 문헌들을 검토하였다. 우량기업 20개 사를 선정하는 데는 세 가지 기준을 사용하였다. 첫째는 이들 회사들이 기술집약형 산업에서 경쟁하고 있었는데, 그 기준은 판매액 중 R&D 투자의 비중이 높은 기업으로 하였다. 최근 조사에 의하면 R&D지출/총 판매액의 비율은 질레트 사의 2.2%에서 시놉시스 사의 22.1%까지 다양하였으나, 이들 20개 사의 평균치는 8.3%로, 전 미국 산업계 평균의 2.6배에 달하였다(전 미 산업 연차 보고서 1996년판 참조).

두 번째 기준은 이들 기업들이 같은 업종의 타사에 비해 생산성, 수익성, 주식가치 창출 능력이 월등히 낫다는 점이다. 이 책에서 대상으로 한 표본 20개 사의 5년 평균 자본 수익률이 12.4%(써모 일렉트론 사)에서 56.2%(시스코 시스템 사)로 다양하게 나타났다. 또, 이들 우량기업 20개 사는 종업원 1인당 이윤액에서 각기 속한 산업의 최고 수준에 올라 있었다. 즉, 종업원 1인당 이윤액은 11,400달러(써모 일렉트론 사)에서 194,100달러(시스코 시스템 사)까지 다양하였다. 또, 이들 20개 사는 과거 5년 간 주가의 대폭적인 상승이 있었는데, 그 기간 중 증가율은 9.3%(슈룸버거 사)도 있었으나 4,667%(파라메트릭 테크놀로지 사)에 달하는 놀라운 성장을 보이기도 하였다.

그리고 세 번째 선정 기준은 이들 우량기업들이 고객이 구매를 원하는 '혁신적인 상품과 서비스'를 공급하는 일에 높은 평가를 받고 있다는 점이었다. 사실 여기에 선정된 20개 사 중 몇은 재무 측면에서는 그리 좋은 성과를 나타내지 않았었다. 그러나 하이테크 우량기업 20개 사는 하나같이 혁신적인 상품을 개발, 출시하면서 기업 체질을 스스로 개선해 나가고 있는 것이다. 슈룸버거 사, 3M 사, HP 사가 우량기업 20개 사에 포함된 것도 혁신상품에 성공했다는 평판에 기인하였다. 하이테크 우량기업 20개 사를 업종별로 살펴보면 다음과 같다.

- 각종 컴퓨터 하드웨어(5개 사); 시스코 시스템, 컴팩, EMC, HP, US로 보틱스
- 컴퓨터 소프트웨어(4개 사); 마이크로소프트, 오라클, 파라메트릭 테크놀로지, 시놉시스
- 반도체 제조(2개 사); 인텔, 마이크론 테크놀로지
- 의약품 제조(2개 사); 메르크, 존슨 앤 존슨
- 전자의료기기(1개 사); 하트스트림
- 일반 소비용품(2개 사); 질레트, 인터내셔널 플레이버스 앤 프레이그런스
- 바이오테크놀로지(1개 사); 암젠
- 석유개발(1개 사); 슈룸버거
- 에너지 · 환경 · 의료 관련 제품(1개 사); 써모 일렉트론
- 종합 소비자용품(1개 사); 3M

우량기업을 성공으로 이끈 네 가지 조건

이 책의 초점은 앞에 실린 하이테크 우량기업 20개 사가 어떻게 해서 그토록 뛰어난 업적을 유지하고 있는지 이해하는 데 있다. 특히 우리는 이들 기업이 기술혁신으로부터 높은 수익률을 얻어 내도록 하는 네 가지의 요인을 구명해 보려고 한다(<그림 1.1> 참조).

여기서 말하는 '기술혁신 수익률(Return on innovation)'이란 기술혁신을 위해 투자된 금액의 현재가치를 말한다. 즉 연구원, 연구설비, 시제품(試製品), 기타 연구 관련 투자에 지출된 금액 합계의 현재가치와 이로부터 얻

어지는 신제품의 수익에서 생기는 현금흐름을 상호 대비한 비율이다. 이 '기술혁신 수익률'이라는 척도는 연구개발의 생산성을 측정하는 수단으로는 널리 쓰이지 않았으나, 이 개념은 당기매출액 중 신제품이 차지하는 비중을 재는 일반적 척도보다는 월등히 낫다고 하겠다. '기술혁신 수익률'은 신제품의 판매로부터 얻어지는 현금수입뿐만 아니라 신제품의 개발, 제조, 판매에 드는 비용의 크기와 그 발생 시기를 반영하고 있기 때문이다.

아래에서 설명하는 네 가지의 성공 조건은 업계 최고의 업적을 올리고 있는 하이테크 우량기업의 실천적 전략으로서, 업계의 경쟁자들을 앞지르는 데 크게 기여한 요인들이다.

〈그림 1.1〉 기술혁신의 수익을 제고하는 네 가지 조건

기업가적 지도력(Entrepreneurial Leadership)

이들 하이테크 우량기업들은 거의 모두가 대기업이지만 창립 초기의 기업가 정신(entrepreneurial spirit)을 잃지 않고 유지해 나가는 방법을 잘 터득하고 있었다. 이들은 '직장 내 관료주의와 사내정치'라는 잡초가 자라지 못하도록 그 뿌리를 가차없이 잘라 냄으로써 자칫 조직의 활력이 압살당하는 일이 없도록 세심한 주의를 기울이고 있다. 어떤 방법으로 그렇게 해내고 있는지 살펴보기로 하자.

CEO는 기술과 경영 모두를 잘 이해하고 있다. 하이테크 우량기업 중에서도 수익성이 더 좋은 기업의 CEO는 기술과 경영업무 양쪽을 모두 잘 이해하고 있었다. 마이크로소프트 사의 CEO 빌 게이츠(Bill Gates)가 제일 좋은 예일 것이다. 마이크로소프트 사의 어떤 직원이 말한 바와 같이, 그가 만난 사람 중에서 빌 게이츠는 기술에 대한 심오한 이해와 100% 철저한 영리 추구 정신으로 뭉쳐진 유일한 사람이었다고 한다. 이에 비해 같은 업계의 여러 기업은 CEO들이 기술에는 강하지만 경영실무에는 약한 경우가 많았다. 그리고 경영실무에는 강하지만(특히 소비자 상품의 마케팅 관련 경험으로) 기술 측면에는 약한 CEO가 기술집약형 회사를 위기에서 구출하기 위해 취임하는 경우도 있었다.

하이테크 우량기업의 CEO는 최고의 인재를 발견하여 채용하고 있다. 이들은 최고 수준의 인재를 쓰기 위해 효과적으로 경쟁에 대처하고 있다. 그들은 기술의 경계를 확장시켜 나갈 우수한 인재의 특성을 알아내는 데 그들의 노련한 경험을 동원하고 있다. 이들 CEO가 희망하는 것은 그 인재들이 기술지식과 처리능력에서도 우수할 뿐만 아니라, 회사의 업무 목적을 달성하기 위해 조직된 전문가 집단에서 효율적인 팀워크를 유지할 수 있어야 한다는 점이다.

기업가적 창의력을 장려하는 보수체계를 수립·시행하고 있다. 하이테크 우량기업에서는 직원들이 상당한 재산을 형성할 기회를 만들어 주고 있다. 그 기회란 어떤 경우에는 스톡옵션(stock option)일 때도 있고, 또 다른 케이스에서는 모회사로부터 파생 분리된(spinout) 자회사의 지분을 상당량 소유할 수 있게 하기도 한다. 이에 반해 타 기업에서는 고용을 지속시켜 주는 이외에 별다른 보상책을 시행하지 않고 있었다.

기술혁신을 장려, 포상하는 적극적 기풍을 진작하고 있다. 하이테크 우량기업들은 직원들의 기술혁신 노력에 보답하기 위해 심리적인 유인책을 구상하여 실시하고 있다. 이 회사들의 재무회계 시스템은 신제품으로부터 얻어지는 한계수입과 한계이윤(incremental revenues and profits)을 측정할 수 있도록 고안되어 있다. 또한 근무평정이나 승진 인사고과에서도 기술혁신 노력을 반영하고 있다. 이들은 사내의 혁신 성공 사례를 반복 홍보하여 그 중요성을 강조하는 한편, 기술혁신 업적이 있는 과학자를 표창하고 축하하는 대대적 행사를 벌이기도 한다. 그와는 달리, 타 기업들은 기술혁신의 중요성을 알고 있기는 하지만 승진하는 임직원의 대부분은 고객이 높게 평가하는 신제품 개발에 공로가 있다기보다는 사내정치에 더 유능한 사람들이었음이 발견되었다. 또, 기타 회사들 중에는 '이중적 승진 체제(dual career ladders)'를 갖고 있었는데, 관리직은 관리업무의 성적만을 평가하고 기술직은 기술업무의 성적만을 평가하여 계열별로 승진심사를 하는 방식이다. 이 제도로서는 관리계통으로 승진하는 사람이 노력에 비해 더 높은 보상을 받는 결과로 나타났다.

하이테크 우량기업은 자기만족을 분쇄하는 방법을 고안해 실시하고 있다. 이들 우량기업들은 그들의 가장 큰 적이 내부에 있다는 것, 즉 과거의 성공에 안주하려는 것이라는 점을 잘 인식하고 있다. 이들 내부의 적과 싸우기 위해 동일 기능을 수행하는 팀을 복수로 만들어 설계, 개발, 상품화에 경쟁을 붙이는 경우도 있다. 그런데 이러한 내부의 경쟁은 외부의 경쟁에 비해 더욱 치열한 경우가 많다. 그럼에도 이러한 경쟁을 강요하는 이유는 이들이 경쟁 과정에서 상호간의 진보에 유의하여 노력하다 보면 다 같이 더 높은 수준의 목표를 달성할 수 있기 때문이다. 낙후하는 동종기업의 경우 이러한 내부경쟁을 쓸모없는 노력의 낭비로 여겨 거의 시행하지 않고 있다.

공개적 기술정책

하이테크 우량기업에서는 기술의 '자급자족주의적' 사고를 받아들이지 않는다. 즉, 모든 기술을 오직 사내에서(in-house) 개발하려 하지 않고 오히려 개방적인 수단을 취하려 한다. 우량기업들은 무엇보다도 고객의 수요를 충족시키는 데 최우선권을 둔다. 혹시 자사의 기술개발 계획(development portfolio)에서 그렇게 할 수 있다면 모르되 그렇지 못할 경우에는 고객이 원하는 기술을 확보하기 위하여 기업간 제휴, 매수 등에 주저하지 않는다. 이들의 기술관리 수법은 어떠한지 살펴보기로 하자.

그들은 자사의 핵심기술을 잘 파악하고 있다. 이들 하이테크 우량기업의 경영진들은 상당한 시간과 노력을 들여 가며 자기 회사의 핵심기술을 식별해 내고 이해하려고 노력한다. 여기에서 말하는 핵심기술(core technology)이란 이로부터 고객이 최고로 평가하는 특성을 갖춘 신제품을 제조할 수 있고, 독창적인 기술로서 경쟁력이 뛰어나며 또한 광범위한 시장에 적용될 수 있는 기술을 뜻한다. 이에 반해 타 회사들은 현재 그들이 사용하고 있는 기술을 핵심기술이라고 생각하는 경향이 짙다. 그들은 이러한 가정에 너무 깊이 안주함으로써 고객에게 유익한 가치를 창조해야 한다거나 시장에의 광범위한 적용이 가능해야 한다는 핵심기술로서의 기본 역할을 잘 인식하지 못하고 있음이 드러났다.

우량기업은 객관적인 눈으로 자기 회사를 분석, 평가한다. 하이테크 우량기업들은 현재 그들이 사용하고 있는 기술을 기존의 고객 또는 잠재적인 미래 고객의 관점에서 분석, 평가한다. 따라서 현재 자사 내에 확보되지 않은 기술이라도 고객이 원하는 상품을 개발하기 위해 필요한 기술이라면 이를 핵심기술로 지정하여 반드시 확보하려고 한다. 이에 반해 여타 기업에서는 그들의 기술개발 포트폴리오에 없는 기술은 꼭 보유해야 할 가치가 있지는 않다고 생각하는 경향이 있다. 그 결과 그들은 종종 대체기술에 의해 핵심기술의 진가를 맛보지 못하는 경우가 있다.

우량기업은 종속기술을 잘 파악하여 현명하게 대처하고 있다. 하이테크 우량기업들은 주변기술 또는 보조기술 — 즉, 회사에 더 이상 필요치 않지만 회사가 그냥 보유하고 있는 기술 혹은 회사가 현재 보유하지는 않으나 특정 프로젝트를 위해 임차해야 할 기술 —이 무엇인지 잘 파악하고 있다. 여타 기업에서는 기술의 자급자족주의에 매달려 다른 회사에서 개발된 기술은 별 가치가 없다고 생각하는 경향이 있고, 이 때문에 언제나 기술의 낙후성에서 벗어나지 못하고 있다.

우량기업은 핵심기술의 가치를 극대화하고 있다. 하이테크 우량기업들은 핵심기술의 독자성을 유지하고 경쟁력을 높이기 위해 지속적인 투자를 하고 있다. 또, 이 핵심기술을 강화함으로써 새로운 시장에 진출할 방도는 없는지 늘 탐색하고 있다. 나아가 자사의 핵심기술을 보강하는 데 필요한 기술을 가지고 있는 회사를 아예 매입해 버리기도 한다. 이에 비해 낙후된 타 기업을 보면, 이전까지의 성공이 금후의 성공을 보장한다고 가정함으로써 한때 우위에 있던 기술력이 진부해지도록 버려 둔다.

더 나쁜 것은, 현행의 사업체계를 위협할 가능성이 있는 기술진보에 대한 조사를 게을리한다는 점이다.

주변기술은 개방 또는 제휴전략으로 관리한다. 하이테크 우량기업은 고도로 역동적이며 탄력 있는 개방형 조직을 만들어 낸다. 즉, 자사 보유기술 중 핵심기술이 아닌 부분은 과감히 외부에 개방하는데, 때로는 해당 부서의 기술진을 임시 해고하고 그 부서를 분리·매각하는 형태를 취하기도 한다. 이러한 경우 이 부서에 회사자금의 일부를 출자해서 신규 벤처기업으로 설립하고, 그 기술을 빌려 쓰는 형식을 취하는 때도 있다. 이러한 파생된 신규 벤처는 원래의 종업원에게 기업 창업의 기회를 부여함으로써 상호간 긴밀한 관계를 유지할 수도 있게 된다. 이와는 반대로, 우량기업은 특정사업에 필요한 기술을 임차하여 사용하는 경우도 있다. 이때 컨설팅 회사(consulting firm)를 고용하여 경쟁기업과의 전략적 제휴를 조직·관리하도록 위촉하는 등 여러 가지 형태를 취하는 경우도 있다. 한편, 같은 업종의 타 회사들은 자기 회사 주변에 참호를 파는 일에 열심이다. 그들도 핵심기술을 찾아내는 데 많은 노력은 들이지만 주변기술을 개방하거나 분리하는 방안에는 거의 관심을 두지 않는다. 주변기술에 대한 과도한 투자로 인하여 핵심기술에 집중할 자원이 상대적으로 부족하게 된다.

하이테크 우량기업은 핵심기술의 동향을 늘 주시하고 발전시키는 데 주력하고 있다. 우량기업들은 기술, 경쟁기업의 전략, 그리고 소비자의 수요가 변화하면 개별상품뿐만 아니라 기업 전체의 사업에 대해 중대한 위협이 발생할 수 있다고 보고, 이들 제 변수의 변동 추이를 면밀히 주시하는 감시체제를 만들어 가동하고 있다. 그들은 업계의 관계자들과 연관관계를 구축하여 시장의 정보를 체계적으로 수집하는 소위 첩보 네트워크(intelligence network)를 구축하여 운영하고 있다. 이들 우량기업들은 이렇게 수집된 정보를 그들의 핵심기술로 재평가하고 적절한 대책을 강구하는 데 활용하고 있다. 이에 반해, 동종업계의 타 회사들은 경쟁상대 기업의 동태만을 관찰하여 신기술의 변화 조짐을 감지하는 데 그치고 있다. 더 나쁜 것은, 자기들이 수집한 정보도 사업개선을 위해 적기에 활용하지 못하고 있다는 점이다. 그들이 근본적인 변화를 인식하고 대책을 서두를 때면 이미 많은 손실이 발생한 후 위험한 상태에 도달해 있는 경우가 대부분이다.

경계 없는 제품개발

무경계(boundaryless)라는 말은 듣기에 거북하기는 하지만 매우 중요한 의미를 지니고 있는 말이다. 하이테크 우량기업들은 항상 각종 경계와 장벽을 제거하기 위해 노력하고 있다. 그들은 사내 각 부서간의 비생산적인 대결의식을 최소한으로 낮추고 그들 자신과 고객, 공급업자, 심지어는 경쟁기업들과의 장벽을 제거하기 위해 전심전력으로 노력한다.

하이테크 우량기업은 기능 횡단적(cross-functional) 팀을 편성한다. 우량기업들은 신제품 개발을 위해서 필요하다면 중요한 모든 기능을 망라하여 강력한 팀을 구성한다. 개별 프로젝트의 성격과 요건에 따라 그 팀에는 주요 원료 및 부품 공급자, '초기 사용자(early adopter)', 고객, 제조, 재무, 기술, 영업, 세일즈, 구매 등 각 부문의 대표자도 포함된다. 이 팀의 구성원들은 이 프로젝트의 최종목적(vision)을 잘 이해하며, 프

게끔 헛점을 보이는 것이다. 또, 이들 낙후기업이 당면하는 더 큰 문제는 그들 제품에 대한 수요량이 늘어 가는데도 이를 충족시킬 양산체제와 대량판매망 설비가 부족하다는 점이다. 이로 인해 고객의 불만을 사게 되어 업계의 주도권을 유지하기 어렵게 되는 것이다.

규율 있는 자원배분

하이테크 우량기업 중 몇몇 회사는 자원배분상 과학적 관리에서 다소 뒤떨어지는 경우도 있었지만, 이들 20개 기업 모두에게는 희소자원의 효율적 배분을 위한 사내규율이 있었고, 또 이를 강력히 시행하고 있었다. 이들의 자원배분 방법이 기타의 낙후기업에 비해 어떻게 다른지 구체적으로 살펴보자.

우량기업들은 자원배분 과정을 조직의 학습과정으로 활용한다. 하이테크 우량기업들은 종료된 프로젝트의 사후 검토작업을 자원배분 과정의 한 단계로 편입시켜 활용하고 있다. 이러한 내부적 피드백(feedback)을 활용하면 제품개발에 소요되는 시간을 단축하고, 고객에 대한 가치를 증대시킬 수 있도록 업무방식을 개선할 수 있게 된다. 또, 이들 우량기업들은 연구 프로젝트에 관한 의사결정(decision tree)을 수시로 점검하여 최신의 기대치를 반영할 수 있도록 고쳐 작성한다. 여타 기업들은 이와는 반대로 어떤 프로젝트가 실패하면 조직변경을 단행하는 구실로밖에 생각하지 않는다.

평가좌표를 사용하여 프로젝트를 선별한다. 하이테크 우량기업들은 평가좌표(grids)를 사용하여 연구 프로젝트와 경영전략을 결부시킨다.

이 평가좌표는 상부 경영층에게 중요한 평가기준에 따라 연구개발 프로젝트를 비교하기 위해 고안된 표이다. 예컨대 이들 우량기업들이 사용하는 평가좌표에는 시장의 어떤 특정 부문에서 얻어 낼 수 있는 잠재 이윤가치를 평가하거나 신제품 출시 이후 회사의 경쟁력에 어떤 변화가 올 것인지 분석하는 항목이 들어 있다. 그 결과 어떤 프로젝트가 목표시장에서의 잠재이윤이 낮고 기업의 경쟁력이 상대적으로 낮게 나타나면 그 프로젝트는 중단하거나 제외시켜 버리고, 잠재 수익성과 경쟁력에 있어 상위에 있는 프로젝트를 선택하여 추진한다. 이에 반해 여타 기업들은 시장의 잠재적 영향을 생각하기보다는 과학자, 엔지니어 혹은 고위 경영층의 흥미를 끄는 프로젝트에 계속해서 자금을 투입하고 있었다.

하이테크 우량기업들은 장래성이 많은 프로젝트에 대해서는 진행시간 계획표를 작성, 관리한다. 20대 우량기업들은 기술개발 포트폴리오에 들어 있는 각 개별 프로젝트를 관리하는 일정한 표준방식을 가지고 있다. 각 프로젝트 팀은 추진 단계별 종료시점을 예측하여 진행 추이선(timeline)을 설정한다. 그리고 각 단계가 끝나는 시점에서 그 프로젝트가 다음 단계로 이행하여 계속될 확률을 추정한다. 이때 '추가로 소요되는 자금의 흐름(incremental net cash flow)'도 함께 추정한다. 이에 반해 여타의 기업에서는 프로젝트의 관리가 엄밀하지 못하고 주먹구구식(more casual approach)이 됨으로써 경영 수뇌부에서 여러 프로젝트를 상호 비교하기가 곤란하게 되어 있다.

기대치가 최대인 프로젝트에 자원을 재할당한다. 하이테크 우량기업에서는 각 연구개발 프로젝트별로 현재시점에서의 기대치를 정기적으로 계산해 보고 어떤 프로젝트가 미리 정한 업적기준에 미달될 경우 이를 취소시켜 버린다. 그리고는 이에서 방면된 인재와 자금을 보다 기대치가 높은 프로젝트에 투입한다. 물론 이들 우량기업들은 모든 개발계획이 다 성공할 수 있으리라고 생각하지는 않으며, 중간에 취소된 개발계획에 참여했던 관계자들도 대개는 문책을 받지 않는다. 이에 반해 여타 기업에서는 규칙적인 평가분석과 계획수정의 관행이 수립되어 있지 못하고, 사내의 누가 그 프로젝트를 지원하는가에 따라 취소와 속행이 결정되곤 하였다.

기술혁신 수익률과의 연관관계

앞에서도 언급한 바와 같이 기술혁신 수익률이란 연구개발 투자로부터 얻어지는 현금수익의 흐름과 투자비용을 현재가치로 비교한 비율을 말하는데, 이를 평가하는 데에는 다음 몇 가지의 요소가 포함되어 있다. 즉, (1)실행 가능성 조사에 따른 비용 (2)필요한 경우 프로젝트에 관련된 기술의 라이센스 비용 (3)실용성과 제작 가능성을 시험하기 위한 시제품 개발비용 (4)법적으로 정해진 관련 시험에 드는 비용 (5)필요한 경우 생산설비 증설에 드는 비용 (6)추가로 소요되는 판매망 증설비용 (7)신제품의 생명주기(life-cycle) 동안 발생하는 이익의 총액 등이 포함된다. 또, 기업 전체의 기술혁신 수익률은 시판할 수 없는 제품개발에 투입된 비용까지 포함하여 전 프로젝트의 기술혁신 수익률을 합산하면 구해진다. 앞에서 자세히 살펴본 '성공의 네 가지 조건'은 결국 회사 가치를 높이는 방향으로 함께 작용한다. 이들 성공의 4대 조건은 신제품 개발에서 낭비적 요인을 제거하고 개발 소요기간을 단축하며, 수익 발생시기를 앞당기도록 작용한다. 더 나아가 신제품에서 발생하는 현금수익의 규모를 증대시키기까지 한다. 이들 성공의 4대 조건을 기술혁신 수익률이라는 측면에서 간략히 재조명해 보자.

기업가적 지도력은 신개발 제품으로부터 발생하는 현금수익의 흐름을 지속적인 흑자상태로 유지하는 동시에 연구·개발 인력에 관련된 현금지출의 증가를 억제한다.

• 비용지출을 감축시킨다. 하이테크 우량기업에는 상대적으로 적은 인원이 낮은 급여를 받고 더 많은 일을 하고 있다. 그 결과 낙후된 타 기업에 비해 노무관련의 비용지출이 훨씬 적다.

• 수익 발생시기를 앞당긴다. 하이테크 우량기업들은 보다 짧은 기간 동안 신제품을 출시한다. 성실하고 우수한 인재들이 그들의 정력을 집중하여 맞추기 어려운 납기 내에 품질 손상 없이 출시한다.

개방적 테크놀로지 전략은 개발된 기술을 판매할 시장을 확대하여 회사 수입을 증대시킨다. 하이테크 우량기업들은 주변기술을 잘라내어 저수익성 기술에 대한 비용지출을 중단시키고, 필요한 경우에는 이를 외부에서 구입함으로써 제품개발 기간의 단축, 신제품 수익 발생시기의 조기화를 도모한다. 단기간 사용하는 기술에는 많은 돈을 들이지 않는 전략이다.

• 비용지출을 감축한다. 우량기업들은 고객을 위한 가치창조에 수명을 다한 기술에 대해서는 투자를 중단하고, 이로부터 절약된 자금은 가치창조의 잠재력이 높은 기술에 투입한다.

• 수익 발생시기의 조기화. 우량기업들은 신제품 개발주기를 단축한다.

그들은 핵심기술의 자체개발로 프로젝트를 지연시키기보다는 제3자로부터 차입하는 방법을 취한다. 그 결과 신제품을 보다 빨리 시장에 출시하고, 수익 발생시기도 앞당기는 것이다.

- 현금수익의 규모 확대. 하이테크 우량기업들은 핵심기술을 판매할 새로운 시장을 발견하거나 개척하여 수익을 증대하고, 사내에서 불필요하게 된 주변기술은 임대하여 사용료, 수수료 등의 수입을 늘려 간다.

무경계의 제품개발 전략은 현금지출의 삭감, 상품화 기간의 단축, 영업이윤의 증대를 통해 기술혁신 수익률을 높인다.

- 비용지출의 감소. 하이테크 우량기업은 계주방식(relay race)에 의한 제품개발로부터 오는 엄청난 재작업 노력과 낭비를 피한다. 그들은 제조공정을 용이하게 하고 시장성을 높여 주는 방법으로 신축성 있는 설계변경을 통해 비용을 절감한다.
- 수익 발생시기의 조기화. 하이테크 우량기업들은 개발 프로젝트의 착수로부터 제품출시(product launch)에 소요되는 기간을 단축한다. 다시 말하지만 릴레이 과정에서 발생하는 인수인계의 착오와 재작업에 낭비되는 노력을 절감함으로써 시간이 단축된다. 수입 발생 시기는 앞당겨지고 그만큼 회사의 수익성은 호전된다.
- 수익규모의 증대. 우량기업들은 독특한 제품개발 방법을 통해 시장성이 우수한 제품을 판매하기 때문에 영업수익의 규모도 증가하고 있다.

규율 있는 자원배분 전략으로 인하여 개발 포트폴리오에 포함된 프로젝트로부터 더 많은 수익이 창출된다. 또한 장래성이 희박한 프로젝트로부터 자원을 빼내 성공 가능성이 높은 곳으로 투입하기 때문에 현금

지출이 감축된다.

- 비용지출의 감소. 우량기업들은 장래성이 적은 프로젝트는 자금 인력 등에서 너무 깊이 빠져들기 전에 중단해 버린다. 그러므로 기술혁신에 대한 투자는 잠재 수익성이 가장 높은 곳에만 이루어진다.
- 수익 발생시기의 조기화. 우량기업들은 장래성이 가장 좋은 프로젝트에 풍부한 자원을 배정토록 함으로써 그 프로젝트를 보다 빨리 완성한다. 신제품의 출시는 보다 빨라지고, 이윤창출도 앞당겨진다.
- 수익규모의 증대. 가장 전망이 좋은 프로젝트에 필요한 자원과 자금을 적기에 조달함으로써 우량기업들은 시장에서 성공률이 보다 높은 제품을 개발하고 영업수익 규모도 더욱 증대된다.

······

앞으로 볼 Chapter 2부터 Chapter 7에서는 이들 네 가지 성공요건을 보다 상세하게 살펴보고자 한다. 각 장에서는 하이테크 우량기업들이 자사를 운영할 때 선도적 이념으로 수립한 내용이 어떤 것이며, 이 원칙들이 실제에서 어떠한 방식으로 적용되었는지를 서술하게 된다. 나아가 독자 여러분의 회사에서 이를 적용하려 할 때 취해야 할 단계별 조치사항에 대한 권고를 함께 실을 작정이다.

Chapter | 2

기업가로서의 리더십

The Technology Leaders

실리콘 밸리(Silicon Valley)에 있는 유력한 벤처 투자가들과 많은 하이 테크 초우량기업의 중역들은 기업의 우수한 업적을 위한 가장 중요한 요인은 효과적인 리더십(leadership)이라는 점을 모두 인정하고 있다. 간단히 말한다면, 어떤 회사라도 우수한 인재를 채용하여 적소에서 일하게 한다면 그 회사는 틀림없이 번창한다. 그런데 어떻게 하면 '우수한 인재'를 발견할 수 있는가? 또, 이들을 회사에 끌어들여 남아 있도록 하는 방법은 무엇인가? 그리고 이들이 최대한 생산성을 발휘할 수 있는 직장환경은 어떻게 조성할 수 있는가? 하이테크 우량기업들은 이러한 문제에 대처하기 위해 다음과 같은 경영방법을 실시하고 있다.

• 효과적인 리더십. 지도자의 재질은 타고난다고 한다. 개개의 인간을 훈련해서 지도자로 육성하기는 거의 불가능할지 모르지만, 우수한 지도자는 자기가 경영하는 회사가 시장의 요구에 실용적으로 부응하도

록 이끌어 갈 수는 있다.

- 승리를 쟁취하는 기업풍토. 우량기업의 지도자는 최고 수준의 인재를 불러들여 최선을 다해 일할 수 있는 풍토를 조성한다.
- 최고 수준의 팀 워크. 우량기업의 경영자는 해당 분야에서 최고 수준의 인재를 모아 팀워크로 조직, 운영한다.
- 의사결정의 분산화. 우량기업의 경영자는 회사가 성장하면 비록 창립자라 하더라도 모든 의사결정을 혼자 독단할 수 없다는 점을 잘 인식하고 있다.
- 창업 노력의 장려. 우량기업의 경영자는 종업원의 근무성적, 회사의 가치, 사원의 개인재산을 동등하게 묶어 일체화하고, 사원이 새로운 기업을 창업하는 데 성공하도록 의욕을 고취한다.

효과적인 리더십

하이테크 초우량기업이 놀라운 성공을 거두게 된 근원은 경영자의 비범한 지도력에 있다. 지도자란 마땅히 해야 할 일을 찾아내거나 만들어 내서 조직으로 하여금 실현하도록 이끌어 가는 사람이다. 하이테크 초우량기업의 지도자들은 모두 기술에 대한 깊은 이해를 가지고 있다. 그러나 그것만이 아니라 그 기술로 인해 고객에 대해서는 어떠한 가치가, 주주에 대해서는 어느 정도의 수익이 창출될 것인지 이해할 수 있는 사업가적 통찰력도 아울러 지니고 있다. 하이테크(high-tech) 기업들이 로테크(low-tech) 기업과 근본적인 차이를 보이는 점은 리더십에서의 '연성측면(soft side)' 을 취급하는 방법이 다르다는 것이다. 좀더 구체적으로 말하자면, 성공적인 하이테크 기업들은 리더십의 다섯 가지 원칙 — 로테크 기업과 현저히 다른 세 가지 연성원칙(soft principles)과 로테크 기업과 같은 두 가지의 경성원칙(hard principles) — 을 충실하게 시행하고 있다. 연성원칙(軟性原則 : soft principles)을 열거하면 다음과 같다.

- 확고한 가치관에 기초한 사업목표. 성공하는 하이테크 우량기업은 조직 내 구성원들의 합의된 '집단적 가치(collective values)'에 깊이 뿌리를 내리는 사업목표(vision)를 만들어 낸다. 이렇듯 합의된 집단적 가치관에 근거한 사업목표를 가진 지도자는 또 회사가 창출하고자 노력하는 사회적 덕목(social good)에 그 가치의 성취 즉, 완성도를 연결시킨다. 이 점은 로테크(low-tech) 기업들이 '주주 이익의 극대화(maximize shareholder value)'라는 통속적인 목표를 향해 사원을 이끌어 가는 방식과 좋은 대조를 이룬다. 덕성 있는 가치관에 근거한 지도자의 사업관은 사원의 마음을 사로잡아 조직목표의 달성을 향해 그들 스스로 매진해 나가게 하는 것이다.

- 인간중시의 언사와 행동. 성공적인 하이테크 기업은 최고 수준의 우수한 인재를 영입하여 확보할 수 있는 사내 분위기를 연출하고, 이에 합당한 언사(rhetoric)와 행동(action)으로 일관한다. 이 원칙은 매우 중요한데, 시장에서 남들과 다른 상품을 만들어 내고자 하는 고학력의 젊은 과학자와 엔지니어를 확보하기 위해 극심한 경쟁을 벌여야 하는 하이테크 업계의 경영자가 특히 명심해야 할 일이다.

- 개방적 조직. 성공하는 하이테크 우량기업은 그 조직이 개방적이고 유연하다. 시장의 변화속도는 매우 빠르고 이에 민첩하게 대응하는 기업만이 선두를 지킬 수 있기 때문에 이들 우량기업의 경영자는 무릎을 낮추고 유연하게 이끌어 간다. 그들은 고객과 자리를 함께하여 담론하고

협의한다. 비공식적 조직(informal team)을 이용하여 문제의 실질에 접근한다. 필요한 경우 자기주장을 설파하기도 하고, 때로는 조용히 경청하는 자세를 갖는다. 로테크 기업의 지도자들은 수백 장에 달하는 공식적인 '소비자 만족도 조사'를 해 놓고도 그 결과를 전혀 이용하려 하지 않는 데 반해, 이들 하이테크 우량기업의 지도자들은 개발상품이 시장에서 '히트(hit)'할 때까지 고객의 의견을 최대한 존중해서 상품 디자인을 여러 차례 바꾸어 나간다.

한편, 로테크 기업에도 통하는 두 가지의 경성원칙(硬性原則 : hard principles)은 다음과 같다.

- 목표달성 지향. 하이테크 산업의 경쟁은 매우 심하다. 이 경쟁에서 승리하기 위해 지도자는 인간중시의 지도방침을 보다 구체적으로 보완하고 경쟁상대를 물리치는 데 집중하지 않으면 안 된다. 하이테크 기업의 지도자들은 고객에게 최선의 신상품을 개발 · 제공하기 위하여 고의적으로 사내 부서간 경쟁을 유발시키기도 한다.
- 기업가적 창의력 장려. 가장 성공적인 하이테크 기업의 CEO들은 그들이 거느리는 최고 수준의 인재들이 단지 자기 자신의 능력에 대한 존경과 사회적 공헌만을 목표로 하지는 않는다는 점을 잘 알고 있다. 이 시대의 능력평가에는 금전적 수입의 크기가 중요한 항목으로 자리잡고 있다는 점을 잘 알고 있다. 따라서 사원들에게 그들이 회사의 가치를 창출하는 데 기여한 비율에 따라 주식할당(stock option), 업적비례 상여금 등을 지급하며 회사의 성공에 동참하도록 권면하고 있다.

이제 이러한 원칙에 충실한 지도자상을 보기 위하여 데이빗 패커드(David Packard), 빌 게이츠(Bill Gates), 로이 베이질러스(Roy Vagelos)의 사례를 고찰해 보기로 한다.

데이빗 패커드(David Packard)

데이빗 패커드 씨는 1939년 휴렛 패커드 사(Hewlett- Packard ; HP)를 공동설립하였고, 이 회사의 경영자로서 HP 사가 1996년에 120개 국에 지사를 두고 105,000명을 고용하는 세계 굴지의 대회사로 성장하도록 이끌어온 인물이다. 그와 함께 일해 본 많은 사람들은 패커드 씨의 이상(理想) 즉, 'HP방식(the HP way)'이 회사의 성공을 가져온 주요인이라고 주장한다(미첼Mitchell, 1996년을 참조할 것). 그의 이상에는 사람을 대할 때 신뢰와 존경으로 대하고, 사회에 대한 봉사와 품질에 대한 집념, 사업에는 타협을 불허하는 완벽주의, 팀워크(team work)의 중시, 인간은 유연하고 혁신적이어야 한다는 신조 등이 포함되어 있다.

이에 더하여 패커드 씨는 '현장을 직접 돌아다녀 보는 경영방식(management by walking around)', 분산된 의사결정 방식, 문이 거의 없는 열린 사무실, 신규사업에의 차입투자 거부 등 독특한 경영방식을 개발한 것으로 유명하다. 세계 제2차대전 중 HP 사의 연 매출액은 겨우 1백만 달러 정도였는데, 그때 몇 개의 정부납품 계약을 따낼 수 있었으나 패커드 씨는 이에 응찰하지 않기로 결정을 내렸다. 이유는 납품계약이 만료되는 시기에 가서 사원을 해고해야만 하는데, 이 점이 싫었기 때문이라고 하였다. 패커드 씨는 사원들에게 자기를 '데이브(Dave)'라는 애칭으로 불러 달라고 부탁하였다. 그는 갈색 리노륨 장판이 깔려 있고 수수한 보통 책걸상만 있는 자기 사무실(HP 사령탑)을 1950년대 이래 한 번도 바꾸지 않았다(미첼, 1996년 참조).

또, 스톰 프라이맥스 사(Storm Primax)의 현직 CEO이며 3M 사의 설립자 겸 전 회장이었던 빌 크라우스(Bill Krause) 씨에 따르면 데이브 패커드 회장은 참으로 훌륭한 리더(great leader)였다고 한다. 즉, 패커드 씨는 사업문제에 당면하면 '석두(hard-headed)'와 같이 완고한 사람이지만, 사원의 신상문제에 관해서는 '천심(soft-hearted)'의 배려를 가진 인물이었다고 한다. 1970년 크라우스가 HP 사 컴퓨터사업부 지역판매 총책으로 승진되었는데, 뜻하지 않은 교통사고로 전치 60~90일의 진단을 받고 병원에 누워 있게 되었다고 한다. 그는 병석에 누워 근심에 싸여 있었다. 승진은 고사하고 회사에 남아 있을 수 있을지 걱정되었기 때문이었다. 그런데 병실의 전화가 울렸다. 데이브 패커드 씨가 직접 전화를 걸어 온 것이다. 입원기간 중 지역본부장 업무는 크라우스의 상사가 대신 맡을 것이며, 새로 승진된 그 자리에 그냥 남아 있게 될 테니 안심하라는 말을 해주더라는 것이다.

그런데 이와는 반대로, 1978년 크라우스가 HP3000형 컴퓨터의 세계판매 총책임자로서 소비자 만족도 문제에 대한 보고를 하는 자리에서 데이빗 패커드 씨는 매우 엄한 어조로 언명하였는데, 소비자 만족도에 있어 최고 수준으로 서비스하지 못하면 다른 사람으로 갈아치우겠다고 했다고 한다. 이 말에 크라우스는 패커드 회장이 말하는 업적기준이 어떠한 것인지 분명히 깨닫게 되었다고 한다('데이브 패커드의 명언집', 1996년 참조).

빌 게이츠(Bill Gates)

빌 게이츠 씨는 1975년 마이크로소프트 사(Microsoft)를 공동설립하였고 1996년 현재 그의 소유 지분 23%의 가치가 200억 달러에 이르는 대회사의 사장이며, 세계 최대의 갑부가 된 인물이다. 쿠스마노와 셀비(Cusumano and Selby, 1995)가 쓴 '마이크로소프트 사의 비결(Microsoft Secrets)' 이라는 책을 보면 이 회사의 우수한 업적 대부분이 게이츠 씨의 지도력과 경영능력뿐만 아니라 그의 기술, 사업면에서의 예리한 통찰력에서 나오는 것이라고 지적하고 있다. 그의 탁월한 재능은 소프트웨어와 컴퓨터를 심도 있게 이해하고 이를 고수익성의 사업으로 창조·관리해 나가는 양측면 모두에 능통하다는 점에 있다.

마이크로소프트 사의 사원이나 외부관찰자 모두 빌 게이츠에 대한 평가를 비슷하게 내리고 있는데, 그는 기술적 지식과 컴퓨터업계의 동태적 특성에 대한 깊은 이해를 활용하여 사업에 성공하고, 시장지배력과 자금력을 비축하여 수익을 올리려는 광적인 열정을 지니고 있다고 한다.

이 회사의 사무용품부 기획부장인 짐 코너(Jim Conner)에 의하면 빌 게이츠 씨는 자기의 특출한 지능을 부를 창출하는 곳에 집중 투입하는 놀라운 인물로 묘사되고 있다(Cusumano and Selby, 1995 참조).

또, 윈도우(Windows)와 MS-DOS의 시험책임자(test manager)인 데이브 머릿츠(Dave Maritz)에 의하면 게이츠는 광적인 사람(maniac)이라 한다. 그는 어떤 사원보다도 제품을 잘 알고 있어 사원들이 회의에 참석하면 땀에 젖어 나온다고 한다. 제품의 어떤 작은 결함도 즉각 집어내어 책임을 묻기 때문이다(Cusumano and Selby, 1995 참조).

또한 1994년 발간된 뉴요커(New Yorker) 잡지 어느 호에 존 시어부룩(John Seabrook)이 기고한 기사에 의하면 IBM 사가 게이츠 씨를 과소평가하는 큰 실수를 범했다고 한다. 즉, IBM은 빌 게이츠를 기술적으로는 숙달한 재사(才士)이지만 아직은 세상을 잘 모르는 미숙아 정도로 여겼다고 한다. 그런데 IBM 사가 빌 게이츠와 업무협약에 관한 교섭을 끝내

갈 무렵에는 그의 권력과 이익에 관한 열망과 계약교섭 석상에서의 현란하고 능숙한 언어구사로 IBM 사 자신들이 압도당해 버렸다는 사실을 인정해야만 했다.

로이 베이질러스(Roy Vagelos)

메르크 사(Merck)의 전 회장 로이 베이질러스 씨는 메르크 사가 매우 귀중한 제품을 연구 · 개발해 내도록 강력한 지도력을 행사한 인물이었다. 그 역시 부하직원들을 그의 이상에 함께하도록 고무 · 격려하는 강한 카리스마의 지도력을 갖춘 인물이었다.

베이질러스 씨는 100년 앞을 내다보면서 메르크 사가 감당해야 할 불후(不朽)의 사명을 제시하였다. 그는 사원들에게 서기 2091년에 메르크 사가 어떠한 모습을 하고 있겠는가 상상해 보라고 요구하였다. 베이질러스 자신이 생각하기로는 메르크 사의 사업방식이나 전략은 물론 달라져 있겠지만 메르크 사의 사원들은 여전히 고객의 고충을 덜어 주는, 시공을 초월하는 꿈에 고무되어 계속 그들의 열정을 불태우고 있을 것을 믿는다고 말하였다(Collins and Porras, 1994 참조).

또, 메르크 사의 과학기술정책 담당이사 제프리 스터치오(Jeffrey L. Sturchio) 씨는 그가 전에 근무하던 회사의 사장과 베이질러스 씨를 비교하여 차이점을 지적하고 있다. 그 결정적 차이는 있던 회사에서는 말만 하고 실행되지 않는 경우가 허다했지만 메르크 사에서는 일단 공표된 말은 꼭 행동으로 나타난다는 것이다(Collins and Porras, 1994 참조).

이상에서 살펴본 바와 같이 패커드, 게이츠, 베이질러스 세 사람은 인

성과 스타일에는 차이가 있지만 중요한 자질에 있어서는 공통점이 많다는 것을 알 수 있다. 즉, 이들은 테크놀로지에 대한 깊은 이해를 경영수완과 결합하여 이익을 창출해 내고, 업계 표준이 되는 신기술 제품을 만들어 내야만 시장지배력을 얻는다는 점을 깊이 인식하여 필요자원을 끈질기게 결집하고 투입하는 근성이 있으며, 재능이 풍부한 인재를 모아 그들의 존경을 얻으며 그들을 설득하여 능력의 최대한까지 일하도록 통솔하는 힘이 있다. 또, 이들은 지적인 겸허함도 갖추고 있어 끊임없는 신기술의 변화로 말미암아 기업경영의 기본방식은 뿌리째 흔들리고 기업의 존망이 위협받는 경우가 있을 수 있으며, 그와 동시에 새로운 이윤창출의 기회도 올 수 있다는 점을 잘 알고 있다.

유례 없는 이들의 탁월한 지도력을 다른 경영자에게 그대로 전수시킬 수는 없겠으나, 다른 하이테크 기업의 경영자들이 배워 익혀 자사의 업적향상에 쓸 수 있는 기본적인 지도지침을 생각해 볼 수는 있겠다. 그래서 벨코어 사(Bellcore)의 CEO 헤일마이어 박사(Dr. George Heilmeier)는 하이테크 기업의 CEO라면 다음 사항을 반드시 염두에 두어야 한다고 역설하고 있다(헤일마이어의 1996년 7월 21일자 서신에서).

첫째, CTO를 중역회의에 참석시켜야 한다. 많은 회사들이 CFO는 중역회의에 참석시키지만 CTO의 자리를 마련하여 참석시키는 기업은 거의 없다. 그러나 CTO를 중역회의에 참석시킴으로써 기술투자의 가치와 이에 수반하는 리스크, 그리고 신기술 개발의 가능성 등을 평가하는 능력을 더 높일 수 있다.

둘째, CEO의 업무시간 중 상당부분을 기술관련 업무에 할당해야 한다. 대부분의 최고경영자들은 기술이 사업운영에 매우 중요하다고 말하고는 있지만 실제로는 영업부문 등 자기가 커 온 분야, 그래서 업무내용에 익숙한 부분에 시간의 대부분을 할애한다.

셋째, 연구개발(R&D)을 비용으로 생각하지 말고 투자로 간주하라. 대부분의 CEO들이 특히 1990년대 전반까지는 연구개발비가 장래 기업의 성장과 수익성 증대를 위한 투자라는 점을 생각하지 못하고 절감되어야할 비용항목으로 간주하였다. Chapter 7에서 자세히 논의하겠지만 하이테크 우량기업에서는 연구개발비를 투자의 일종으로 산입하고 있다.

넷째, CTO의 역할을 명확하게 정의하라. CTO들은 제도와 조직에 구애되지 않는 창조적 문제해결 능력을 갖춰야 한다. 그들은 어떻게 하면 제품과 공정에 관련된 비용을 낮추고 수익을 증대시킬 수 있는지 등 기업의 근본문제에 대해 영역을 뛰어넘는 유연하고 포괄적인 사고방식을 가지고 대안을 제시할 수 있어야 한다. 또, CTO는 회사를 근본적으로 혁신시킬 사업구상을 일년에 한두 가지는 내놓을 책임이 있다. 나아가 일년에 적어도 한 건은 실제로 집행할 수 있는 신규 혁신사업을 내놓도록 소위 '발견연구(discovery research)'를 추진해야 한다. 또, 이러한 아이디어나 시험계획은 사내의 판촉분야나 영업분야에서 유용하게 써먹을 수 있어야 한다. CTO는 또한 세계적인 학술단체에 소속되어 신기술의 최신동향을 입수하고 자기 회사의 경영에 영향을 미칠 수 있는, 눈에 잘 띄지는 않으나 관계가 있는 징후들을 읽어 내지 않으면 안 된다.

다섯째, 연구개발 업무에 관심을 나타내야 한다. 최고경영자는 CTO와 조찬 또는 오찬회의를 통해 정기적으로 면담을 갖고 주요 프로젝트의 진전상황에 대해 논의해야 한다. CTO 쪽에서는 최고경영자 회의에 제출할 수 있는 발표자료를 준비해야 한다. CEO는 연구개발 활동에 대해 능동적인 관심을 표출하여 이 분야에 활력을 불어넣어야 한다.

승리를 쟁취하는 기업풍토

하이테크 우량기업들은 최고 수준의 인재를 불러모아 시장에서 승자가
될 수 있는 제품을 만들어 내도록 직장 분위기를 조성해야 한다. 지도자
의 자질도 쉽게 모방할 수 없듯이, 이 바람직한 기업풍토 조성 문제도 비
록 요령과 특성을 찾아냈다 하더라도 그대로 실천에 옮기기는 어려울
것이다. 이러한 유의점을 미리 말해 두고 하이테크 우량기업에서 실천하
고 있는 몇 가지 관련 사항을 열거하면 다음과 같다.

첫째, 사원들은 개인행동을 없이 팀에서 일하고, 자신들의 의견을 솔
직히 말하며, 사실에 근거한 비판에는 건설적인 대응을 하도록 분위기
를 조성한다.

둘째, 사내에 건전한 경쟁적 풍토를 조성한다. 왜냐하면 사원을 경쟁
사의 먹이로 제공하기보다는 사내에서 '새끼를 잡아먹는 것(eat your
own young)'이 더 낫기 때문이다.

셋째, 고객에게 더 나은 가치를 제공하는 '혁신적 제안'을 낸 사람을
포상한다.

넷째, 창조적인 사람들의 자발적인 노력을 장려하는 직장환경을 조성
한다. 3M 사, 마이크로소프트 사, 오라클 사(Oracle) 등은 위에 말한 기업
풍토 조성에 대해 재미있는 사례를 제공하고 있다.

3M 사

기술혁신의 축도(縮圖)라 불리우는 3M 사에는 창립 초기의 CEO였던 윌리
엄 맥나이트(William Mcknight) 씨가 개발한 일련의 혁신원칙이 있었는데,
후세의 경영진들이 이를 꾸준히 개량하여 사용하고 있다(Loeb, 1955 참조).
이러한 지침 덕분에 3M 사는 성공하여 대기업이라도 쓰러뜨릴 수 있는 경

직성(rigidity) 문제를 뛰어넘을 수 있었다. 제5장에서 자세히 살펴보겠으나 이 3M 사 원칙들의 상당부분은 하이테크 우량기업들도 무경계 제품개발을 위해 채택하여 실행하고 있다. 3M 사에는 아래와 같은 혁신지침을 실행하고 있다.

- 사원들로 하여금 고객을 자주 만나 그들의 충족되지 못한 요구를 듣고 해결책을 강구하는 한편 항상 고객에 앞서 나가도록 권장하고 있다. 한 예를 들어 보자. 3M 사는 고속도로용 반사광식의 도로표지 울타리(guide rail)를 만들고 있는데, 고객들은 이 제품에 만족을 나타내고 있더라도 3M 사의 엔지니어들은 사고율이 너무 높다고 생각한다. 그래서 이 회사의 기술자들은 관계 연구소와 타 회사를 샅샅이 찾아다니고 또 여러 번의 시행착오를 거듭한 끝에 마침내 레일을 따라 감광을 150m 저 편까지 단숨에 쭉 뻗도록 운반해 주는 광전달 방식을 개발해 내었다. 이 신제품은 유럽의 산악지대 노상에 납품되어 쓰이고 있는데, 사고율이 극적으로 감소한 것으로 보고되어 있다.

- 3M 사에서는 엔지니어나 과학자들에게 근무시간의 15%를 자기가 흥미를 느끼는 연구 프로젝트에 쓸 수 있도록 허용하고 있다. 이러한 관행 덕분에 총 매상이 1억 달러에 이르는 성공적인 상품 '포스트 잇(Post-It) 노트'를 개발할 수 있었다. 특히 이러한 자유스러운 연구 분위기가 고객의 욕구충족으로 향해질 때 가치 있는 신제품을 창조하는 강력한 방법이 된다.

- 사내에서 '모범적 실천사례'를 선발하여 직원들간의 경험과 지식을 공유하도록 권장하고 있다. 3M 사의 이러한 기업풍토는 각 연구팀간에 지식을 견고히 방어하는 다른 회사로서는 즉각 이해하기 어려운 일인지

모른다. 3M 사는 또한 고객의 이익증진을 위해서라면 사내의 모든 전문지식을 총동원하도록 강조함으로써 각 부서간 영역 지키기 주의를 고수하고 있는 타사에 비해 월등히 유리한 경쟁력을 유지하고 있다.

• 3M 사는 모든 부서에 신제품 매상고 목표를 주고 그 실적을 관리하고 있다(3M 사는 40개 단위사업 부서에 신제품 표준 매상률을 25%에서 30%로 인상 할당하였다). 물론 이러한 제도에 결함이 없지는 않지만 (Chapter 8에서 상세히 언급할 것임), 수익증대를 위해 신제품 개발이 긴요하다는 점을 강조하는 데에는 확실히 효과 있는 방법이다.

• 3M 사는 신제품 개발에 관한 아이디어 중 상업적 가능성이 희박한 것에 대해서는 솔직하게 공표해 버린다. Chapter 7에서 언급하겠지만 이러한 관행은 '규율 있는 자원배분' 정책의 핵심요소이다. 3M 사는 최고경영진이 중단시킨 프로젝트라도 사내에서 별도의 스폰서를 찾아보도록 허용하고 있기 때문에 3M 사의 지적 솔직성은 회사가 직원을 존중하고 있다는 믿음을 심어 주고 있다.

• 3M 사는 연구개발에 공로가 있는 사람을 매년 표창하고 있다. 3M 사의 '오스카상 시상식의 밤'이라고도 할 수 있는 이 대회에서는 네 명의 최우수 발명 공로자들이 동료들의 축하 속에 '칼튼협회(Carlton Society)'의 회원으로 추대된다. 간단한 일이기는 하지만 이 행사는 3M 사 사원들이 혁신에의 꿈을 자랑스럽게 여기도록 격려해 주고 있다.

마이크로소프트 사(Microsoft)

마이크로소프트 사가 윈도우NT(Windows NT)라 불리우는 서버 운영 시스템(server operating system)을 개발할 때 밟아 온 과정을 살펴보면 후발주자로서 끈질기게 달라붙어 마침내 시장을 제패한 이 기업 고유의

풍토를 잘 알 수 있다. 그뿐만 아니라 마이크로소프트의 DOS 기본 시스템은 CP/M에 뒤져 있었고, 윈도우 프로그램은 애플 사(Apple)의 리자 앤 매킨토시(Lisa and Macintosh)를 뒤쫓아가기에도 힘들었으며, 엑셀은 로터스 시리즈(Lotus 1-2-3)에 질질 끌려가는 신세였고, 윈도우NT는 UNIX를 이기기 위해 10년 넘게 악전고투하였다. 윈도우 프로그램의 경우를 좀더 자세히 살펴보면, 1.0 버전(version)과 2.0 버전은 실패했고, 3.0 버전은 간신히 성공하다가 3.1 버전에 이르러서야 대성공을 거둘 수 있었다.

윈도우NT의 경우도 위와 비슷한 패턴을 보였다. 월스트리트저널 지(Clark, 1996)의 보도에 따르면 1993년에 처음 시장에 나왔으나 반응이 형편없자 고쳐 쓰기를 여러 번 거듭했는데, 1996년 상반기에 시장점유율이 겨우 19%에 이르렀다(UNIX는 24%, Novell은 42%였다). 그런데 1996년 7월 윈도우NT 4.0을 출시하면서 그 동안 5억 달러를 들여 싸워 왔던 부문에서 대성공을 거두게 되었다.

윈도우NT의 이러한 사례는 어떠한 기업이라도 고객으로부터 고립된 상태에서 제품개발을 서두르면 반드시 문제점에 봉착하게 된다는 사실을 잘 드러내 주고 있다. 동시에 고객만족을 위해 제품개량에 초점을 맞출 때에는 실패할 프로젝트도 다시금 구원받을 수 있다는 점도 잘 보여 주고 있다.

윈도우NT 3.1의 개발 노력은 1989년에 시작되었는데, 그 후 4년 간 4백여 명의 개발인력이 투입되어 완성되었다. 그러나 최초 버전인 윈도우 NT 3.1은 동작이 매우 느려 코드가 무려 610만 행에 이르렀다.

그런데 이렇듯 도저히 빛나는 업적이라고는 말하기 곤란한 그저 그런 결과를 내었음에도 불구하고 개발 담당이사 짐 알키안(Jim Allchian)은 여전히 이 프로젝트의 책임자로 남아 있었다. 알키안 이사는 첫번째 버전의 핵심문제가 다른 데 있는 것이 아니라 연구개발팀 모두 고객과는 동떨어진 채 수많은 시간을 작업해 왔음에 있다는 사실을 깨닫게 되었다. 예컨대 개발팀은 고객의 대부분이 사용하는 NT기종에 비해 훨씬 강력한 컴퓨터를 사용하였으므로 윈도우NT 프로그램은 기억용량 2.4메가바이트(megabytes)를 기준으로 해야 한다는 사실을 무시해 버렸던 것이다.

알키안 씨는 이 제품을 살려내기 위하여 엔지니어와 고객들간에 공식적인 연락망을 설치하였다. 이 프로그램을 설계한 담당자들은 고객으로부터의 기술지원 요청을 직접 취급토록 하였고, 윈도우NT가 사용되고 있는 현장에 가 보도록 하였다. 또, 윈도우NT가 큰 회사에 납품계약을 따 내거나 혹은 실패할 때마다 판매부 직원들은 그 사실을 일일이 개발팀에 전자우편(e-mail)으로 신속히 알리도록 지시하였다.

마이크로소프트 사는 새로운 버전이 나오면 이를 수천 명이나 되는 고객들에게 시험용으로 보냈다. 그리고는 전화를 통해 그 동안 고객들이 생각하던 결점들이 모두 해결되었는지 일일이 조사하였다. 나아가 알키안 씨는 업계의 관련 간행물에서 윈도우NT를 혹평한 기사를 모두 절취하여 이를 분석하고, 개발팀에게 매 건마다 담당자를 지정하여 모든 품질측정 항목에서 일등을 하도록 책임을 맡겼다. 이에 그치지 않고 프로그램의 처리 속도가 느리다는 고객의 불만을 해소하기 위해 마이크로소프트 사는 16명의 프로그램 디자이너를 신규로 고용하여 속도 향상 코드를 개선토록 하였다.

이러한 일련의 작전을 시행한 결과 제품의 성능은 엄청나게 향상되었다. 마침내 윈도우NT 4.0은 그 코드가 1억 6천 5백만 행이나 되었지만 첫번째 버전에 비해 속도는 여덟 배 빨라졌고, 기억용량 소요 규모는 3분의 1로 줄어들게 되었다. 그리고 전에는 150명의 사용자를 지원하던 서버(server)는 이제 똑같은 처리속도에서도 1,000명을 지원할 수 있게 되었다. 그리고 윈도우NT 4.0은 UNIX에 비해 인터페이스(interface)도 사용자 편리 위주(user-friendly)로 편성되었고 가격도 훨씬 낮은 대당 2천 달러로 책정되어 있다.

이러한 장점 때문에 윈도우NT는 96년 회계연도에 95년의 세 배에 달하는 45만 개가 판매되었다. 마이크로소프트 사의 부사장 스티브 발머(Steve Ballmer)는 97 회계연도의 판매수량을 96년의 두 배인 90만 개로 예상하였다.

오라클 사(Oracle)

오라클 사는 데이터베이스(database) 관련 소프트웨어와 서비스를 연간 30억 달러나 판매하는 회사이다. 또, 과거 5년 간 자기자본 수익률이 40%를 초과하였다. 이 회사의 회장 래리 엘리슨(Larry Ellison) 씨의 개인 재산은 60억 달러가 넘는 것으로 평가되고 있다.

오라클 사는 경쟁이 극심한 회사이다. 때로는 오라클 사의 회장이 빌 게이츠 씨와 개인적인 경쟁을 하고 있는 것처럼 보일 때도 있다. 그리고 이러한 최고경영자간의 경쟁이 회사 전체에 스며들어 있다. 이에 관련된 일화 두 가지를 소개해 보겠다.

빌 게이츠 씨가 워싱턴 주의 벨르뷰(Bellevue)에 3천만 달러짜리 저택을 짓겠다고 했을 때 엘리슨 씨는 캘리포니아 주 우드사이드(Woodside)에 4천만 달러를 들여 일본식 저택을 건축하였다. 또한 엘리슨 씨가 T-38 초음속 젯트 전투연습기를 구입했을 때 취재하러 간 포브스(Forbes)지 기자에게 "매버릭 미사일 서너 발을 게이츠의 거실에 쏴 버려야 하지 않을까?" 라고 농담을 했다는 것이다(Michaels, 1996, p.16 참조).

오라클 사의 전세계 기술지원팀장 마이클 호도스(Michael Hodos) 씨는 1994년 연차보고서에서 다음과 같이 말하였다. "우리는 믿을 수 없을 만큼 경쟁심이 강한 사람들이 모여 있는, 믿을 수 없을 만큼 경쟁심이 많은 회사이다. 때로는 이 경쟁심 때문에 미소를 자아내게 하는 일들이 자주 벌어지곤 한다. 지난번에 헌혈대회를 치르었는데, 내 옆의 어느 여직원이 '너를 이겼다!' 라고 소리지르는 게 아닌가. 그래서 돌아다보니 나란히 누워 있던 다른 여직원보다 채혈을 먼저 마쳤기 때문에 기뻐서 소리를 지른 것이었다."

앞에서 살펴본 3M, 마이크로소프트, 오라클 사들의 경영전략이나 조직형태는 매우 다르지만 최고 수준의 하이테크 우량기업으로서의 공통점이 있다. 바로 승리를 쟁취하는 기업풍토이다. 즉, 경쟁에서의 승리와 사회에 공헌하는 제품개발에 자부심을 느끼는 우수한 인재를 채용하고, 이들로 하여금 고객이 높이 평가하는 제품개발을 위해 혁신적으로 일하도록 장려하는 한편, 내부적으로 이들간의 경쟁을 유발하면서도 실패에는 정직하고 생산적인 방법으로 대처하고, 직원들의 경쟁력을 유지 강화하는 일에는 빼놓지 않고 기꺼이 투자한다.

최고 수준의 팀 플레이어들(Team Players)

하이테크 우량기업들은 최고 수준의 팀 플레이어들을 고용해서 그들을 장시간 열심히 일하도록 이끌어 간다. 이들 우량기업의 최고경영자들은 신규 혹은 보충직원의 채용 시기를 자신들과 같은 여러 인물로 복제(復

製)하는 기회로 삼는다. 이들 우량기업들은 과학자나 기술진을 선발할 때 거의 같은 선발기준을 쓰고 있다. 이를 열거해 보자.

바람직한 신입사원은 각기 해당분야에서 가장 우수한 대학을 최고 성적으로 졸업하고(학교에 따라 최고위 1~10% 이내로) 해당분야의 전문가가 보기에 높이 평가되는 연구실적이 있어야 하며, 자기분야에 깊은 흥미를 지녀 취미마저도 그 분야와 관련이 있어야 하고, 자기 전문분야 이외의 분야에서도 능력과 소질이 있어야 하며, 서로 다른 배경과 경험을 갖는 사람들과도 어울려 팀의 일원으로 일하는 것을 좋아하고, 경쟁을 좋아하고 이기는 것에 자부심을 느끼는 사람이다. HP 사, 시스코 시스템 사, 마이크로소프트 사의 채용방법에서도 이들 특성이 중요하게 꼽힌다는 것을 알 수 있다.

휴렛 패커드 사(Hewlett-Packard)

HP 사는 기업성장에 필요한 에너지를 공급하기 위해 대학 내 채용 활동을 매우 조직적으로 전개할 필요가 있다는 점을 인식하고, 회사가 선발하는 과학기술 분야에서 일류대학으로 지목되는 특정 대학에 예비채용 전략을 집중구사하고 있다.

HP 사는 특정학과의 교수들과 돈독한 교류관계를 형성하는 한편 이들 교수들에게 자사의 직원선발 기준을 알려주고 이에 걸맞는 학생의 명단을 입수하기 위해 노력한다. 또, 이러한 과정을 맡아 처리하는 인사부서의 직원들도 자신들을 닮은 학생들을 찾아내려 하고 있다는 점을 잘 알고 있다. 이 과정에서 대상 학생들의 학업성적(상위 10% 이내)을 점검하고, 학생들 스스로의 능력으로 문제를 해결하는 힘을 겨누어 보며, 그들의 취미로서 (예컨대 집에서 PC나 ham 라디오를 즐겨 만지고 있는지) 해당분야에 대한 관심의 깊이 등을 꼼꼼히 측정해 보게 된다. 그리고 마지막으로는 이들 채용 후보생들이 다른 사람들과 같이 효과적으로 일할 수 있는지를 살펴본다 (1996년 5월 10일, 전 부회장 딘 모튼Dean Morton 씨와의 인터뷰에서).

시스코 시스템 사(Cisco Systems)

시스코 시스템 사는 컴퓨터가 연결망(networks)을 형성하여 상호간 통신할 수 있도록 해주는 장비를 생산하고 있다. 이 회사는 미국에서 가장 성공한 기업 중 하나로 손꼽히고 있는데, 1991~1995년 중 자기자본 수익률은 평균 56%였고, 연 평균 매출액 성장률은 83%였으며, 주가는 2,750% 상승하였다. 시스코 시스템 사는 기업성장 전략을 조직화하는 데 있어 HP 사의 사례를 많이 참고하였다.

시스코 시스템 사는 또 일류 인재를 선발하기 위한 독창적인 방법도 고안해 냈는데, 1996년 포브스 지(Forbes) 기사를 보면, 시스코 사의 회장 존 체임버스(John Chambers)는 자사의 친구 맺기 계획('Friends' program)이 인재선발에 아주 효과적이었다고 술회하고 있다. 시스코 사가 회사 내 엔지니어들로부터 알아낸 사실인데, 사람들은 믿을 수 있는 친구가 있어 그 회사의 속사정을 잘 알기 전에는 회사를 옮기려 하지 않는다는 것이다. 이러한 피드백에 대한 회답으로서 시스코 사는 미래의 입사 후보생들이 시스코 사내에 '친구(friends)'를 만들 기회를 주는 프로그램을 시작하였다.

시스코 사의 홈페이지에는 '친우(Friends)' 프로그램 전용 아이콘(icon)이 있어, 입사를 생각하는 후보생들은 아이콘을 클릭(click)하여 모집 중인 직종의 리스트(list)를 뽑아 볼 수 있다. 그리고 지원자의 이력서는 이 시스템의 데이터로 첨부하면 된다. 이렇게 되면 시스코 사의 채용담당 부서에서는 이 이력서에 부합되는 사내 관련직원 중 친우계획에 자원하는(volunteer) 사람을 지정하여 친우로 맺어 준다. 이 직원에게는 그 잠재적 채용대상 인물과 당일 내 접촉하도록 전자우편(e-mail)으로 그 사람의 신상정보가 전달된다.

시스코 사의 이 '친우계획'은 매우 탁월한 성과를 거두었다. 이 회사의 채용 관련 웹사이트(Web site)에 접속되는 건수는 7주 만에 1만 3천 건에서 5만 4천 건으로 증가하였다. 더욱이 친우계획을 활용한 결과로 면접한 인원의 3분의 1에서 2분의 1을 채용하고 있다. 이는 과거 면접인원 중 10분의 1을 채용하던 데 비해 시간과 노력을 현저히 줄일 수 있게 해주었다.

마이크로소프트 사(Microsoft)

마이크로소프트 사(Microsoft)는 두뇌가 명석한 인물들을 선발·고용하기 위해 아주 열심히 노력하고 있다. 이 회사에 근무한 적이 있는 어떤 인사의 말을 빌면 빌 게이츠 회장은 직원 채용을 자신의 수명(壽命)과 직결되는 문제로 생각한다는 것이다. 한마디로 빌 게이츠 씨는 언제나 자신과 같은 인물을 찾고 있다는 것이다.

빌 게이츠에 따르면 '두뇌가 명석(smart)하다'는 말은 복잡한 사안을 재빨리 그리고 독창적으로 이해하고 분석해 낼 수 있다는 뜻이라 한다. '두뇌가 명석한' 사람은 예리하며 새로운 사실을 흡수할 수 있는 능력도 있어야 한다. 또, 이러한 사람들은 어떤 상황에 바로 뛰어들어가 몇 가지 간단한 설명을 듣고서는 '자, 이렇게 하면 어떻겠소?' 하고 즉시 대안을 제시할 수 있는 인물이다. 그들은 기지가 번득이는 질문을 던지며, 새로운 정보를 잘 흡수하고 잘 기억하며, 일견 서로 관련이 전혀 없어 보이는 영역을 상호 연결하여 이해하는 능력이 있고, 따라서 문제를 해결하는 창의력도 갖춘 인물일 것이다(Cusumano and Selby, 1995를 참조).

마이크로소프트 사는 주로 개발, 시험, 제품관리 분야에 관련되는 우수인재를 상위 40개 대학에서 선발하고 있다. 학내 선발과정에서 마지막 과정까지 남은 후보자는 회사로 초청되어 해당분야의 책임자들과 4회 내지 6회 정도의 면접을 치른다. 이 면접고사에서는 일반적인 총명성, 개인적 포부에 대한 집중도, 지능지수, 전문기술 지식과 경영적 판단능력을 주로 평가하는데, 지능지수(IQ)를 가장 중시한다. 이 면접고사에서는 또한 미시시피 강의 총 유수량을 추정한다든지 미국의 주유소 총 숫자를 알아내는 문제 같은 것도 포함된다. 마이크로소프트 사는 면접인원 중 2~5%를 채용한다.

마이크로소프트 사는 소중한 인재를 갖기 위해 아예 회사를 통째로 사들이기도 한다. 예컨대 1986년에 컴퓨터 운영 시스템을 개발하는 중소기업 다이내미컬 시스템 사(Dynamical Systems)를 흡수 합병하였는데, 이 회사의 설립자 네이선 미르볼드(Nathan Myhrvold)는 현재 마이크로소프트 그룹 부회장이고 1995년에는 빌 게이츠와 함께 베스트셀러 「우리의 앞길(The Road Ahead)」을 공저하기도 하였다.

미르볼드는 고등학교를 14세에 졸업하고, 19세에는 UCLA에서 수학 학사, 지구물리학과 우주물리학에서 각각 석사를 동시에 수여받았으며, 23세에는 프린스턴 대학에서 수리경제학 석사와 이론물리학 박사를 취득한 천재이다. 또, 미르볼드는 스티븐 호킹(Stephen Hawking) 박사 밑에서 연구 프로젝트를 수행하기 위해 케임브리지 대학의 포스트닥터 (post-doctoral) 과정을 수락하였다. 그로부터 1년 후 여름, 프린스턴 재학시의 동료 학자와 컴퓨터 프로그램 개발을 위해 미국에 돌아와 버클리에 소프트웨어 전문업체 다이내미컬 시스템스 사(Dynamical Systems)

를 창립하고 사장이 되었다.

빌 게이츠 회장은 다이내미컬 시스템 사를 인수하는 과정에서 당초 그의 관심을 끌었던 컴퓨터 운영체계에 관한 소프트웨어의 어떤 특성에 대해 흥미를 잃었다. 그런데도 그는 인수작업을 끝까지 완수하였다. 결국 지금 현재 그 회사의 직원들 대부분은 마이크로소프트 사의 고위 기술직에 올라 있다. 랜들 스트로스(Randall Stross) 씨가 자신의 저서 「마이크로소프트 방식(The Microsoft Way, 1966)」에서 말하고 있듯이 빌 게이츠의 결단은 '현자를 한꺼번에 얻는다(acquiring smarts in bulk)'라는 지혜를 현실에서 증명한 것으로 보아야 할 것이다.

가장 우수한 인재를 모아 팀을 만들려는 노력 뒤에는 강력한 최고경영자(CEO)의 역량을 복제하려는 욕구가 숨어 있다. 환언하면, 빌 게이츠 같은 사람은 경영실무에 써야 할 시간에 제약이 있는데, 이러한 사람들이 일을 더 할 수 있는 방법이란 추가되는 일거리에 자기와 같은 수준의 지능, 정력, 경영판단을 가진 사람들로 조직을 만들어 내는 것이다. 이 점에 대해 실리콘밸리(Silicon Valley)에 있는 벤처 캐피탈 회사인 인스티튜셔널 벤처 파트너스 사(Institutional Venture Partners)의 제프리 양(Geoffrey Yang) 사장은 다음과 같이 지적하였다. 즉, A급의 팀이라면 B급의 사업기회에서도 A급의 회사로 만들어 내지만, B급의 팀은 A급의 사업기회를 B급의 회사로밖에 만들어 내지 못한다(Geoffrey Yang, 1996년 7월 31일자 서신에서).

의사결정의 분산화

성공하는 하이테크 우량기업들은 회사의 경영규모가 일정한 크기에 도달하면 보다 세분화된 조직으로 분할된다. 이렇게 작은 단위로 분할된 각 부문은 고객의 수요변화와 경쟁기업의 공격에 보다 효율적으로 대응할 수 있도록 조직된다. 이러한 발상은 당초 HP 사에서 유래하였지만, 시스코 시스템 사 같은 다른 하이테크 기업에서 이를 모방하여 실시하고 있다. 왜 이것이 중요한가? 대부분의 신설회사에서는 창업주가 너무 오래 현직에 군림하고 있는 경향이 있다. 그런데 이러한 창업주는 성장을 거듭하고 있는 회사를 이끌어 갈 수 없다는 데 문제가 있다. 존 체임버스(John Chambers)가 지적한 대로(Nee, 1966) 제1단계의 분산화 작업은 경영 상층부를 개혁하는 것에서부터 시작하지 않으면 안 된다. 그러나 이 과정이 순조롭게 이루어지면 고객과 주주에게 혜택이 돌아간다.

물론 이러한 기능 분산화는 업무상의 중복, 특히 경리나 인사와 같은 '후방업무(back office)'에서의 기능중첩이 발생할 수 있겠지만 하이테크 기업에서는 이러한 단점을 능가하는 다음과 같은 이점이 생성될 것이다.

- 이미 언급한 바와 같이 소규모 조직은 고객의 수요변화와 공격적인 경쟁상대 기업의 전략변화에 보다 민감하게 대응할 수 있고, 특히 기술의 구조적 변혁(paradigm shifts)을 예고하는 '미약한 신호(weak signals)'라도 예민하게 포착하여 대응할 수 있다.
- 분산된 단위조직은 경쟁에 효과적으로 대처하는 데 필요한 자원을 보다 직접적으로 통제할 수 있다. 이러한 자원에는 기술, 제조, 판촉, 영업에서의 기능전문직 인원도 포함된다. 그리고 이러한 소규모 단위들을 자원배분상 별도 프로젝트로 간주하면 CEO와 이사회에서 보다 명료한

판단을 내릴 수 있게 된다.

- 분산된 조직의 경영자나 직원들은 보다 강한 소속감, 직무의욕, 그리고 결과에 대한 책임감을 느끼게 된다. 관리자와 직원간에 '강한 연대의식(bench strength)'이 형성됨으로써 관리자의 능력증진 기회로 작용한다.

HP 사는 시스코 시스템 사가 분산화된 조직을 구성하는 데 많은 아이디어를 제공하였다. 또, 시스코 사의 경쟁자인 3Com 사는 보다 진취적인 조직 분산화를 실시하고 있는데, 분산화된 개별회사들은 보다 큰 조직의 배경을 가지고 각기 새로운 사업분야를 개척해 나가는 데 목표를 두고 있었다.

휴렛 패커드(HP) 사

HP 사는 창립 초기부터 직원도 분명한 목적의식을 갖추어야 한다는 믿음으로 각 기능에 합당한 권한을 부여하고 있다. 그리고 각 개인의 능력과 인격에 대한 존중의 표시로 HP 사는 직원들에게 그 목표를 달성하는 데 필요한 재량권을 부여하고 있다. HP 사는 각 개별직원의 공로를 인정할 때만이 직원들이 목표달성을 위해 자발적인 노력을 쏟아 붓는다는 점을 잘 인식하고 있다(Collins and Porras, 1994 참조).

1950년대에 HP 사가 조직확대를 계속하고 있을 때, 각기 분산화된 독립부서에도 이러한 경영방침이 실시되었다. 각 개별사업부서는 그들 자체의 연구개발(R&D), 생산, 마케팅 전략에 대한 광범위한 자율권을 행사할 수 있었고, 사업운영에 대한 재량권도 부여받았다.

HP 사가 신규사업에 착수할 때에는 그 신규사업을 담당하고 취급하려는 상품의 특성과 범위에 관련된 권한을 그 부서에 위임하였다. 이러한 개별사업부서는 미국 내 여러 주에 분산 위치하여 그들의 상대적인 혁신 정도에 따라 연구개발자금을 할당받았다. 제조공장으로서 출발한 개별조직은 혁신적인 신제품을 자체개발하여 시장에 출시하였을 경우에만 사업부로서의 권한을 인정받았다(Collins and Porras 참조).

시스코 시스템 사

시스코 시스템 사(Cisco Systems)는 HP 사보다 훨씬 젊은 기업으로서 HP 사의 분산경영기법을 배웠다. 1984년 스탠포드 대학의 두 직원 이 시스코 사를 설립했을 당시에 사업은 비공식적으로 운영되었다. 그런데 이들은 1986년 대학을 사직하고 그들의 자택 거실에서 사업을 본격적으로 운영하기 시작하였다.

1988년 시스코 사는 존 모그리지(John Morgridge)를 고용하여 회사의 테크놀로지에 맞는 조직기반을 구축하도록 하였다. 그가 만든 조직은 각 업무기능을 기술, 마케팅, 제조 등으로 나누고 이 부서의 장들이 CEO에게 보고하도록 하는 기능 본위의 통합조직이었다. 그런데 1990년대에 들어서자 이 중앙집권적 경영조직은 의사결정의 속도가 느려지고, 그때까지 연 평균 80%에 달하던 성장을 더 이상 지속하기 어렵게 되었다.

1995년 현재의 CEO인 존 체임버스(John Chambers)는 특정기술 분야와 공통 경쟁상대를 겨냥하여 다섯 개의 별도 부서를 창설하였다. 체임버스 사장은 조직 분산화의 성공여부는 시스코의 단위 사업부서가 상호간 선의의 경쟁을 하면서도 한 팀을 이루어 일할 수 있는지에 달려 있다고 믿는다. 그러면 시스코 사의 조직 분산화는 어느 정도의 효과를 거두었는가? 이를 알아보는 한 가지 척도는 시스코 사와 베이 네트웍스 사(Bay Networks)를 규모면에서 비교해 보는 것이다. 베이 네트웍스 사는 원래 독립된 두 회사 웰프리트 사(Wellfleet)와 신 옵틱스 사(SynOptics)를 합병한 회사인데, 1994년에는 시스코 사보다 영업규모가 10% 컸었지만 1996년에는 시스코 사가 베이 네트웍스 사의 두 배가 되었다(Nee, 1996 참조).

3Com 사

시스코 사의 경쟁기업인 3Com 사는 개별 종업원 수준에 가까울 정도까지 조직 분산화 작업을 추진하고 있다. 이 회사의 조직구조는 자기 사업을 움직여 가는 저변의 기본 추세(fundamental trends)를 분석한 결과에 바탕을 두고 있다. 3Com 사의 CEO 에릭 벤하무(Eric Benhamou)는 앞으로 일어날 시장의 성장속도나 변화양태가 업계의 참가기업에게 자기혁신을 강요하게 될 것이라는 점을 인식하고 있다. 아래의 내용은 1996년 5월 19일에 있었던 그와의 인터뷰를 발췌한 것이다.

"3Com 사는 21세기 초반 네트워크화한 사회에서 기업간 경쟁에 유리한 위치를 점유할 수 있도록 네 가지 진취적인 조치를 실시하고 있다. 첫째, 사장이 직접 회사의 중역, 고객, 산업분석가 등을 여러 차례 만나 3Com 사가 미래사회의 어떤 분야에 필요하게 될 것인지 그 비전을 심어 주기 위해 노력하고 있다. 이렇게 노력하는 과정에서 그의 비전을 이들에게 나누어 줄 수 있게 되었다. 둘째, 3Com 사는 시장과 기술을 지향하는 지역경영 단위 또는 제품개발팀을 만들려 하고 있다. 셋째, 이 회사는 각 기능별 또는 지역단위로 선발된 고위관리직으로 팀을 조직하여 그 비전을 실현시킬 계획을 작성하도록 할 방침이다. 넷째, 이러한 비전을 달성하고 또 사회의 발전을 이룩하는 데 각 부서의 직원들이 담당해야 할 역할을 규정해 나갈 방침이다."

이렇게 되면 각 직원들은 명료하게 천명된 비전과 그 실천계획에 따라 목표달성을 위해 각자의 재능을 어떻게 사용해야 할 것인지에 대해 효과적인 방법을 선택할 수 있게 된다. 또, 직원들은 사내 외의 인사들과 다소 느슨한 결연관계를 맺고 신제품 개발, 고객욕구의 충족, 또는 전시회 참관 등과 같은 공통의 목적을 달성해 나가도록 노력할 것이다.

3Com 사의 조직은 피라미드 형태와는 상당히 다른데, 이는 전통적인 계층구조의 경직성으로부터 직원들을 해방시키는 데 도움이 되고 있다. 이 조직은 적합한 인물들이 적절한 장소와 시간에 맞추어 협동적으로 일하고, 그 일이 끝나면 다음 과제로 넘어갈 수 있게 해준다.

3Com 사는 앞으로 이러한 조직을 지원하는 데 필요한 재정정보, 경쟁 관련 정보, 산업정보 등을 제공함으로써 각자의 직무수행을 원활히 할 계획이며, 이에 필요한 다양한 매체도 구축하려 한다.

하이테크 우량기업들은 조직구조를 전략변화에 지장을 주지 않도록 편성해 가고 있다. 그러므로 낡은 사업부서를 폐쇄하고 신규사업 분야로 이행할 때 그 조직구조도 함께 바꾼다. 그러나 이러한 조치는 하이테크 우량기업만 하고 있는 일은 아니다. 하이테크 우량기업이 조직개편에서 타 기업보다 뛰어나다는 것은 우수한 재능과 야심에 찬 인재를 새로운 분야에 끌어모으기에 적합한 조직을 만드는 데 유능하다는 점이다. 이들은 타사보다 이들 인재들이 더 잘 협동할 수 있도록 기술의 특성을 잘 살려 나가는 책략이 뛰어나다.

기업가적 창의력에 대한 유인

하이테크 우량기업들은 사원들에 대한 적절한 보상책(補償策) 없이는 이 Chapter에서 서술된 다른 요소를 갖추었다 하더라도 경영층이 원하는 결과를 거두기 어렵다는 사실을 잘 인식하고 있다. 만일 적절한 보상책이 효과적인 리더십, 승리를 쟁취하는 기업풍토, 의사결정의 분산, 협동적인 작업 분위기 조성 등의 요인과 잘 부합되지 않으면 직원들은 냉소적으로 변하고, 그들의 잠재능력을 최대한 발휘할 수 없게 된다.

다른 기업들에게서 가끔 들려 오는 얘기지만, 어떤 직원이 회사에 큰 수익을 가져오는 신제품을 개발하고 나서 상급자에게 회사로부터 어떠한 보상을 기대해도 좋은가를 물어 보면 그저 현직을 유지하는 것 이외의 아무런 별도 대책이 없다는 말을 듣게 되는 것이다. 그러면 하이테크 우량기업에서는 직원들에게 어떠한 유인책을 제공하고 있는가? 대개의 경우 하이테크 우량기업들의 기본급은 업계 평균치보다 낮게 책정되어 있다. 이 때문에 고정비용을 상대적으로 낮게 유지할 수 있다. 그런데 이 우량기업들은 회사의 업적과 연결된 보너스를 지급하기도 한다. 이때의 회사업적은 주로 회사의 재무상태와 고객 만족도로 측정된다. 이러한 업적급을 포함하면 총액으로서는 타 기업에 비해 높은 현금 급여를 받게 된다.

또한 대부분의 경우 하이테크 우량기업에서는 직원들에게 스톡옵션 (stock option)을 지급하는데, 이 초기주식의 가치는 회사의 성장에 따라 급격히 상승하는 게 보통이므로 직원들은 개인적 부를 축적할 기회를 얻게 된다. 그러나 이러한 옵션방식은 직원들도 최선을 다해 우수제품을 개발하고 이에 따라 회사의 가치가 높아져야만 그 진가를 발휘할 수 있는 것이다.

하이테크 우량기업들은 우수한 직원들이 다음 세 가지 항목으로부터 동기를 부여받는 것으로 이해하고 있다. 첫째는 사회에 좋은 영향을 미치는 제품을 개발하는 데 개인적인 보람을 느낀다. 둘째, 그들이 존경하는 인물들과 함께 일함으로써 지적 자극을 받는다. 셋째, 이러한 과정에서 개인적 부를 획득한다. 우량기업들은 사원들이 회사의 가치증식에 창의적 · 자발적으로 헌신하는 기업가적 노력(entrepreneurial efforts)에 상응하는 사원의 목표관리, 업적평가, 승진관리, 금전적 보상에 관련된 제도를 수립 · 운영하고 있다. 써모 일렉트론 사(Thermo Electron), 마이크로소프트 사(Microsoft)와 시스코 시스템 사(Cisco Systems)가 이러한 원리를 잘 살린 업적 보상제도를 운영하고 있다. 이들을 차례로 살펴보기로 하자.

써모 일렉트론 사

써모 일렉트론 사(Thermo Electron Corporation)는 환경, 에너지, 생물의학, 계측기 분야의 세계시장에 중점을 두는 회사이다. 이 회사의 1995년 연차보고서에 의하면 전체 사원은 1만 2천 명이고, 당해년도 매출액은 22억 달러로 나타났다. 한편, 1995년 말 최초 기업공개 이후 평균 수익률은 33%로 나타났다.

이와 같은 놀라운 성과가 나타난 것은 이 회사의 회장 조지 핫스퍼러스(George Hatsopolous)와 CFO이며 그의 동생인 존(John)이 함께 개발한 스핀아웃(spinout)이라는 개념을 적용한 덕분이다. 스핀아웃은 써모 일렉트론 사의 엔지니어가 주관하는 운영단위에 소규모 참여를 원하는 사람들을 공개 모집하는 방법에서부터 비롯되었다. 이 전략은 신규사업에 조달원가가 낮은 자본을 공급하기 위해 1983년 처음 시행되었다. 이 스핀아웃 방식은 각기의 사업단위가 성장하고 다양해짐에 따라 써모 일렉트론 사가 지닌 최상급의 엔지니어를 계속 확보, 유지하고 이들에게 생산성 향상의 유인을 제공하는 데 큰 도움이 되었다.

이러한 전략을 배우기 위해 IBM 사, 웨스팅 하우스 사(Westing house), K마트(Kmart), 영국석유(British Petroleum ; BP) 등이 써모 일렉트론 사를 방문했었지만, 이들 회사들은 성공을 복제해 낼 수 없었다.

스핀아웃(spinout)보다 더 일반적인 스핀오프(spinoff) 전략은 영업실적이 보잘것없는 분야에 대해 현 주주들에게 고액지분을 배정하는 방식이다. 이에 반해 스핀아웃(spinout)은 영업실적이 최고로 좋은 사업부문의 소액지분을 일반인에게 판매하는 방식이다. 또 다른 차이점은 스핀오프(spinoff)의 경우 지분 판매액은 모기업에 들어가지만, 스핀아웃(spinout)은 지분 판매금 전액이 운영단위에 배정된다. 이 스핀아웃(spinout) 전략의 성공여부는 결국 최고경영진이 가장 유망한 사업의 일부를 분리 독립시켜야 한다는 두려움을 극복할 수 있는지에 달려 있다. 이 스핀아웃(spinout) 전략은 또한 써모 일렉트론 사의 최우수 엔지니어들에게 기업가적인 추진력을 발휘하도록 자극하였다. 예컨대 써모 일렉트론 사 최초의 초기공모주(IPO) 스핀아웃 기업인 서메딕스(Thermedics)는 1983년 6백만 달러의 자본금을 모집하였다. 당시 서메딕스 사는 아무런 수입이 없었고, 단지 빅터 포와뤼에(Victor Poirier)라는 직원이 1966년부터 연구해 오던 심장이식용 박동보조펌프를 이 회사가 개발하겠다는 데 대해 국립 심장 · 폐 · 혈액 연구소(National Heart, Lung and Blood Institute ; NHLBI)가 연구비를 지급했다는 사실밖에 없었다. 그런데 이 스핀아웃 전에는 NHLBI의 연구비는 거의 바닥이 났었고, 포와뤼에 박사는 써모 일렉트론 사를 떠날 채비를 하고 있었다. 그런데 이 사업을 스핀아웃 방식으로 공개하자 포와뤼에 박사는 새 기업 서메딕스 사의 CEO가 되었고, 또 서메딕스 사(Thermedics)의 지분 중 2만 주를 배정받았다. 써모 일렉트론 사는 공모 후 지분율이 86.6%로 떨어졌지만 IPO 당시의 지분 평가액은 4천만 달러나 되었다.

1989년이 되었어도 그 심장박동펌프는 아직 미국 식품의약청(FDA)의 승인을 받지 못했지만, 서메딕스 사는 생물재료 분야와 폭약탐지 분야에서 수익성이 좋은 새 사업을 개척하였다. 포와뤼에 씨는 심장박동펌프에 그의 개발 노력을 집중하기 위해 이 사업을 써모 카디오 시스템 사(Thermo CardioSystems)로 스핀아웃하였다. 써모 일렉트론 보유주식의 40%를 공매하여 심장박동펌프 개발자금 1천 5백만 달러를 포와뤼에 씨에게 주고도 이 회사의 잔여지분 평가액은 매출액의 25배가 되는 3천 7백만 달러에 이르렀다.

포와뤼에 씨의 심장박동펌프는 당시에는 다소 가격이 비싸게 느껴졌지만 어떻든 FDA의 승인을 받아 냈다. 심장병 환자의 취약한 심장박동을 유지시켜 주는 이 보조장치의 시장은 매년 5만 명의 환자들이 2천 개의 기증 심장을 기다리는 형태를 띠고 있었다. 써모 카디오 시스템 사는 1997년에 약 1억 달러의 판매고를 예상하였고, 주가는 1989년 IPO 당시 분할 조정 후 가격이 주당 2.27달러에서 1995년 말 77.25달러로 급상승하였으며, 연평균 복리 수익률은 66%에 이르렀다. 더욱이 포와뤼에 씨의 써모 일렉트론 계열사 지분 총액이 1995년 1월 5백만 달러에 이르는 것으로 평가되었다(Alster, 1995 참조).

써모 일렉트론 사는 스핀아웃된 자회사에 법률재정 연구분야의 지원을 계속하고 있는데, 스핀아웃(spinout) 전략의 가장 큰 이점은 자사의 최우수 기술진에게 기업가 정신을 발휘하도록 동기를 부여하는 데 있다. 핫스퍼러스 박사(Dr. Hatspolous)가 거듭 증명해 주었던 것처럼 창의적 노력을 하는 직원에게 스톡옵션으로 5십만 달러를 지급해 주는 것이야말로 동료직원들에게 강력한 본보기를 보여 주는 것이 되기 때문이다.

마이크로소프트 사

마이크로소프트 사의 보상방식에서는 매출액, 이윤, 주가의 동반상승을 도모하면서 순이익률 25%를 유지하는 것으로 계획되어 있다. 또, 이러한 보수체계로 인해 17,800명의 직원 중에서 1995년 한해에만 3천 명의 백만장자를 탄생시켰으며, 이는 다음과 같은 '성공의 선순환(success cycle)'을 일으키는 기본요소가 되고 있다(Cusumano and Selby, 1995 참조).

- 마이크로소프트 사는 업계에서 가장 재능 있고 창의적인 인물들을 불러모으기 위해 스톡옵션(stock option)을 지급하고 있다. 마이크로소프트 사의 기본급여는 업계평균보다 낮게 책정되어 회사의 목표 순이익률을 유지하도록 도와준다. 그러나 직원들은 18개월 이상을 근무하면 그들에게 배정된 스톡옵션의 25%를 행사할 수 있고, 그 후 6개월마다 추가로 12.5%씩 행사할 수 있다. 또, 마이크로소프트 사의 직원은 자사주식을 시가의 85%로 구입할 수 있도록 급여의 10%를 적립할 수 있다.
- 재능 있고 창의적인 이들 직원들은 자사 주가가 상승해야 자기 재산도 늘어나는데 그것은 우수한 상품개발이 선행되어야 실현될 수 있다는 점을 잘 인식하고, 빡빡한 납품일정을 맞추기 위해 주말도 반납한 채 하루에 14시간씩 일하고 있다. 또, 중요한 프로젝트의 완성 시한이 임박했는데도 진척이 잘 안 될 때에는 외부 하청업자를 고용한다든지 해서 고정비용의 증가 없이 그 기한을 지킨다.
- 이러한 결과 마이크로소프트는 우수한 상품을 시장에 내놓을 수 있게 되며, 이것이 총 매상고의 증가를 초래하고 이 증가분의 4분의 1은 순이

익으로 환원되고 있다.

- 마이크로소프트 사의 주가는 현저히 상승하게 되고, 죽을 힘을 다해 분투노력한 직원은 퇴직할 때 자신의 스톡옵션을 행사하면 상당한 재정적 여유를 가질 수 있게 된다.
- 마이크로소프트 사가 여러 우수상품을 계속 개발·출시하고 직원들을 부자로 만들어 낸다는 좋은 평판을 받게 되면서 젊고 유능한 젊은이들이 계속 회사에 입사하게 된다.

시스코 시스템 사

시스코 사는 단순하면서도 경쟁기업들 중 어느 누구도 따라오지 못하는 효과적인 보수체계를 사용하고 있다(Nee, 1996 참조). 또, 이 급여정책에는 시스코 사의 기본방침, 즉 고객만족, 협동작업(teamwork), 직원에의 권한위양(委讓) 등을 반영하고 있다. 그리고 이러한 기본방침의 세 요소 간 상호의존 관계가 있다는 점을 잘 알고 그 정책을 시행하고 있다.

- 업계의 선두주자가 되려면 고객의 의견에 귀기울여 그들의 요구를 충족시켜야 한다. 이를 위해 시스코 사에는 매년 독립된 외부기구를 고용하여 고객만족도 조사를 실시하게 하고 있다. 만일 조사결과가 전년보다 향상된 것으로 나타나면 직원들은 상여금을 지급받는다. 만일 반대의 결과가 나오면 상여금은 지급되지 않고, 경우에 따라서는 급여의 삭감 조치도 시행된다.
- 고객의 인터넷 작동에 대한 요구를 만족시키기 위해서는 시스코 사 조직의 여러 부서가 효과적인 협동작업을 이루어야 한다. 따라서 회사는 보수책정시 개인별 업적보다 팀의 업적을 우선하여 반영한다. 시스코

사의 CEO인 존 체임버스 씨는 각 부서의 장에 대한 보수를 책정할 때 그가 이끄는 팀의 업적결과와 함께 그가 조직한 팀의 질적수준도 평가한다. 이러한 방법은 실리콘 밸리에서는 흔치 않은 일인데, 대부분의 CEO들은 수하의 각 부서장이 서로 다투어도 방치하는 경우가 많기 때문이다.

• 효과적인 협동작업을 해 나가려면 각 개별 조직원이 회사와 자기 자신에게 가장 이익이 된다고 믿는 사안을 실행에 옮기는 데 필요한 권한을 부여받아야 한다. 시스코 사는 모든 사원에 대해 입사 첫날부터 스톡옵션(stock option)을 부여한다. 이 점은 다른 하이테크기업과 다른 점인데, 타사에서는 입사 후 6개월 내지 1년 뒤에 일부 직원에게만 스톡옵션을 부여하고 있다. 시스코 사의 과감한 스톡옵션 지급정책은 1990~1995년 중 자사 주가의 급상승에 힘입어 사원으로 하여금 열심히 일해서 회사의 가치를 높여 간다는 운영지침에 적극 호응하도록 하는 강력한 금전적 동기를 제공하였다(John Morgridge, 1996년 7월 14일자 서신에서).

그러나 물론 어떤 하이테크 기업들은 직장과 사생활간의 균형을 적절히 유지하려는 사람들을 주로 채용하기도 한다. 예컨대 화이트리 사(Whitetree)는 캘리포니아 주의 팔로 알토(Palo Alto)에 있는 작은 컴퓨터 네트워크 관련기기 개발업체인데, 실리콘 밸리와 같이 고용사정이 혹독한 환경에서 우수인재를 채용하기에 큰 어려움을 느끼게 되었다. 큰 기업들은 화이트리 사가 지급할 능력도 없고 또 긍정할 수도 없는 고액급여를 지급하고 있었다. 화이트리 사는 어느 정도의 적당한 보수와 정말로 좋아할 만한 근무환경을 제공하면 우수인재를 고용할 수도 있음을 알게 되었다. 많은 우량기업에서 그러하듯이 직원들이야말로 최고의 일꾼들이었다.

화이트리 사는 근무시간과 근무장소에 대해 매우 신축적인 정책을 쓰고 있으며, 총명한 인재는 동기부여만 잘되면 반드시 가치 있는 것을 생산해 낸다는 사실을 잘 알고 있다. 예컨대 하드웨어 설계 책임자 중 하나는 캘리포니아 주 밖에 살고 있는데 필요한 경우에만 회사에 출근한다. 또, 직원의 대부분은 회사의 초고속 디지털 통신망(ISDN)에 연결되어 언제나 접속이 가능하다. 따라서 이들은 주중 편리한 시간에 근무할 수 있어 시간이 많이 걸리기로 유명한 '캘리포니아의 통근'을 피할 수 있다. 회사는 또 자녀를 가진 사람도 고용하는데, 이들이 자녀를 돌보거나 학교행사에 참관할 수 있도록 자유롭고 유연한 근무시간 조정제를 실시하고 있다.

이 화이트리 사의 급여제도는 직능별 능력과 팀워크를 중시한다. 또, 최우수 평가를 받은 직원은 CEO가 주재하는 간부회의의 의제로 채택된다. 이 회사의 사장 로렌스(Lawrence) 씨는 회사 직원 전원이 최우수 직원이 되기를 희망하고 있다(1996년 12월 4일자 화이트리 사장 모린 로렌스의 전자우편에서).

CEO가 변혁을 이끌어 가는 수순

이 Chapter에서 제시된 경영방법의 대부분은 CEO의 솔선수범으로부터 실행되어야 하는 것들이다. 현직에 있는 CEO가 그들의 리더십 스타일(leadership style)이나 기업풍토, 직원채용 방식, 조직구조, 보수체계 등에 있어 하이테크 우량기업의 사례를 어떻게 적용시키느냐에 따라서 상당한 개선효과를 거둘 수 있을 것이다. 지금까지 우리가 보아 온 경영방법의 이점을 최대한 달성하려면 회사경영의 근본적인 변혁이 불가피하므로, CEO는 다음과 같은 단계별 추진대책을 신중히 고려해 보아야 할 것이다.

1단계: 개혁의 필요성을 스스로에게 인지시킨다

우량기업의 우수한 경영기법을 자기 회사의 현 상태에 비교할 때 CEO 자신이 불안감을 느낄 수 있다. 그러나 바로 이러한 CEO의 불안감이 변혁의 과정을 시작하게 하는 '약한 신호(weak signal)' 일 경우가 많다. 이러한 변혁의 필요성이 있음에도 CEO가 주저한다면 재정상태나 경쟁력에 있어 궁지에 몰려 있는 이사회가 이 Chapter에서 이미 설명된 우량기업의 CEO 같은 사람으로 아예 교체해 버릴 수도 있는 것이다.

2단계: 실행의 명분을 세운다

개혁을 실행하기 위한 근거와 명분은 사실에 기초를 두어야 한다. Chapter 8에 상술하게 될 '혁신 채점표(Innovation Scorecard)' 를 사용해서 자가진단을 해보아야 한다. 이 채점표는 개혁을 해서 가장 좋은 성과를 얻을 부문을 가려내게 해준다. 개혁을 행동으로 옮길 때 CEO는 자기 회사를 경쟁기업뿐만 아니라 산업구조 전체의 변화추이에 비추어 판단하고 결정을 내리지 않으면 안 된다. 이러한 제반 고려사항을 사실에 기초하여 분석하고 종합해서 적용하면 조직을 변혁으로 이끄는 데 설득력이 생길 것이다.

3단계: 전략적 대안을 개발하는 팀을 임명한다

CEO는 앞에서 본 것과 같은 '변혁의 실증적 근거' 에 기초하여 사내 외의 식견 있는 인물을 동원, 전략적 대안을 수립할 전략기획팀을 구성해야 한다. 이러한 전략적 대안에는 여러 차원에서의 선택 가능한 대안이 포함되는데, '각 부서 경영책임자의 교체; 기업의 사명감, 가치관 내지는 풍토; 조직구조; 직원의 선발, 훈련, 근무평점; 보수체계' 등이 그것이다. 이 기획팀에서는 여러 가지 대안들을 깊이 검토하여 보다 선호되는 전략을 제시해야 한다.

4단계: 변혁의 계기를 창출하기 위한 '단기승부' 계획을 수립·실행한다

앞의 전략기획팀에서 전략의 대안을 마련하면 이들은 곧 그 실행계획을 작성해야 한다. 또한 변혁의 움직임을 정착시켜 조직 전체의 사기를 높여 주고, 변혁에 대한 두려움을 극복하기 위한 단기적 승리계획(勝利計劃)을 세워 실행해야 한다. 예를 들면, 고객만족도에 따른 실적급 상여금 제도를 우수한 사업부서부터 실시하면 타 사업부서에서는 변화의 노력이 단기적으로 인정받는 사실을 알게 됨으로써 긍정적 경험이 전 조직에 확산될 것이다.

······

Chapter 3에서는 기술혁신 수익률을 높여 주는 두 번째 항목인 '개방적 테크놀로지' 전략을 설명한다. 하이테크 우량기업들은 기술(technology)을 고객수요를 만족시키는 수단으로 간주한다는 사실을 알게 될 것이다. 이때 전략의 핵심은 경쟁상대가 발붙이기 전에 그 기술을 고객에게 가져다 주어야 한다. 하이테크 우량기업은 이러한 목적을 위해 타 회사 전체를 사들여야 한다면 주저없이 그렇게 하고, 기술 라이센스 계약을 해야 한다면 즉각 실행에 옮길 것이며, 또한 그 기술을 내부에서 개발할 필요가 있다면 즉시 개발해 낼 것이다.

Chapter 3

개방적 기술관리 정책 Ⅰ
(핵심기술 관리)

The Technology Leaders

하이테크 우량기업들은 각 핵심기술을 기반으로 부를 쌓아 올렸다. 만일 이들의 핵심기술로 고객들에게 독특한 가치를 나타내 주는 상품을 생산한다면 기업의 기반은 안전하고 확고한 것이라 볼 수 있다. 그러나 패러다임의 변화에 따른 기술혁신으로 고객의 수요가 따라서 변화할 때, 해당기업의 기술이 이를 만족시켜 주지 못하면 그 기업의 핵심기술은 가치를 침식당하게 된다. 이 문제로 인해 과거 한때 초일류의 우량기업으로 여겨지던 기업도 실족한 사례가 있다. 왜냐하면 기술혁신기에 '자기파괴적인 변혁'을 과감하게 실천하지 못했기 때문이다. 이와는 달리, 이 책에서 우리가 분석하고 있는 20개 하이테크 우량기업들은 그러한 기술의 패러다임 쉬프트(Paradigm Shift)를 잘 활용했기 때문에 경쟁상대가 이들의 발전을 저지하지 못하고 있다.

하이테크 기업들은 경쟁에서 승자로 살아남기 위하여 고객들이 평가하는 기술의 상대적 가치가 변화할 때 주저없이 핵심기술을 조정·관리해야 한다. 어떤 기술의 가치가 경합되는 대체기술에 비해 증가한다면 그 기술에 투자해야 한다. 그러나 그 기술의 가치가 정체상태를 나타내면 사내의 개발이나 타사와의 기술제휴 수단을 빌어 과감하게 잘라 내야 한다.

예를 들면, 인텔 사(Intel)는 외부의 경쟁기업보다는 자기 자신과 경쟁한다는 사고방식으로 기업 전체를 조직·관리하고 있다. 인텔 사의 회장인 고든 무어(Gordon Moore) 씨는 어느 날 마이크로 프로세서(microprocessors)의 상품 세대별 가격과 성능을 도표로 나타내어 비교해 보았다. 그는 이 조사에서 실리콘 칩(silicon chip)의 계산능력과 집적도는 12개월마다 두 배로 늘어나는데(후일 그는 이를 18개월로 수정하였다), 가격은 절반으로 떨어진다는 사실을 발견하였다(Lenzner, 1995 참조).

인텔 사는 어떤 의미에서는 다른 하이테크 우량기업들이 사용하지 않는 '성공의 순환과정(success cycle)'을 반복하여 실시하여 왔다. 즉, 인텔 사는 예의 12~18개월 주기마다 성능은 두 배, 가격은 절반인 마이크로 프로세서를 업계의 타 기업보다 가장 먼저 시장에 내놓음으로써 1996년에 연 매출액 160억 달러, 자산 총액 620억 달러의 초일류기업으로 발전하였다. 인텔 사가 다른 기업에 비해 변칙적인(atypical) 면은 반도체 제조설비(semiconductor fabrication facilities; 'fabs')에 엄청난 투자를 하고 있다는 점이다. 현재 투자 총액이 10억 달러나 소요되는 이 투자는 2~3년 후의 차세대 반도체가 나오게 될 시점에서 고객의 성능에 대한 요구가 어떻게 될 것인지를 예측하여 이루어진 것이다. 인텔 사는 경쟁상대보다 먼저 차세대 반도체를 시장에 내놓음으로써 압도적인 시장 점유율을 확보하고, 제조설비 가동률을 극대화하며, 규모의 경제성을 최대한 살려 감으로써 차세대 상품주기(product cycle)에 대한 투자재원을 지속적으로 보충해 오고 있다(Crockett, 1966 참조).

또 하나 흥미 있는 일은, 인텔이 틈새영업(embedded-systems business)을 담당할 사업부서를 신설하여 이제는 구식이 된 CPU를 PC 이외의 타용도 시장에 팔려는 계획을 진행시키고 있는 것이다. 구세대에 속한 CPU 모델을 데이터 통신, 공장 자동화, 레이저 프린터, 그리고 PC 이외의 용도 부문에 판매함으로써 감가상각이 끝난 생산설비를 가동하여 현금수입을 증대할 뿐 아니라 차세대 칩(chip)의 개발자금을 확보하고 있다. 반도체 제조시설의 건설비용은 1997년에는 25억 달러, 2000년에는 100억 달러가 소요되어 인텔 사의 성공 순환주기에 따라붙을 경쟁기업은 거의 없을 것으로 예상된다.

인텔은 다른 기업에 앞서 항상 선수를 치는 전략으로 성공을 거두었지만 위험이 없는 것은 아니다. 즉, 인텔 사는 CPU 시장에서의 지배적 위치를 이용하여 모판(motherboard)에서 다른 칩들의 기능을 CPU에 결합시키려는 시도를 하고 있다. 물론 이 새로운 통합 기능의 반도체 칩은 고객에게 더 큰 가치를 제공하겠지만, 사내 개발팀에게 '고객 우선'보다는 '생산자 중심'의 의식(mentality)을 강화하는 부작용을 일으켜 결국 소비자가 원치 않는 상품을 생산하는 인텔 사로 낙착될 위험이 있는 것이다. 이 사업부문의 경제적 순환주기는 소프트웨어 제작사와 컴퓨터 제조업체가 계속해서 소비자가 사 주는 기종을 만들어 주는지의 여부에 따라 지속될 수 있는데, 자칫 기술적 가능성에 몰두하다 보면 소비자의 진정한 필요를 망각할 위험이 있다. 더욱이 이제까지 승승장구해 오던 인텔 사의 '성공 순환주기'가 직원들, 특히 제조관리자들에게 강한 압박감을 줄 때 사내 최고 인재들의 능력은 소진되어 버리고 중간관리층은 취약성을 드러내게 될 것이다.

하이테크 기업의 경영자에게는 인텔 사가 보여 준 성공과 향후의 과제 등은 자사의 핵심기술을 관리하는 방법에 중요한 시사점을 제공할 것이다. 핵심기술의 효과적인 관리방법에는 다음과 같은 항목이 포함된다. (1)핵심기술을 명확히 지정한다 (2)핵심기술의 가치를 명확히 평가한다 (3) '기준기술(leverage-point technologies)'을 확정하고 이를 업계의 표준 기술로 세워 나간다 (4)자사의 핵심기술에 보완적 역할을 하거나 핵심기술의 근저를 위협하는 신기술을 철저히 감시한다 (5)고객의 필요와 구매형태에 부합하는 기술은 모두 이를 완비하기 위하여 기업간 제휴나 기업매입을 과감히 실천한다.

그러면 핵심기술(core technologies)이란 무엇인가? 핵심기술은 어느 기업이 독자적인 제품을 개발하는 데 필요한 특정분야의 전문적 기술지식을 총체적으로 나타낸 것으로서 기술인력, 특허, 기타 지적소유권을 포함한다. 또, 그러한 기술이 진정한 핵심기술이 되기 위해서는 다음 세 가지 기준을 충족시켜야 한다. (1)그 기술은 고객에게 가치를 생성시켜야 한다 (2)광범위한 시장에 응용될 수 있는 기술이어야 한다 (3)차별화에 의한 경쟁력 제고가 가능하고 모방하기 어려운 기술이어야 한다.

이 Chapter 의 후반부에서도 상세히 설명하겠지만, 핵심기술이 사업으로서 성공하려면 다른 기능의 지원을 받아야 한다. 이러한 상황은 생명공학이나 의약업계에서 자주 발생하는데, 사내 과학자가 그 동안 고대해 오던 연구나 실험에 성공했어도 이를 제조할 설비와 판매할 조직이 없다면 사업으로서 성공시키기 어렵기 때문이다. 이 장에서는 하이테크 우량기업이 그들의 핵심기술을 관리하는 데 사용하는 다섯 가지 기법을 탐구하고자 한다. 각 단계별로 구체적인 사례를 분석하여 그 원리를 추출할 것이다. 이 장의 결론부분에서는 기업의 최고경영자가 자사

경영에 적용할 가치가 있는 원리를 실행하려 할 때 거쳐야 할 수순을 제시하고자 한다.

핵심기술을 명확히 지정한다

기업이 핵심기술을 잘 관리하기 위해서는 우선 그것을 명확히 파악하여 지정해야 한다. 휴렛 패커드 사와 메르크 사가 그 좋은 예이다.

HP 사

HP 사는 핵심기술을 파악하기 위해 각 기술의 과거 공헌도와 현재 진행 중에 있는 연구개발 분야를 크게 다섯으로 나누고 각 분야에서 파생시킨 제품 범주를 명기하도록 하였다. 예를 들면, '분석기술 분야' 는 화학 분석기기의 관련 제품 개발에 지원하였는데, 이에는 자외선 가시분광 광도계(UV/Visible Spectrometer), 적외선 분광용 케미컬 엑스퍼트기(Chemical Experts for IR Spectra), 그리고 모세관전기영동 분석기(Capillary Electrophoresis) 등이 포함된다(HP Labs, 1995 참조).

이렇게 파생된 신제품은 HP 사의 그 유명한 '현장을 돌아다니며 하는 경영(management by walking around; MBWA)' 의 산물이다. 그 방식의 예는 이러하다. 즉, HP 사의 한 연구소에서 특정기술 분야에 진전이 있을 경우 시제품(prototype)을 만들게 하고 현업 부서의 기술자들로 하여금 연구소를 찾아가 그 시제품을 평가하게 한다. 만일 그 시제품이 이들에게 호평을 받으면 상품화 결정이 내려진다. 분석화학 분야에서의 고객들은 같은 과학자들이므로 이러한 신기술 · 신제품 개발과정은 효과를 나타냈다.

그러나 고객이 과학자가 아니고 소비자일 경우 이러한 과정은 매우 위험한데, Chapter 6에서 자세히 언급하게 될 것이다.

메르크 사

메르크 사(Merck)는 회사의 핵심기술을 중심으로 연구소 조직을 편성하였는데, 그들은 이 연구소들을 '탁월함의 중심(centers of excellence)'이라 부르고 있다. 각 센터는 부사장보들이 운영하고 그 상황을 과학 · 기술담당 부사장에게 보고한다. 메르크 사는 세계 여러 나라에 연구소를 가지고 있으며, 이들이 대표하는 여섯 개의 핵심기술 분야로 나뉘어진다. 즉, '호흡기 내지 알러지; 신경과학; 안정성 평가; 항 바이러스, 암, 전염성 질환; 심장 혈관계; 항생제 검사' 등 여섯 개 분야이다(1995년 5월 Merck 사로부터).

메르크 사에서는 기술에 따라 연구 프로젝트에 대한 자금지원 여부와 그 규모가 결정된다. 만일 어떤 연구소의 프로젝트가 개발하려는 신제품의 잠재수요가 크고 연구진의 역량이 그 질병을 치료하는 학문분야에서 인정받는 수준이라면 연구책임과 그에 따른 소요자원을 배정받는다. 그러므로 연구비 배정의 패턴을 보면 그 시점에서의 핵심기술이 무엇인지를 바로 알 수 있다.

업계의 다른 기업들도 핵심기술을 탐색 · 확정하려는 시도(exercise)를 해보기는 하였으나, 대부분 그 결과는 전혀 다르게 나타난다. 즉, 하이테크 우량기업들은 일단 작업에 착수하면 바로 핵심기술을 확정하는데, 그 이유는 자사의 기정 핵심기술이 앞에서 본 세 가지 기준을 충족시키고 있는지 늘 감시(monitoring)하고 있기 때문이다.

그런데 타 기업들은 우량기업과는 달리 매우 조심스런 태도로 이 문제를 다루고 있다. 그들은 기존의 핵심기술에 문제가 일어나고 있다는 외부적 징후가 매우 강하게 드러날 때까지는 그 핵심기술을 대체할 기술 탐색에 좀처럼 나서지 않는 것이다. 이들은 장래를 향한 투자보다는 과거를 지키는 데 더 관심을 쏟고 있다.

핵심기술의 평가

핵심기술 관리의 다음 단계는 그 기술의 가치평가이다. 하이테크 우량기업들은 이 가치평가 과정을 매우 체계적으로 실시함으로써 평가결과는 계량적으로 산출되는데, 그래도 과정(process) 그 자체에는 상당 부분 주관적 요소를 가미하고 있다. 핵심기술의 평가점수를 부여하는 출발점은 가능성이 있는 신상품이 팔리게 될 시장의 현재와 미래의 시장국부(market segments)를 조사하여 일람표를 만드는 작업이다. 이 일람표가 작성되면 판매수량과 매출액 성장률, 상품의 가격과 이윤율, 시장 점유율, 경쟁상대의 반응 등에 대한 가정치(假定値)에 기초하여 그 기술의 가치를 추정한다. 그런데 앞에서 말한 가정들은 경영층의 전망이나 관련 상품에 대한 시장의 발전 단계에 따라 나타날 수 있는 불확실성(uncertainty) 때문에 주관적이 될 수밖에 없다. 이 핵심기술 가치평가의 이론적 기초는 그 기술이 산출해 내는 신상품의 판매로부터 얻어지는 기간 중 순현금 수입(net cash-flow)을 현재가치로 환산하는 방법이다.

마이크로소프트 사가 IBM 사의 PC 기본 운영체제를 위해 MS-DOS 기술을 사용하도록 허가(license)해 준 과정을 보면, 핵심기술을 평가하는 최고경영자의 식견이 어떠한가에 따라 사업의 결과가 크게 달라질 수 있음을 알 수 있다. IBM 사는 자사가 개발 중이던 PC의 기본 운영 프로그램을 구하기 위해 마이크로소프트 사와 접촉하였다. IBM 사는 마이크로소프트 사가 BASIC과 PC용 프로그램 언어(programming languages)를 개발했기 때문에 기본 운영체제(operating system)도 이미 개발해 놓은 것으로 잘못 판단하고 있었기 때문이다. 마이크로소프트 사는 IBM 사에게 PC용 기본 운영체제를 빨리 개발해 주겠다고 약속했다.

마이크로소프트 사는 시애틀 지역에서 운영난에 허덕이는 한 소프트웨어 개발회사, 즉 시애틀 컴퓨터 사(Seattle Computer)가 16비트용 인텔 운영체제의 시제품을 개발했다는 것을 알아냈다. 마이크로소프트 사는 그 제품, 즉 Q-DOS(Quick and Dirty Operating System)를 7만 5천 달러에 임차 사용허가(라이센스)를 받았다. 그리고 이를 약간 개량한 MS-DOS를 IBM 사에 라이센스 해주는 데 사용료(royalty) 없이 일괄 15만 달러를 받았다. IBM 사는 자사의 PC와 경쟁할 수 있는 '직접호환기(Plug-compatible)'의 시장이 출현할 것인지에 대한 예측에 오류를 범함으로써 마이크로소프트 사가 PC 호환기종을 생산하는 업체에 MS-DOS를 라이센스 해줄 모든 권한을 양도해 주고 말았던 것이다.

이에 반해 빌 게이츠 회장의 예측은 정확해서, IBM이 PC를 판매하게 되면 곧 호환기종에 대한 시장이 출현할 것으로 보았고, 사실 컴팩 사(Compaq), 델 사(Dell), 패커드 벨 사(Packard Bell), AST연구사(AST Research)를 비롯한 여러 회사에서 IBM을 추월하여 상당한 시장을 잠식해 버렸다. 이렇게 되자 마이크로소프트 사는 그 운영체제를 호환기용 하드웨어와 묶어 이름만 '사용료'라는 아주 싼값으로 보급함으로써 업계의 표준규격으로 확립함은 물론 그 후 계속 이어진 성공의 기초를 쌓아 올렸던 것이다(Cusumano and Selby, 1995 참조). 이에 대해 오라클 사(Oracle)의 회장 래리 엘리슨(Larry Ellison) 씨가 말하기를, IBM 사는 실업계 역사상 가장 값비싼 실수를 저질렀는데 그 대가는 당시 마이크로소프트 사와 인텔사의 시가 총액을 합친 1천억 달러나 된다는 것이었다(Stephens, 1996 참조).

이 사례에서 보는 바와 같이 핵심기술의 가치는 누가 그것을 평가하느냐에 따라 달라지며, 또 그 평가도 가급적 정확하고 객관적으로 되어야 한다. 비록 마이크로소프트 사가 PC 호환기종 공급업자에게 MS-DOS를 라이센스 해줌으로써 얻게 될 이익을 정확히 추정할 수 있었다고 보기는 어렵지만, IBM이 이 시장을 무시해 버린 데 비해 빌 게이츠 씨는 이 시장의 출현 및 가치상승을 예견하였던 점이 이제 와서 보면, 그 엄청난 시장에 대한 가치평가가 그토록 현저히 다르게 나타났던 원인을 이해할 수 있다. IBM 사의 실책은 마이크로소프트 사로부터 소프트웨어 기술을 라이센스했던 것이 아니라, 그 기술 라이센스로 인해 출현할 거대한 시장기회를 활용하지 못했던 점에 있다.

기준기술에 초점을 맞춘다

우량기업들은 핵심기술의 가치를 평가한 후에는 이 가치를 증대시키는 전략적 수단을 강구하여 실천한다. 이중 중요한 방법의 하나는 '기준기술(leverage-point technologies)'에 집중하여 이를 업계표준기술로 만들어 가는 것이다. 마이크로소프트 사를 비롯한 다른 하이테크 우량기업들이 잘 아는 바와 같이, 어떤 기술은 해당 기술체계에서 제3자의 개발노력을 조직화할 때 그 거점이 될 수 있다. 기준기술의 예를 보면, 기본 운영체계(the operating system), CPU, 릴레이셔널 데이터베이스(the relational data base)가 해당된다.

어떤 기준기술에 있어 그 업계의 선두주자로 인정받게 되면 제3자도 함께 개발을 위해 자원을 투입할 때 그 기술체계가 앞으로 틀림없이 업계 표준기술이 될 것이라는 안도감을 그 제3자에게 줄 수 있게 된다. 만일 그 기술이 실제로 업계 표준기술이 되었을 때는 그 기준기술의 소유자와 이에 합작한 제3자는 함께 높은 투자수익을 올릴 수 있을 것이다. 이러한 예상은 대량 소비시장에서 업계 표준기술이라고 생각되는 기술로 생산된 상품이 잘 팔릴 것이라는 전제 - 지금껏 수없이 실증된 전제 - 에 입각해 있다. 그러나 이와 반대로, 그 시스템이 업계 표준이 되지 못할 경우에는 모든 관련 기업들이 함께 손실을 보게 된다.

아래에 설명할 시스코 시스템 사와 컴팩 사의 사례에서 이러한 기준기술을 정확하게 조준하여 업계 표준기술로 세워 나가는 방법을 알아보기로 한다.

시스코 시스템 사

시스코 시스템 사의 하드웨어나 소프트웨어 제품은 여러 사람들의 컴퓨터를 연결하여 시간, 장소, 컴퓨터 시스템의 차이를 극복하고 모두 정보를 이용할 수 있도록 해준다. 시스코 사에 성공을 가져다 준 결정적 요인은 자사의 기본 운영체계를 업계표준으로 만들어 낸 능력이었다. 즉, 시스코 사의 운영체계가 업계 표준이 되자 인터넷 라우터(Internet routers) - 데이터 사용에 대한 교통순경과 같은 것 - 시장의 80% 이상을 지배하게 되었다. 시스코 사의 인터넷 운영체계(Internetwork Operating System; IOS)는 물리적으로 멀리 떨어져 있는 고객들을 자사의 네트워크에 연결할 수 있도록 해준다. 그리고 이 IOS는 고객들이 큰 비용을 들이지 않고도 다른 종류의 네트워크로 연결되도록 해준다. 또, IOS는 네트워크 프로토콜(network protocol)

이라 불리는 데이터 송수신의 표준방식 중 16종 이상을 지원해 준다.

IOS는 나아가 그들이 필요로 하는 사항을 시스코에 요청하면 한 회사 전체의 네트워크를 지원해 준다. 이 IOS는 데이터의 안전성과 완전성을 보호하며, 분산된 네트워크 정보를 통제·통합해 주고, 사용 회사에 새로운 서비스와 기능, 응용 프로그램 등을 부가해 줄 수도 있다.

시스코 사가 고객들에게 이러한 편익을 제공할 수 있었던 것은 케이블트론 시스템 사(Cabletron Systems), 베이 네트웍스 사(Bay Networks)와 같은 동종업자와 제휴관계를 맺었기 때문이었다. 이 제휴계약에서는 제휴사의 모든 제품에 시스코 사의 운영체계를 편입시키도록 되어 있었다. 바로 이런 식으로 업계 표준이 수립됨에 따라 시스코 사와 제휴업체들은 급속히 성장하는 인터넷 산업에서 형식이 다른 장치들도 협조적으로 움직이게 함으로써 고객만족을 높여 갈 수 있었다. 이러한 통합화에 따라 제휴에 참가한 업체의 판매고는 늘어 갔다. 또, 이러한 시스템을 사용하는 고객들은 자사 제품에 대한 수요 증가에 신축적으로 대응하고 그들의 네트워크가 취급해야 할 정보 종류의 변화에도 유연한 적응 경로를 유지할 수 있는 한편 투자가치도 보호할 수 있는 혜택을 누릴 수 있었다(1996년 6월 14일 존 모그리지 씨와의 인터뷰에서).

시스코 사가 시장에서 지도적 위치를 확립하는 데 기여한 또 다른 요인은 이 회사의 제품제조 관리방식이다. 구체적으로 시스코 사는 고난도, 고품질 관련 제조공정은 사내에서 직접 제조하고 주변적 가공과정은 외주 위탁하는 한편, 고객의 별도 요구가 있으면 하드웨어나 소프트웨어를 맞춤 제조해 주는 방식을 쓰고 있다. 이러한 시스코의 가공방식은 ISO 9001의 인증을 받고 있다. 또한 제조공정의 스피드와 융통성을 높이기 위해 프린트 기판의 조립, 회로 시험, 제품의 수리는 외주에 위탁하고 있다. 아울러 시스코 사는 전자적으로 프로그램이 가능한 기억소자(memory chips)에 회사 전용의 소프트웨어를 미리 짜 넣음(installing)으로써 제품 완성까지의 소요시간을 단축하고 있다. 이러한 제조공정을 사용함으로써 시스코 사는 고객의 개별적인 요구에 부응하는 하드웨어와 소프트웨어의 형태를 임의로 조정할 수 있다. 시스코 사의 제조능력이 이렇게 튼튼한 결과 고객으로부터의 반품은 극히 적은 반면, 이 회사가 업계의 선두주자라는 인식을 확실히 심어 주고 있다.

위에서 본 시스코 사의 사례로부터 기준기술에의 집중전략에 관한 중요한 원리를 찾아볼 수 있다.

첫째, 기준기술은 고객에게 가치를 창출해 주어야 한다. 시스코 사는 고객들로 하여금 참된 의미의 호환성(互換性)을 실현할 수 있도록 하기 위해 자사의 소프트웨어가 경쟁 중에 있는 타사 제품에서도 작동되고 새로운 인터넷 관련 상품을 수용하기 위한 변경에도 편리해야 한다는 점을 잘 알고 있었다.

둘째, 기준기술은 제3자의 참여를 유도할 수 있도록 운영되어야 한다. 시스코 사는 제3자의 지지를 얻어 낼 수 있는 경영방법을 사용하였다. 즉, 시스코 사는 경쟁자나 제3자가 시스코 사의 운영체계를 업계 표준으로 받아들이도록 경제적 유인을 제공하였다.

셋째, 기준기술은 뛰어난 제품공급 능력으로 뒷받침되어야 한다. 시스코 사가 업계 표준이 되는 기본 운영체계를 소유함으로써 성공의 필요조건은 갖추고 있었으나 그것으로 충분하다고 볼 수는 없었다. 시스코 사는 자사의 상표가 최우수 제품을 대표한다는 인식을 소비자에게 심어 주기 위하여 제조, 유통, 여타 지원능력을 개발하였다.

컴팩 컴퓨터

판매고 150억 달러 규모의 탁상용(desktop), 휴대용(portable) PC와 서버 (server) 시장의 리더인 컴팩 사(Compaq)는 탁상용 PC에서 업계 표준을 수립한 업체가 되었다. 컴팩 사는 운영 시스템의 구성 부품을 통합함으로써 최고 수준의 품질과 성능을 원하는 고객의 욕구를 비교적 저렴한 가격선에서 충족시켜 주었다. 1995년에 실시된 한 조사에서 업무용 제품의 고객들은 컴팩 사 제품의 월등한 품질과 성능에 만족하여 318달러를 더 지불할 용의가 있음이 밝혀졌다(Compaq의 1995년 연차보고서 참조).

컴팩 사는 1994, 1995년 탁상용 PC를 전세계에 판매함으로써 전체 시장 점유율 10%에 달했는데, 판매수량은 연간 6백만 대이고 제2위 업체보다 1백만 대나 많음으로써 점유율 차이는 20%나 되었다. 또, 컴팩 사는 1992년과 1995년 PC서버와 수퍼서버(superserver)의 전세계 시장에서 IBM과 HP를 멀리 따돌리고 지배적 위치에 올랐는데, 시장 점유율은 IBM이 14%, HP가 12%인 데 반해 컴팩은 36%나 되었다.

이처럼 컴팩 사가 서버시장에서 리더가 되자 컴팩은 마이크로소프트, 오라클, 노벨, SAP 등 여러 업체와 신제품 개발을 위한 제휴 관계의 중심점(platform)이 되었다. 예컨대 미국의 유수한 화학회사 라이언델 사 (Lyondell)는 고객에게 제품의 가격과 수급에 관한 정보를 제공하고 전자주문을 받기 위하여 새로운 고객용 서버의 플랫폼을 만들 때 컴팩을 거점으로 SAP아메리카 사와 마이크로소프트 사를 묶어서 구축하였다. 라이언델 사의 정보담당 이사는 각 기술의 리더들을 상호 협력하도록 최적 조합한 연합체제를 구하고 있었기 때문이었다.

어떻게 하여 컴팩 사가 이러한 성공을 거둘 수 있었는가? 이 회사의 1994년 연차보고서에 의하면 컴팩은 시종일관 제품의 기능은 향상시키면서 가격은 인하하는 정책을 실시하여 왔다. 예컨대 93~94년 중 컴팩은 순이익률을 90%나 올리면서도 고객에게 더 높은 가치를 실현하여 주었다. 이처럼 컴팩 사가 제품 가격의 인하와 동시에 순이윤율을 높일 수 있었던 관건은 대량생산에 의한 규모의 경제를 실현하는 것이었다. 즉, 컴팩 사는 제조공정을 재설계하여 비용과 품질을 주의 깊게 관리하면서 단위당 산출량이 증가하도록 하였다. 또, 컴팩 사는 제조설비를 5개소 증설하고 제조시간을 절반으로 단축하기 위해 제품설계를 변경하였다. 컴팩 사는 또 공장의 단위면적당 PC생산대수를 25% 증가시켰다. 이러한 일련의 생산합리화 조치로 93~94년 중 인건비와 간접비를 19%나 절감하였고, 사원 1인당 판매액은 가장 근접한 경쟁업체보다 40%나 높은 87만 2천 달러에 달하였다. 컴팩 사는 이처럼 제조공정상의 생산성을 높이는 동시에 하나의 기대(device) 안에 전화, 자동응답기, TV, 팩스/모뎀, CD-ROM, 그리고 스테레오 음향 장치 등 여러 기능을 통합 편성하기 시작하였다.

1985~1995년 중 컴팩의 탁상용 PC는 가격이 30% 하락하는 동안에 처리 능력은 120배 증가하였다. 이와 같은 가격대비 성능향상의 획기적인 진전과 함께 고품질과 높은 신뢰성이 곁들여져 이제 컴팩 사의 상표(brand)는 시장에서 막강한 영향력을 가지게 되었다. 컴팩 사가 1984~1994년 중에 이룩한 놀라운 성공을 가장 극명하게 보여 주는 지표는 아마 자본의 시가 총액이 1억 73백만 달러에서 103억 달러로 증가함으로써 기간 중 연평균 주가 수익률이 43%(S&P 500 평균율의 9배)에 이른 사실일 것이다.

이상에서 본 컴팩 사의 성공사례에서 우리는 다음과 같은 중요원리를 발견할 수 있을 것이다.

첫째, 회사의 기준기술(leverage-point technology)을 업계의 표준기술(industry standard technology)로까지 앞장서 발전시켜 가는 기업은 최대의 시장 점유율을 차지할 것이다.

둘째, 그와 같은 선도적 위치에 도달하기 위해 기업은 고객의 의견에 진심으로 귀기울여야 한다. 기업이 해당산업에서 선두가 되려면 고객의 요청이 업계에서 가장 안전한 투자라고 생각되는 형태로 제품특성에 반영될 수 있는 방법을 알고 있어야 한다. 이 점은 반드시 중요시되어야 한다. 왜냐하면 고객이나 제3자들은 그러한 기준기술이 업계의 표준이 될 것인지가 확실히 드러나기 전에 그 제품을 사 보고 신제품 개발에 소요되는 자원을 투입할 것이기 때문이다.

셋째, 대개 한 기준기술은 고객의 문제를 해결하는 일부에 지나지 않으므로 이 기업이 가지고 있지 못한 다른 기준기술의 소유업체나 기술인력과 제휴 · 고용을 통해 협동할 수 있는 방안을 마련해야 한다.

넷째, 능력 있는 기술진과 고품질의 제조공정을 결합하여 지속적으로 고객에게 고수준의 가치를 제공함으로써 업계 표준으로 발돋움할 수 있는 지지(support)를 이끌어 내야 한다.

다섯째, 컴팩과 같은 기술계통의 기업은 자사의 제품과 공정에 대해 대부분 특허를 가지고 있는데(컴팩 사는 275개 미국 특허를 이미 취득하였고, 300개를 출원 중에 있다), 컴팩 사가 이제껏 누려 온 경제적 수익은(전통적으로 특히 의약업계 같은 분야에서는 특허권을 이용해서 얻어 왔지만), 특허권 보호로부터 창출된 것이 아니다. 컴팩 사나 다른 정보기술 계통의 우량기업 대부분은 자본가치와 이윤의 성장요인이 업계 표준기술로서 시장을 지배하는 능력을 키워 온 데 있었다.

신규기술을 감시한다

대부분의 기업실패 요인은 새로운 기술 패러다임(paradigm)에 적응하는 능력이 부족하다는 점에 있다. 즉, 사륜마차 제작업은 자동차에 밀려났고, 진공관 제조업은 트랜지스터(transistor)에 눌렸으며, 또 트랜지스터는 반도체 산업으로 대치되었다. 이 책에 실린 대부분의 우량기업들은 이러한 기술변화의 유형을 이해하여 각기의 경영방침에 잘 반영하고 있다.

예를 들면, 시놉시스 사(Synopsys)의 회장 아르드죄(Aart de Geus)는 하이테크 기업이 살아남기 위해서는 계속 밀려오는 기술변혁의 파도를 잘 편승하여 그때마다 시장에서의 지배적 위치를 유지해야 한다는 것이다(1996년 8월 28일자 그의 사신에서). 그러기 위해서 각 기업은 다음에 밀려올 기하급수적 기술변화를 미리 예측해야 한다. 그리고 각 기업은 고객들이 차세대 기술을 수용하리라는 것이 확실히 드러나기 전에 미리 상당한 자금과 인력을 투입하는 위험을 감수해야 한다.

물론 어느 기업이 계속적으로 진행되고 있는 기술혁신의 상황에 지속적으로 적응할 수 있는지는 두고 봐야 할 일이지만, 대부분의 하이테크 우량기업들은 기술 패러다임의 격랑(激浪)을 뛰어넘는 능력이 있음을 실증적으로 보여 주고 있다.

HP 사, 존슨 앤 존슨(Johnson & Johnson), 메르크 사(Merck) 등은 그들의 전통적 사업부문에 보완적 기능을 하거나 아니면 통째로 붕괴시켜 버릴지도 모르는 신기술을 미리 탐지해 내는 능력이 있음을 보여 주고 있다. 이러한 사전 탐지능력은 사내에 자사 기술에 대해 속속들이 잘 아는 직원(staff)이 있기 때문에 가능하다. 또, 이들 스태프들은 과거부터 혁신기술의 원천이었고 앞으로도 그러할 것으로 예상되는 다른 하이테크 우량기업 그리고 외부조직들과 광범한 정보망을 갖고 있는 게 보통이다. 급격한 기술변화에 대응하는 전략으로는 기업간 제휴, 기업매입, 자본참여를 들 수 있다. 우리가 분석하고 있는 하이테크 우량기업들도 각자 과거의 전통적 사업부문이 어느 부분에 취약점이 있는지를 잘 인식하고 기술 패러다임의 변화로부터 피해를 보는 대신 오히려 더 큰 이익을 얻을 수 있도록 기업간 제휴관계를 형성하여 활용하고 있다.

휴렛 패커드 사

HP 사는 사내에서 개발한 잉크젯(inkjet) 기술에 본격적으로 자본을 투입해서 그 동안 돗 메트릭스 프린터(dot matrix printer)의 가장 유력한 판매회사이던 엡손 사(Epson)로부터 시장 지배력을 빼앗아 버렸다. 여기에서 살펴보려는 HP 사의 사례는, HP 사가 어떻게 해서 신제품 개발에 전혀 다른 접근방법을 쓸 수 있었는지를 설명해 줄 것이다. 즉, 이 사례에서는 그 동안 '자기 일만 챙기는 사내풍토(next bench culture)'로부터 고객과 경쟁기업을 이해하는 방법을 배워 익히고 협동하여 과제를 해결하는 팀워크 방식으로 전환함으로써 거대한 신규사업을 구축해 낸 HP 사의 성공비법을 보게 될 것이다. 월스트리트저널 지(Wall Street Journal; Yoder, 1994)에 의하면 88~95년 중 엡손 사의 프린터는 매출량이 6백만 대에서 3백만 대로 떨어진 반면, HP 사의 잉크젯 프린터의 판매량은 전무 상태에서 8백만 대로 늘어났다.

　HP 사의 잉크젯 프린터는 1979년 한 엔지니어가 벤쿠버에 있는 사무소에서 관리인의 사무실을 개조하던 중 발견하게 되었다. 그는 얇은 금속판에 전기를 통하고 있었는데 이 금속이 가열되자 아래로 흘러내린 액체가 비등(沸騰), 분출해 나왔고 실험대 위에 가느다란 실줄기를 분사해 냈다. 이 발견이 '열(thermal)' 잉크젯으로 발전하는 계기가 되었다.

당시 이 분야의 책임자였던 리처드 핵본(Richard Hackborn) 이사는 대량 소비시장용으로는 레이저 프린터(laser printer)보다 잉크젯 프린터가 몇 가지 유리한 점이 있다는 것, 즉 상대적으로 값이 싸고, 컬러 인쇄에 적용이 보다 쉽고, 경쟁상대는 이 방면의 기술에 뒤떨어져 있다는 유리한 점을 인식하고 있었다.

그러나 1984년에 처음 출시된 최초의 잉크젯 프린터는 실패작이었다. 이 기계에는 특수용지가 필요했고, 인쇄 밀도는 평방 인치당 96개 점(dot)에 불과했다(1995년에는 600개 점까지 늘어났다). 이에 대해 돗 메트릭스 프린터를 생산·판매하던 엡손 사는 HP 사의 첫 제품을 그냥 작은 해프닝으로 넘겨 버렸다. 그러나 HP 사 자신은 잉크젯 기술을 서적, 도표, 사진에서 고품질의 복사 인쇄를 원하는 대규모 수요를 충족시킬 기반기술로 받아들였다. 핵본 이사는 '일본방식을 배우자'라는 당시의 분위기에 따르기로 하고, 저가품을 개발하여 소매점의 매장을 꽉 메우는 일본식 상품개발 방식에 많은 투자를 결행하였다.

한편, 캐논 사(Canon)는 잉크젯 프린터의 의장등록을 갖고 있었고 후에 HP와 공유계약을 체결하였는데, 이를 제품으로 개발하려면 몇 년이 걸려도 모자랄 매우 복잡한 조직 내 추진기구에 걸려 움직이지 못하고 있었다. 엡손 사도 미국 지사의 간부들이 미국 PC 사용자들을 위한 저가의 프린터가 개발되어야 한다는 것을 일본 본사에 여러 차례 건의하였지만 묵살당하였다. 엡손 사는 돗 메트릭스 프린터가 매출규모도 크고 이윤율도 높으며 기술개발의 역사가 오래된 배경도 있었기 때문에 신규 개발에 자금이 많이 소요되는 잉크젯 프린터 개발 건의를 기각했던 것이다.

이러는 동안 HP 사의 기술진에서는 자체 개발한 잉크젯 기술에 대해 여러 건 특허를 취득하였고, 기종 관련 문제를 계속 해결해 나가는 작업을 진행시키고 있었다. 그래서 HP 사는 평방 인치당 300개의 점을 찍어내는 헤드(head)와, 특수종이 – 잉크가 용기(cartridge)에 있을 때는 액체지만 종이에 찍히면 곧바로 마르는 – 를 개발해 냈다.

1988년 HP 사는 보통용지를 사용하는 최초 버전인 데스크젯(deskjet)이라는 제품을 출시하여 마침내 일본제품을 시장에서 몰아내게 되었다. 1989년 당시로는 HP 사에 대항할 잉크젯 메이커가 없었는데도 불구하고 HP 사의 판매목표는 미달되었었다. 알아보니 HP 사의 잉크젯 프린터는 HP 자신이 판매하고 있는 고가 제품 레이저 프린터와 경쟁을 하고 있었다. 그런데 문제는 잉크젯 프린터의 판매고가 너무 적었기 때문에 높은 개발비와 제조비용을 감당할 수 없다는 데 있었다. HP 사는 각 부서별로 재정적 자립을 이룩하도록 경영방침을 세우고 있었기 때문에 잉크젯 사업부는 이 재정위기를 타개할 새로운 시장을 개척해야만 했다.

1989년 가을, 이 부서의 경영진·기술진 일부가 마운트 후드(Mount Hood)의 휴양지에서 이틀간의 연수회를 가졌다. 이때 시장 점유율에 대한 분석도를 검토해 들어가 HP는 그 동안 공격의 목표가 틀려 있었다는 것을 알아냈다. HP 사는 잉크젯 프린터를 자사의 고가품 레이저 프린터에 대한 염가판매용품으로 제시하는 대신 일본기업이 지배하는 돗 메트릭스 프린터 시장을 공략하기로 방향을 바꾸었다. 이 돗 메트릭스 프린터는 인쇄의 질과 색상이 좋지 못했고, 또 이 분야의 리더인 엡손 사는 경쟁력 있는 잉크젯 프린터를 만들지 않고 있었으며 그 대신 엉뚱하게 PC 판매를 하느라 노력과 자금을 낭비하고 있었다.

HP 사는 그 동안 엡손 사가 영업해 오던 시장의 점유율, 마케팅 전략, 공개된 재무제표, 주고객층, 경영진까지 세세히 분석하는 것으로부터 공격을 시작했다. 또한 HP 사의 기술진은 역제조(reverse-engineering) 방식으로 엡손 사 제품의 설계·제조상의 특징을 탐지해 냈다. 이러한 분석작업 결과 HP 사는 매우 유용한 힌트를 얻게 되었다. 즉, 엡손 사의 판매원들은 각 매장에서 가장 좋은 위치에 자사 제품을 진열하도록 그 매장 책임자들을 설득했으며, 타사 제품의 공세를 막기 위해 가격할인 전략을 사용했고, 소비자들은 엡손 제품의 신뢰성을 높게 평가한다는 것이었다. 또한 엡손 제품은 제조가 용이하도록 설계되어 있다는 것까지 알아냈다.

HP 사는 엡손 사의 이러한 전략에 대항해서 각 매장의 진열대에 엡손 사 제품 바로 옆에 자사 제품을 놓도록 요구했고, 수리 보증기간도 엡손 사의 세 배나 길게 잡았으며, 제조상의 편의를 위해 제품설계를 다시 하였다. 또, 제품개발 방식에서 엡손 사는 기존 제품을 약간씩 변경하여 광범한 상품군을 개발 판매하고 있었는데, HP 사는 신제품을 처음부터 새로 시작하는 우직한 방식을 택하고 있다는 점을 발견하였다.

HP 사의 기술진들은 엡손 사와 같은 방식으로 기본모델에 약간의 변경을 가해 신제품을 만들어 내자는 경영진의 제안에 발끈하였으나, 고객과의 전화 설문을 해보자는 생산부장의 제안을 받고 실시한 결과 실제로 고객들은 HP 사의 기본모델을 약간 수정한 제품을 원한다는 사실을 알고 마지못해 그에 동의하였다. HP 사는 그때의 기본모델을 그냥 두고 그 후 약간의 수정과 개량을 거듭하였기 때문에 오늘날 급속히 신장되고 있는 컬러 프린터(color printer) 시장에서 경쟁업체보다 훨씬 빨리 제품을 출시, 기선을 제압할 수 있었던 것이다.

유통업체 탠디 사(Tandy)가 1991년 문을 열었을 때 잉크젯 프린터에 대해 커다란 잠재수요가 있을 것으로 예상되어 각 메이커는 이에 대비하도록 권고하였지만 물건을 대줄 수 있는 곳은 HP 사밖에 없었다. 이때 잉크젯 프린터를 개발하고 있던 일본업체들이 시장에 진입하려 했을 때 HP 사는 이미 주요기술에 특허등록을 필하여 기술장벽으로 봉쇄하고 있음을 발견하였다. 이들 일본업체 중 하나인 시티즌시계 사(Citizen Watch)는 잉크가 헤드 안에서 어떻게 소통되는지에 대해 HP 사가 50개의 특허를 받아 놓고 있음을 발견하였다. 또, NEC 사가 HP 사의 기술을 모방하여 재현하는 데 몇 년을 허비하는 사이에 HP 사는 저 멀리 앞장서 달아나고 있었다.

캐논 사도 잉크젯 개발에 뛰어들어 처음으로 믿을 만한 대항상품을 만들어 냈지만, 이때는 HP 사가 이미 수백만 대의 판매고를 올리고 바꿔 끼우는(replacement) 카트리지를 파는 소매점 수천 개를 확보한 뒤였다. HP 사는 그 동안의 경험을 살려 제조측면에서의 개선을 위해 끊임없이 노력하였다. 그 결과 1994년 데스크젯(Deskjet)의 가격은 1988년 불변가격으로 절반 수준도 안 되었다. 캐논 사가 1993년 자사가 개발한 잉크젯 프린터를 출시하려 하자 그 제품이 시장에 나오기 전에 HP 사는 가격할인을 실시하였다. 즉, 단색(monochrome) 프린터의 소매가격은 1988년에는 995달러였으나 1994년에는 365달러로 인하되었다. 또, NEC가 저가 단색 프린터를 출시하려 하자 HP 사는 개량한 컬러 프린터를 시장에 내놓으면서 단색 프린터는 그 가격을 6개월 동안이나 40% 할인된 가격으로 판매하였다.

HP 사는 신제품을 미리 앞당겨 개발·출시하는 전략으로 신규업체의 시장진입을 봉쇄하면서, 품질대비 가격에 더욱 민감해지는 시장에서 수입증대와 함께 지배적 지위도 확보할 수 있었다. 그 단적인 예는 1984~1994년 중 미국의 프린터 시장에서 HP 사의 점유율이 2%에서

55%로 증대하였다는 사실에서 찾아볼 수 있다(Yoder, 1994 참조).

이상과 같은 HP 사의 사례로부터 신기술 감시(monitoring new technologies)에 관한 중요한 원리를 발견할 수 있다.

첫째, 신기술은 간혹 상품화 시도가 있기 훨씬 이전에 업계 전반에 광범하게 확산되는 경우가 있다. 잉크젯의 경우 캐논 사나 기타 경쟁기업에서도 이 기술을 이용할 수 있었지만, 이를 굳이 개발하려 하지 않음으로써 낙후된 것이다.

둘째, 신기술을 현장에서 실천하는 데 있어 가장 큰 장애는 대부분 관계자의 의식 안에 있는 경우가 많다. 예컨대 캐논 사나 엡손 사는 과거를 미래의 전주곡으로 생각했고, 따라서 그들이 타 기술에서 이미 성공했기 때문에 미래에도 성공할 것으로 가정하였다. HP 사도 레이저 프린터라는 히트 상품을 개발했지만 이에 안주하지 않고 경쟁기업의 돗 메트릭스 프린터에 대항할 잉크젯 프린터 개발에 뛰어들기로 결정을 내렸었다. HP 사가 캐논 사와 엡손 사와의 경쟁에서 공격적으로 나간 전략이 성공의 요인이 되었다.

존슨 앤 존슨 사

존슨 앤 존슨 사(이하 J&J라 함)는 자사의 연구개발진이 비록 능력은 있지만 패러다임을 바꿀 정도의 기술혁신을 일으킬 정도는 되지 못한다는 사실을 시인하고, 장래가 유망한 기술에 대해서는 대학이나 타 기업으로부터 라이센스해 오는 전달 조직을 만들었다. 그런데 이 부서의 요원들의 유망기술을 차입해 오는 업무는 주로 타 대기업의 요원들과 극심한 경쟁에 직면하고 있었다. J&J 사는 각 요원들에게 대기업과의 제휴보다는 이제 갓 개업 한 신흥기업(startup)을 찾아서 J&J 사와 같은 대기업과 제휴하는 것이 유리할 것이라는 점을 설득하여 그들 소유의 기술을 라이센스해 오도록 지시하였다. 또, J&J 사는 이러한 특화전략으로 경쟁에 승리하기 위해서 신흥기업주의 절박한 심정을 십분 공유하고, 즉시에 의사결정을 내려 줄 수 있도록 자체조직을 관리해 나갔다.

예컨대 J&J 사의 에치슨 사업부(Ethicon division)는 두 외과 의사가 개발한 스텐트(stent)라는 의료기구 기술의 라이센스를 취득하였다. 이 기구는 콜레스테롤(cholesterol)에 의해 막힌 혈관을 풍선식 혈관 성형수술로 혈관을 절개한 뒤 이를 열어 놓은 채로 받쳐 주는 장치이다. 이 기구는 J&J 사의 뛰어난 제조기술 및 판매망과 결합되어 J&J 사에게는 수백만 달러의 수입원으로 자라났다. 사실 J&J 사에는 심장혈관 관계 제품이 없었으므로 만일 다른 기업에서 이 스텐트(stent) 기술을 매입하려 들었다면 J&J 사는 훨씬 더 많은 값을 지불할 용의도 있었을 것이다(하트스트림 사 CEO 앨런 레비(Alan Levy) 씨와의 대담에서, 1996년 5월 15일).

메르크 사

메르크 사(Merck)는 하이테크 우량기업 중 기술변화와 더불어 산업구조의 변화도 감시하여 성공한 재미있는 경우이다. 메르크 사는 1980년대 후반까지는 자사의 연구개발비와 기타 경비의 증가부분을 충당하기 위해 가격을 마음대로 올릴 수 있는 시장지배적 위치에 있었다. 그런데 1990년대 초반에 들어와 이 회사 제품에 대한 비용지출 책임을 지고 있는 정부관리, 의료단체, 보험회사, 직원조합 등의 가격교섭 능력(bargaining power)이 커지자 이 회사의 우위는 흔들리게 되었다.

약제 보조금 관리회사(pharmacy benefit management; PBM)라는 새로운 전략적 사업집단이 정부 등 의료비 지출측과 제약회사 사이에 끼여들어 산업구조의 변화에서 오는 이익을 획득하려고 하였다. PBM은 예컨대 건강보험조합 같은 조직에 고용되어 조합원들의 처방약 조제비용을 관리해 주는 업무를 돕는다. 이 PBM은 보험청구, 할인교섭, 우편 서비스 등을 통해 약제를 구매하는 데 수반하는 구입·행정비용을 절감시켜 준다. 그들은 환자의 질병을 치료하는 데 있어 비용 최소화를 기할 수 있도록 의약품 사용내역을 점검한다. 심지어는 '총체적 질병관리(total disease management)'라는 프로그램을 통해 제약회사들로 하여금 대체 치료법에 비해 자사의 약품이 효과는 크고 비용은 저렴하다는 점을 입증하도록 압력을 넣었다(Tanouye, 1996 참조).

메르크 사는 이들 PBM의 힘과 빠른 성장에 놀랐으며, 이들이 그 힘을 이용하여 제약회사들로부터 거액의 가격할인을 받아 내게 되면 제약회사들은 수입감소의 악순환에 빠지게 되지 않을지 우려했다. 이에 대응하여(메르크 사 1994년 연차보고서에 의하면) 메르크 사는 1993년 11월 PBM의 선두주자 메드코 콘테인먼트 서비스 사(Medco Containment Services)를 660만 달러에 사들였다. 메르크 사는 자사의 우수한 제품, 임상의학에 관한 전문지식을 메드코 사의 의료관리 능력, 기술, 그리고 의약품 사용에 관한 자료와 결합하면 이 업계에서 경쟁구조의 기초를 바꿀 수 있다고 생각하였다.

이를 구체적으로 보면, 메르크 사는 우선 약물치료에 대한 환자의 반응을 조사하는 임상 데이터 작성능력을 메드코 사에 넘긴다. 단기적으로 메드코 사는 약품비, 치료비를 절감할 수 있는 방안을 메르크 사에 넘긴다. 또, 장기적으로 메드코 사는 최소의 비용으로 최선의 치료효과를 거둘 수 있는 프로그램을 개발하는 데 필요한 전문지식을 제공한다.

이러한 의도에서 이루어진 기업매입은 메르크 사에 좋은 결과를 가져다 주었다. 1996년 상반기에는 메르크 사의 약품 사용이 전 PBM을 통해 전 6개월 대비 20% 증가하였다. 약품판매 상황을 보고하는 회사인 IMS아메리카 사는 메드코를 통한 메르크 사의 처방약 판매고가 30% 증가하였다고 밝혔다. 이처럼 지금까지의 결과는 양호했지만, 메드코 사의 사장 로프버그(G. H. Lofberg) 씨는 앞으로 종합질병 관리 프로그램을 개발하면 최대의 이익을 얻을 수 있을 것으로 예견하고 있다(Tanouye, 1996 참조).

지금껏 살펴본 J&J 사와 메르크 사(Merck)의 사례는 이들 우량기업들이 여타 동종기업들과 다음과 같은 면에서 큰 차이가 있음을 나타내고 있다.

첫째, 하이테크 우량기업은 기술의 변화와 산업구조의 변화를 늘 감시하고 있다. 더 중요한 것은, 이러한 변화를 인지하면 곧바로 상당한 자원을 투입하여 대비한다. 우량기업의 이러한 신속하고도 적극적인 태도는 동종 타 기업들이 행동을 취하기엔 너무 늦을 때까지 그러한 변화를 무시하는 것과는 매우 대조적이다.

둘째, 하이테크 우량기업들은 능력을 결집하는 데 매우 능하다. 그들은 고객의 입장에서 무엇이 필요한지를 먼저 살핀다. 만일 자사에 그러한 능력이 결여되어 있다면 기업간 제휴나 기업매입을 통해 그 간격을 메운다. J&J 사의 예에서 보는 바와 같이 퍼즐(puzzle; 그림 맞추기 게임)에서 결정적인 조각(piece)을 쥐고 있는 소기업의 요구에 맞추기 위해 자사의 대기업적 풍토를 순응시켜 나가는 것도 중요하다.

능력격차를 기술제휴 · 기업매입으로 극복한다

하이테크 우량기업들은 고객의 수요와 구매행동의 변화에 세심한 주의를 기울인다. 또한 현재의 기술수준을 고객만족에 요구되는 바람직한 기술능력과 비교한다. 만일 필요한 능력이 완벽하게 구비되어 있지 못하면 이들은 즉시 행동을 취하는데, 타 기업과의 전략적 제휴나 기업매입을 통해 필요한 능력을 반드시 갖춘다.

그러나 동종 타 기업에서는 필요기술을 모두 사내에서 개발하는 전통적 방법을 추구해 왔다. 이들 기업들도 기술적 수월성이 실제로 존재하기 때문이기도 하겠지만, 필요기술은 자체 개발하는 것이 기술자로서의 자존심에 걸맞는다는 풍토가 있기 때문이다.

이러한 종래의 전통방식은 여러 가지 바람직하지 못한 결과를 야기한다. 즉, '외부에서 개발된 기술(not invented here)'은 배척하고 자급자족만을 고집하면 너무 늦은 시기에, 그것도 고객욕구에 진정으로 부합하지 않는 기술로 시장에 나오게 된다. 이렇게 되면 고객만족에 최적의 해결책을 제공하는 경쟁기업에게 시장 점유율을 빼앗기게 된다. 더욱이 그 동안 투입된 인적 · 물적자원은 그 상품이 시장에서 실패했으므로 모두 낭비되어 버리는 것이다.

마이크로소프트 사와 시스코 시스템 사는 자사의 기술능력 격차(capability gaps)를 좁히기 위해 전략적 제휴를 형성 · 관리해 온 대표적 우량기업이다.

마이크로소프트 사

1990년대 초 마이크로소프트 사는 인터넷(Internet)으로부터 어떤 잠재적 위협을 감지하기 시작하였다. 이 회사는 그 동안 탁상용 개인 컴퓨터

(desktop PC)의 사용자에게 운영체제를 비롯한 응용 소프트웨어를 팔아 재산을 축적했지만, 인터넷이 사업형태로서 어떠한 방향으로 진전되는 가에 따라 쇠퇴해 버릴 수도 있는 영업방식을 가지고 있었다.

이렇게 인지된 잠재위협에 대비하기 위해 마이크로소프트 사는 인터 넷의 향후 전개방향이 불확실한 상황에서도 신축적으로 적응해 나갈 수 있도록 광범한 전략적 제휴관계를 결성하였다. 이 회사의 부사장 스티브 발머(Steve Ballmer) 씨가 지적하는 바와 같이 마이크로소프트 사는 신 기술이 기존의 자사 보유기술을 낙후기술로 만들게 될 때, 준비되어 있 지 않은 상황에 빠지지 않으려고 노력했다(Cusumano and Selby, 1995 참조). 그러나 마이크로소프트 사가 인터넷 사업에 진출한 동기가 공포 감에서만 비롯된 것은 아니었다. 빌 게이츠 회장은 인터넷 쇼핑과 광고 분야에서만 1천억 달러 규모의 시장이 될 것으로 추산하였다. 당시 온라 인 서비스(on-line services) 사업부장 러스 시겔만(Russ Seigelman)은 "이것으로 어떻게 돈을 벌 수 있는가?"라는 핵심질문을 던졌는데, 그 해 답은 오늘까지도 주어지지 않았다(Stross, 1996 참조).

마이크로소프트 사의 최고경영진은 여러 가지 복잡한 배경을 고려하 고 앞으로 전개될 인터넷 사업 모형의 여러 가지 다양한 가능성을 상정 하여 가능한 한 모든 전략적 기술제휴를 추진키로 방침을 세웠다 (Cusumano and Selby, 1995 참조). 1993~1995년 중 마이크로소프트 사 는 20여 개의 기술제휴 협정을 체결하였는데, 콘텐츠(content)와 송달 (distribution) 모두에서 이용권을 확대할 수 있었으며 인터넷 응용 프로 그램 개발에 양호한 사업기회를 발견할 수 있게 되었다.

마이크로소프트 사의 인터넷 콘텐츠에 관한 기술협약에는 최고급 정 보로부터 홈쇼핑에 이르기까지 광범위한 정보가 모두 포함되어 있었다.

예컨대 마이크로소프트 사는 워싱턴의 유명한 칼럼니스트(columnist) 마이클 킨스리(Michael Kinsley) 씨를 고용하여 슬레이트(Slate)라는 사이트(site)를 개설했고, 홈쇼핑 네트워크 사(Home Shopping Network)나 집 데이비스 사(Ziff-Davis)와 같은 인터넷 상거래 회사 45개 사와 콘텐츠 공급계약을 체결하였다. 또한 마이크로소프트 사는 헐리우드의 유명 스타 세 사람이 설립한 오락 관련 회사 드림웍스 SKG 사(DreamWorks SKG)에 출자하기도 하였다.

그 당시에 마이크로소프트 사는 자사에서 개발한 콘텐츠가 케이블 회선(cable lines) 또는 전화선으로 배송될(distributed) 것으로 생각하여 예컨대 TCI와 케이블 이용계약을 체결하기도 하였다. 또한 전화회선을 통한 배송방식 이용에 대한 협약 체결은 물론 양방향(interactive) TV시스템 개발용 툴(tool)을 구축하기 위한 협정도 여러 개 체결해 놓았다.

마이크로소프트 사의 인터넷 관련 사업이 여러 방면으로 진화되면서, 초기에 설정해 놓은 이러한 협약들이 불확실성에 처한 회사의 위험 분산책(hedge)으로 유용함이 분명해졌다. 인터넷 사업의 초기 양방향 TV는 장래 유력한 정보배송 수단이 될 것으로 예상했지만, 1996년에 이르자 이로부터 대규모의 수익을 기대하기는 아직 시기상조인 것으로 드러났다. 마이크로소프트 사는 양방향 TV 대신 전화회선을 이용하는 기존의 협정을 가동시켜 '마이크로소프트 네트워크 서비스(Microsoft Network Service)'를 곧바로 개시할 수 있었던 것이다.

마이크로소프트 사는 당초 온라인 서비스를 주축으로 하는 사업방식에는 자사가 지적소유권을 가지고 있는 콘텐츠의 포장과 배송이라는 사업기회를 유발할 것으로 생각하였다. 그러나 소비자들에게는 인터넷과의 직접 접속이 더 중요하다는 사실이 분명해졌으므로 계열사인 인터넷

검색업체(browser) 인터넷 익스플로러 사(Internet Explorer)의 시장 점유율을 확대하는 데 주력하기로 하였다. 마이크로소프트 사는 웹브라우저(Web browser)의 사용을 확대하면 인터넷에의 접속부터 '요금을 징수할 수 있는 도로(toll road)'로 사업화할 수 있지 않을까 상정한 것이다.

예컨대 1996년 마이크로소프트 사는 정보서비스 공급의 선두업체인 아메리칸 온라인 사(America Online; AOL)와의 협약을 발표하였다. 이 계약의 내용을 보면 AOL 사로 하여금 마이크로소프트 사의 PC 운영체제를 이용해 인터넷에 보다 쉽게 접속할 수 있도록 해주면 AOL 사는 그 교환조건으로 마이크로소프트 산하의 인터넷 익스플로러를 사용해 주기로 한 것이다. 이러한 협약을 통해 마이크로소프트 사는 자사의 네트워크와 경쟁하는 한 기업, 즉 AOL사를 도와주면서 인터넷 검색시장에서의 넷스케이프 내비게이터사(Netscape's Navigator)가 가지고 있는 시장 점유율을 얼마간 빼앗아 올 수 있었던 것이다(Stross, 1996 참조).

마이크로소프트 사는 개발용 툴(tool) 분야에서도 전략을 수정하였는데, 당초의 자사 개발방침을 철회하고 결국은 선 마이크로 시스템 사(Sun Microsystem)의 자바(Java) 프로그램을 라이센스하기로 결정하였다(1996년 4월 30일자 마이크로소프트 사 사보에서).

시스코 시스템 사

1996년 6월에 발표된 시스코 시스템 사의 기업매입과 소액주주 투자에 관한 보고서에 의하면 1993~1996년 중 17건 이상의 실적을 보이고 있다. 시스코 사가 이렇게 적극적인 기업매입 전략에 나선 것은 고객에게 완전한 호환조작의 편리성을 제공키로 한 방침에서 비롯되었다. 이러한 전략의 목적은 고객들이 컴퓨터 통신망에서 통신 이용에 관한 신기술로 옮겨 갈 때, 시스코 사 역시 신기술을 고객에게 판매하는 회사가 되고자 하는 것이다. 나아가 시스코 사는 이미 자사가 설치한 통신망 기기가 신 기술 체제하에서도 효율적으로 기능할 수 있다는 점을 확보하고 싶었던 것이다.

지난 3년 간 시스코 사의 주가는 매우 높은 가격으로 뛰었고, 관련기 업 매입의 자금원이 되었다. 즉, 시스코 사는 자사의 고객들이 인터넷 관 련 제품을 구입하고 있는 그 회사를 매입하는 데 자사의 고가주식을 이 용하였다. 앞으로 제4장에서 자세히 살펴보겠지만 시스코 사가 수많은 이들 회사를 성공적으로 매입하고 관리할 때 얻게 된 경험이 경쟁력의 우위를 유지하는 중요한 원동력으로 작용하고 있다.

헤스켓(Heskett)에 의하면 1996년 9월 시스코 사는 그래나이트 시스템 사(Granite Systems)라는 창업 초기의 회사를 2억 2천만 달러에 자사주 교환에 의해 매입하였다고 발표하였다. 이 회사를 인수함에 따라 시스코 사는 표준형 다층구조의 기가빗(Gigabit)급 이더넷(Ethernet) 스위칭 기술 (switching technologies)의 사용권을 가장 빨리 얻어 낼 수 있었다.

도대체 왜 이 기술에 거액을 지불하였는가? 기가빗급 이더넷 스위칭 기술이란 기존의 초고속 기술보다 몇 배나 빠른 초당 10억 비트(bit)라는 속도로 데이터를 송신하는 기술이다. 기업 네트워크를 오가는 데이터 통 신량은 네트워크를 사용하는 직원의 숫자가 늘어 감에 따라 폭발적으로 증가하여 왔다. 이러한 데이터 송수신량(traffic)의 증가로 인한 체증현상 이 점점 더 심해지는 이유는 기업별로 새로 적용된 프로그램에서 소통이 필요한 광역데이터(high bandwidth) 또는 대형데이터 묶음(big data package)이 증가하였기 때문이다. 여기에서 말하는 '새로운 기업용 프로 그램'은 인터넷, 멀티미디어, 그리고 로터스 노트(Lotus Notes)와 같은 그룹웨어(groupware) 등을 포함한다. 이러한 원인 등에 기인하여 기업 내 네트워크 통신량이 증가한 결과 사용자들은 고통스러울 정도로 느려진 전송 속도에 많은 고민을 해 왔다. '다층형 스위칭(multilayer switching)' 은 이러한 데이터 통신상의 혼잡과 지체를 완화해 주기도 하였다.

시스코 사와 그래나이트 시스템 사는 60개 회사로 구성된 업계 표준 단체 즉 '기가빗 이더넷 동맹(Gigabit Ethernet Alliance)'의 창립 멤버이 다. 이 단체에서는 시스코 사 제품구성의 설계 범위 안에서 업계가 공동 사용할 표준기술을 개발 중에 있다. 기가빗 이더넷의 시장은 1997년 당 시 7천 3백만 달러의 미미한 규모였지만, 2000년에는 약 30억 달러 규모 로 급성장할 것이라고 데이터 퀘스트 사(Dataquest)는 전망하였다. 만일 그것이 사실이라면 시스코 사는 새로 창립된 기업을 2억 2천만 달러에 사서 3년 안에 30억 달러 시장의 대부분을 점유할 기술을 미리 확보한 셈이 된다. 더욱 중요한 것은, 더 많은 양의 데이터를 더 빨리 전송하고 자 하는 고객의 수요에 제일 먼저 부응할 수 있게 되었다는 점이다 (Heskett, 1996 참조).

마이크로소프트 사와 시스코 시스템 사에 관한 앞의 사례에서, 우리는 하이테크 우량기업이 자체 내 기술격차를 해소하기 위해 기술제휴 또는 기업매입을 할 때 적용하는 세 가지 원리를 발견할 수 있다.

첫째, 고객이 어떤 기술을 지금 당장 필요로 한다면 기업을 매수한다. 자체개발은 금물이다. 시스코 사가 고객의 인터넷 워킹을 지원하는 사업 에서 최대의 시장 점유율을 그대로 유지하려면 그 분야에서 가장 유력한 기업을 사들여 자체 기술화하는 방안이 좋다. 그 기술을 자체개발하기까지 기다리는 것은 급속히 성장하는 시장의 점유율을 잃는 것이다.

둘째, 고도성장기에 있는 시장에서는 기업매입이 양 기업 모두에게 더 큰 시장 점유율을 가져다 준다. 시스코 사는 캐스케이드 커뮤니케이션 사(Cascade Communications)의 일부를 매입했을 때 이 원리가 지니는 위력을 실감할 수 있었다. 즉, 1993년 시스코 사의 지분가치는 275만 달러에 불과하였으나 1996년 9월에는 2억 76백만 달러로 100배나 증가하였다.

셋째, 업계의 기술과 산업구조가 어떠한 방향으로 진전될지 불확실한 상황에서는 두 개 이상의 시나리오(scenario)에 나누어 신중히 투자한다. 마이크로소프트 사는 인터넷 사업에 관한 전략을 세울 때 데이터 배송(distribution) 방식에 대해 두 가지 가능성을 상정하고 이들 모두에 투자하였다. 이중 하나의 경로가 침체상태를 보였지만 전체적으로는 회사의 성장세를 낮추지 못하였다.

CEO의 변혁추진 지침

앞에서는 하이테크 우량기업의 핵심기술 관리방법에 관해 자세히 살펴보았는데, 거기에서 얻어진 교훈을 살려 자기 회사에 적용하려 할 때 일반기업의 CEO는 무엇을 해야 하는가?

첫째, 자사의 기존 기술현황을 모두 파악할 작업팀을 구성한다. 이 작업팀에서는 이들 기술에 바탕을 두고 개발 가능한 잠재적 품목들을 규명하는 분석을 실시한다. 또, 각 품목별로 잠재적 시장을 찾아 분석해 보아야 한다. 이 분석의 주요항목으로는 시장규모, 성장률, 수익성에 영향을 미치는 제 동향(諸動向)에 관한 예상치를 포함한다. 이 팀들을 고객가치를 창조하는 구체적인 원천이 어디에서 나오는지, 그리고 경쟁기업이 동종기술을 보유하고 있는지, 기술모방은 어느 정도나 어려운지에 대해서도 평가하지 않으면 안 된다.

둘째, 핵심기술을 판단하는 세 가지 요건을 사용해서 산출한 평점을 합계하여 각 기술의 순위를 정한다. 이 명단의 하단에 있는 비핵심기술은 Chapter 4에서 논의하겠지만 주저 없이 분리매각해야 한다.

셋째, 각 핵심기술에 대해서 적당한 시장 점유율에 도달했을 경우 발생하게 될 수익의 흐름을 현재가치로 환산하여야 한다. 이 현금수입의 흐름에서 해당상품의 개발, 제조, 판매를 위해 투자된 금액을 차감해야 한다.

넷째, 외부인의 시각에서 기술을 평가해야 한다. 분석팀은 현재의 고객들로부터 주의 깊게 의견을 청취하여 그들의 필요를 이해해야 한다. 또, 자사의 현재 기술능력과 고객만족을 위해 요구되는 기술능력 사이에 격차가 존재하는지 그 내용을 면밀히 조사하여 확인하도록 한다.

다섯째, 이 '부족기술(gap technologies)'을 획득할 가장 효과적이며 효율적인 방안을 결정해야 한다. 작업팀에서는 기업매입, 전략적 기술제휴, 내부개발 등 여러 가지 대안들을 다각도로 검토해보아야 한다. 또, 각 대안별로 상품화에 필요한 기간, 개발비용, 투자 또는 매입에 필요한 비용, 예상수익 등을 추정하여 순위를 매기도록 한다.

여섯째, 회사의 기본적인 사업운영 방식을 위협할 수도 있는 신기술을 감시하기 위하여 상시적 제도·기구를 설치해야 한다. 이와 아울러 각 부서의 관리 책임자들에게 기술변화를 새로운 기회로 활용하도록 지도해야 한다.

· · · · · ·

이제 다음에 살펴볼 Chapter 4에서는 종속기술을 평가 · 확정하는 방법
과 이를 차용해 오는 방안을 하이테크 우량기업의 사례를 통해 논의한
다. 특히 기술동맹을 관리하는 데 따르는 몇 가지 주요 문제점에 초점을
맞추어 우량기업들의 대처 요령을 배워 보려 한다.

개방적 기술관리 정책 Ⅱ
(비핵심기술의 처리)

The Technology Leaders

하이테크 우량기업들은 그들의 비핵심기술(또는 종속기술)에 대해 기업 경영에 전략적으로 중요하지 않으면서도 고객에게 가치를 창조하는 기술이나 핵심기술에 투자할 자원을 소모하는 요인으로 인식하고 있다. 그러므로 첨단기술 우량기업들은 이들 비핵심기술을 분리매각하는 등 체계적인 처리방법을 강구하고 있는데, 이는 보다 전략적으로 중요한 부문에 투자할 수 있도록 하기 위함이다.

비핵심기술은 두 개의 범주로 나뉘어진다. '외부처분(Outplaced)' 기술은 종전에는 핵심기술이었으나 이제는 고객에 대한 가치창출, 독자적 경쟁력, 광범한 시장 적응성을 상실한 기술을 말한다. '외부조달(Out sourced)' 기술은 특정의 프로젝트를 위해 제3자로부터 차입할 필요는 있지만, 관련비용을 자사의 고정비용 항목으로 추가하기는 싫은 기술을 말한다.

이렇게 비핵심기술을 분리매각한다는 경영방식의 개념 저변에는 가격 차액을 이용하여 이익을 취하는 중개매매업과 유사한 의식이 깔려 있다. 중개매매(arbitrage)란 어떤 물품을 가격이 싼 시장에서 구입하여 값이 더 비싼 다른 시장에 팔아넘기는 과정을 말한다. 중개매매업자들은 이러한 시장간의 가격차이는 일시적인 현상이라는 점을 잘 알고 있다. 이들은 이러한 가격차이를 최대한 이용하여 이득을 취하기 위해서 단순히 매매행위만 하고 마는 것은 아니다. 그들은 고가시장에 상품을 투입시키기 위해 가공, 수송과 같은 능력을 손에 넣지 않으면 안 된다.

여기에서 이들은 난처한 입장에 빠진다. 즉, 중개업자로서 매매 이외의 기능을 입수하여야 하는데, 만일 이러한 설비에 투자하게 되면 중개매매의 기회가 사라진 후에도 오랫동안 고정자산에 자금이 묶여 유동성 부족에 의한 경영난에 부딪히게 될 위험이 있기 때문이다.

이러한 문제에 참고가 될 만한 이야기가 포브스 지(Forbes)에 실린 적이 있는데, 금융회사인 '루이 드레퓌스 앤 사이(Louis Dreyfus & Cie)'에 관한 1996년 기사를 소개한다. 루이 드레퓌스 사는 1850년 프랑스에서 설립되었는데 소맥, 면화, 미 재무성 증권, 섬유제품, 천연가스 등의 상품을 취급하며 연간 약 22억 달러의 매상을 올리고 있다. 이 회사는 여러 군데 지사를 두고 있어 북미·유럽의 사무실 총 면적은 2백만 평방피트가 넘는다. 또, 이 회사는 화물수송선박 21척을 소유하고 있고, 세계 제3위의 오렌지주스 가공업자이기도 하다. 또, 아르헨티나와 브라질에서는 건축용 합판을 제조하고 있으며, 유럽에는 랄프 로렌(Ralph Lauren)이라는 고급의상 브랜드(fashion brand)를 소유하고 있다.

이 회사의 핵심기술은 중개거래이다. 이 회사가 1850년 창립된 이래 취급해 온 여러 상품들이나 이 상품들을 중개거래하기 위해 개발한 시설설비들은 사실 모두 '비핵심' 기술들이다. 세계 제1차대전 이후의 세대는 곡물거래가 주업이라고 생각했지만, 창업주의 증손자 윌리엄 (William)은 중개매매가 회사의 본업이라고 생각하였다. 그는 중개매매 와 세균(microbe) 사이에 유사점을 발견하고 다음과 같이 지적하였다. 세균은 인체에 침투하여 한창 번식하지만, 궁극적으로는 인체를 죽인다 (물론 자기 종족도 몽땅 죽는다). 마찬가지로, 중개매매업자도 시장간 불 균형을 발견하면 이들 시장에 파고 들어가서 균형을 이루게 하는데, 이 과정에서 자기 이익을 스스로 없앤다(Levine, 1966 참조).

루이 드레퓌스 사의 핵심기술, 중개매매는 여전히 건재하다. 그러나 그 종속기술인 곡물, 석유, 가스 등 상품거래는 회사에 대한 가치면에서 여러 번 부침(浮沈)이 있었다.

1850년 레오폴드 드레퓌스(Leopold Dreyfus)는 프랑스 알자스 지방의 시렌츠(Sierentz)에 있는 가족농장에서부터 스위스의 바젤까지 소맥을 실 어 나르는 일을 시작하였다. 레오폴드는 당시 나이가 17세밖에 되지 않아 그 회사의 이름을 아버지 이름을 따라 루이 드레퓌스 상사(Louis Dreyfus) 라 하였다. 그는 곧 타 지방의 농장들을 오가며 곡물거래를 하였고, 1851년 최초의 곡물 무역회사를 조직하였다. 그 후 10년이 채 못 되어 전 유럽대륙 을 누비며 곡물거래를 하였는데, 이익이 될 만한 가격차이를 발견하는 대 로 곡물을 사고 팔았다.

레오폴드는 이 곡물 중개업에서 장기적으로 성공하려면 어느 한두 가 지의 거래로 회사가 파산에 이르지 않도록 위험부담을 제한하는 것이 중요하다는 것을 터득하였다. 1883년 리버풀 곡물상조합(the Liverpool Corn Trade Association)에서 선물거래(futures trading)를 인가하였을 때, 레오폴드는 선물의 매매를 동시에 행사하여 선물과 현물간의 가격차 (spread)를 서로 맞물리게 함으로써 위험을 분산하는 최초의 곡물상 중

하나였다. 예를 들면, 흑해지역의 러시아 농가로부터 곡물을 구입하여 즉시 영국에 있는 대리점에 전보를 쳐 어떤 특정가격으로 영국 내 업자에게 매도계약을 체결토록 하는 방식이다. 이때 매도가격은 곡물매입 원가에 수송, 보관, 보험, 적정이윤을 포함하여 산정하였다. 1915년 레오폴드가 죽었을 때 루이 드레퓌스 앤 싸이 상사(Louis Dreyfus & Cie)는 세계 최대의 국제 곡물상사로 성장해 있었다.

그 후 이 회사는 1차대전은 무사히 넘겨 살아남았으나, 2차대전 당시 독일군이 파리를 침공했을 때 창업자 레오폴드의 세 손자, 쟌(Jean), 프랑소와(Francois), 피에르(Pierre)는 각기 흩어지고 말았다. 2차대전이 끝난 후 쟌과 프랑소와는 곡물사업 재건에 노력했고, 피에르는 화물선단을 만들어 수송업에 뛰어들었다. 그러나 소맥은 희소자원을 투입하여 위험을 부담하기에는 이윤 폭이 너무 적어 더 이상 수지가 맞지 않았다. 당시 카길 사(Cargill)와 콘티넨탈 그레인 사(Continental Grain)는 네 곳의 제분소와 그 외 곡물가공 시설을 사들여 이윤 폭을 늘려 가고 있었는데, 루이 드레퓌스 사는 이 가공사업을 무시함으로써 업계 순위 1위에서 5위로 밀려나게 되었다.

이렇게 회사의 위치가 하위에서 맴돌게 되자 친족 중의 한 사람인 윌리엄 루이 드레퓌스(William Louis-Dreyfus)가 1965년 회사경영에 참여하였다. 1969년 37세라는 나이로 사장에 취임한 그는 1972년 미국 멤피스에 본사가 있는 곡물 · 면화업체 쿡 인더스트리 사(Cook Industries)로부터 17명의 거래 전문가를 고용하였다. 이들 쿡 인더스트리 출신의 거래 전문가들은 루이 드레퓌스 앤 싸이 상사를 정부증권, 미곡, 면화, 육류, 석유 등 여러 상품을 중개매매하는 회사로 바꾸어 놓았다. 1990년에는 그들이 이 회사로 옮겨 와 업무를 시작한 1972년보다 거래금액이 무려 다섯 배나 증가하였다.

　1985년 쿡 상사 출신 중 한 사람인 다니엘 핀(Daniel Finn)이라는 사람은 당시 과잉공급과 불안정한 가격변동 양상을 보이고 있던 국제 석유시장에 눈을 돌려 유망한 사업기회를 포착하였다. 석유 메이저(major oil companies)들은 그들의 석유가격 예측치에 따라 일정 재고를 비축했다가 방출하는 영업방식을 취하고 있었던 데 반해, 루이 드레퓌스 상사는 현물시장(spot market)에서 석유를 구입하고 이를 최종 소비자에게 미래인도 조건(future delivery)으로 직접 매도하였다. 루이 드레퓌스 사는 현물시장에서의 당일가격에 보관비용을 합하여 미래인도 당일의 인도가격을 산정하였다. 1년 동안 루이 드레퓌스 사는 매우 짭잘한 수익을 올렸지만, 이 회사의 중개매매 활동으로 석유시장에서의 극심한 가격등락이 진정되자 사업기회도 사라졌다. 말하자면 자기 스스로 자신의 이윤기회를 파괴해 버린 것이다.

　이때 루이 드레퓌스 사는 과거 곡물거래에서 가공 등 연관사업 추진과 관계시설 확보를 등한시함으로써 빚어졌던 사업후퇴의 쓰라린 실패를 석유사업에서는 되풀이하고 싶지 않았다. 따라서 이 회사는 원유(crude oil)에서 벌어들인 이익을 석유저장 시설에 투자하기로 하고, 1992년 테네코 사(Tenneco)로부터 석유저장 터미널망을 장기 리스(lease)하고, 우노칼 사(Unocal)로부터는 저장설비를 사들였다. 1996년에 이르러 루이 드레퓌스 사는 세계 전역에 걸쳐있는 32개 터미널과 350개 소매시설망을 통해 정제석유(refined petroleum) 7천 3백만 배럴을 공급하였다. 루이 드레퓌스 사가 그와 같은 저장·판매 설비를 갖춤에 따라 정제석유에서의 위험을 관리할 수 있었고, 난방용 석유, 가스, 디젤연료 등에서 장기적인 교섭능력을 강화할 수 있게 되었다.

이상과 같은 루이 드레퓌스 사의 사례와 종속기술의 분리매각과는 어떠한 관계가 있는가? 크고 잘 조직된 시장에서 거래되는 상품을 종속기술로 생각하기 어려울는지 모르겠지만, 이 양자 사이에는 중요한 유사성이 있다.

　루이 드레퓌스 사는 자사의 핵심기술이 중개매매이고, 종속기술은 소맥, 석유, 가스, 전기와 같은 상품의 매매라는 점을 잘 알고 있다. 하이테크 우량기업들도 자신들의 핵심기술은 어느 한두 개 특정기술에 국한되지 않고 이들을 모두 초월하여 고객가치의 창조를 가져오는 능력의 광범한 원천이라는 것을 잘 인식하고 있다. 예컨대 시스코 사의 핵심기술은 고객의 인터넷 사용에 관한 기술을 통합하는 매끄러운 봉합기술(seamless integration)이며, 종속기술은 그러한 접속에 사용되는 허브(hubs), 라우터(routers), 스위치(switches)와 같은 여러 장치들을 말한다. 기업이 핵심기술과 종속기술을 혼동하면 계속되는 실패로 엄청난 대가를 치러야 할 일련의 판단착오를 일으키게 될 것이다.

　루이 드레퓌스 사도 회사의 성장과정에서 비록 시간적인 차이는 있었지만 어느 개별적인 중개매매의 기회란 결국 종속기술이며 그 가치는 변동하다가 결국 스스로 붕괴된다는 점을 깨닫게 되었다. 하이테크 우량기업들도 자사의 종속기술들은 그 가치가 증대되다가 결국 붕괴된다는 점을 잘 알고 있다. 이들은 또 시간의 경과 위에서 많은 산업들이 부침(浮沈)을 거듭하다가 결국은 '완전경쟁 상태'에 이르게 된다는 사실을 잘 알고 적절한 조치를 취한다. 즉, 어떤 종속기술이 정점(peak)에 이를 때 얻어진 이익을 경제적 잠재가치가 높은 신기술에 투자하는 것이다. 그리고 어떤 종속기술이 충분한 경제적 이익을 가져오지 못할 때에는 그것을 잘라 버린다. 즉, 값을 가장 높게 지불하겠다는 원매자(願買者)에게 임대해 주거나 매각해 버린다.

루이 드레퓌스 사는 충분한 전문지식이나 경험이 없는 신규사업에 뛰어드는 것을 별로 겁내지 않는다. 하이테크 우량기업도 자사 핵심기술의 경쟁력이 높아지는 사업이라면 기존 기능을 일부 분화하여 그 신규사업에 참여한다. 루이 드레퓌스 사나 하이테크 우량기업들은 합작투자나 기업매입을 통해 협력업자를 얻을 수 있다는 자신감을 가지고 뛰어드는데, 이들 협력업체들이 업계에서 쌓아올린 전문지식과 경험을 빌려 줌으로써 우량기업은 기존의 핵심기술로 인한 근본적 경쟁력이 더 강화될 수 있다고 믿기 때문이다.

이 Chapter의 나머지 부분에서 하이테크 우량기업들이 종속기술을 파악해 이를 분리처분하거나 외부와의 제휴로 관리하는 방법은 어떤 것인지 찾아보기로 한다.

종속기술을 지정한다

기업이 종속기술을 관리하기 위해서는 먼저 그것을 지정하지 않으면 안된다. Chapter 3에서는 하이테크 우량기업에서 핵심기술을 확인할 때 사용하는 방법에 대해 설명하였다. 이 기준에 비춰 보면 상당수의 보유기술이 핵심기술의 조건을 충족시키지 못하게 될 것이다. 이 기술들은 '외부처분 기술(outplaced technologies)'이라 부른다. 왜냐하면 하이테크 우량기업들도 여러 가지 수단을 동원하여 이 기술들을 자사의 사업활동 범위 밖으로 밀어내고 싶어하기 때문이다. 이들은 자본자원의 투입을 정당화할 만큼 더 이상 고객가치의 창조에 도움이 되지도 못하고, 회사의 수익증대에도 기여하지 못하는 기술이다.

이처럼 외부처분 대상 기술의 지정과 병행하여 하이테크 우량기업들은 고객가치 창조를 위한 특정 프로젝트를 위해 꼭 필요하지만 고정비용 항목으로 넣기는 싫은 '외부조달 기술(outsourced technologies)'도 확정한다.

하이테크 우량기업들은 어떤 시장의 한 부문(segment)에 침투할 기회를 엿볼 때 경쟁력을 얻는 데 필요한 능력이 무엇인지 알고 싶어한다. 만일 그들이 그 목적에 필수적인 능력들을 사내에 모두 가지고 있다면 이 새로운 시장에서의 경쟁에 대비하여 외부에 눈을 돌릴 필요는 없을 것이다. 그러나 이와는 달리 효과적인 경쟁을 위해 반드시 필요하지만 사내에 갖춰 놓지 못한 기술이 있을 경우 외부에 도움을 구해야 할 필요가 있는 것이다. 이의 구체적인 순서는 다음과 같다.

첫째, 현재의 고객의견과 업계의 동향분석에 기반을 두고 신시장(新市場)에 관한 아이디어를 얻는다. 예컨대 시스코 사는 고객들의 기술 수요 패턴을 늘 점검함으로써 기존기술에 추가할 기술에 관한 아이디어를 얻는다. 마이크로소프트 사는 인터넷의 인기가 급속히 상승하는 것을 보고 PC시장의 자사 점유율을 유지하기 위해 인터넷 분야에서 능력을 키워야 할 필요성을 인지하였다.

둘째, 잠재시장을 규모, 성장률, 수익성에 초점을 맞추어 투자전략을 세운다. 벤처 자본가 여러 사람들이 지적하는 대로, 어떠한 자본을 두 개의 사업에 나누어 투자하기보다는 같은 금액을 보다 큰 시장 잠재력이 있는 한 곳에 투자하는 편이 낫다. 시스코 사가 그래나이트 시스템 사를 매입하는 데 2억 2천만 달러를 투자하였을 때, 시스코 사는 거의 영(零)에 가까운 상태에서 3년 만에 30억 달러의 성장이 예상되는 시장을 장악하기 위해 도박을 거는 전략으로 나갔다.

셋째, 신규진출 예정인 시장에서 고객의 충족되지 못한 수요를 분석하여 이를 충족시키기 위해 필요한 기술과 능력에 대해 조사, 연구한다. J&J 사의 에디콘 사업부에서 고객과의 대담을 통한 수요동향 파악에 나섰을 때, 스텐트(stent) 기술이 필요하다는 것을 발견하였다. 이에 따라,

넷째, 침투를 목표로 하는 부분시장에 있어 자사의 능력을 평가한다. 메르크 사가 메드코 사를 매입하기로 결정한 것은 메르크 사에 결정적으로 필요한 그 능력이 결여되어 있었기 때문이다. 왜냐하면 아주 단기간에 가격 결정권이 제약회사로부터 의료비 지불기관으로 넘어갔기 때문이었다. 그러나 메르크 사만이 메드코 사를 매입한 이후 매년 제품가격을 올려 수입증대를 기할 수 있었다. 만일 메드코 사를 매입하지 않았더라면 메르크 사 단독으로는 약품가격이 하락하는 상황에서 수입증대가 불가능했을텐데, 메드코 사의 협조로 가격하락을 상쇄하고도 남을 만큼의 판매수량 증대효과를 거둘 수 있었다.

종속기술의 분리 매각: 외부처분

하이테크 우량기업들은 종속기술의 외부처분을 위한 거래를 빈번히 하고 있는데, 이 거래의 성사 능력이 경쟁력의 우위를 가늠하는 원천으로 작용하고 있는 실정이다. 즉, 경쟁력의 우위성은 과다한 비용을 유발하지 않고 필요한 기술의 이용권을 확보하는 능력으로부터 발생하기 때문이다.

암젠 사

1984년 미국에서 가장 수익성이 양호한 바이오테크놀로지(biotechnology) 회사인 암젠 사(Amgen)는 그 동안 37건 이상의 전략적 제휴를 맺어 왔

다. 이중에는 6억 불 이상을 현금으로 지불한 사례도 있고, 8천만 불 상당의 주식투자, 그리고 수입의 10%에서 60%를 사용료로 지불하는 조건의 특허권 사용계약도 있었다.

암젠 사는 이들 거래를 교섭하는 데 남다른 수완이 있었다. 즉, 자사 개발 기술의 시장 판매 권리와 교환조건으로 '자금력이 풍부한(deep pocketed)' 제휴사로부터 현금을 받아 내기도 했다. 그 현금은 계약체결 시점에서만 받는 게 아니라 기술개발과 마케팅에서 중간 중간 주요목표를 달성했을 때에도 받아 냈다. 암젠은 이러한 방식으로 희소자원을 소모하지 않고서도 종속기술을 개발, 홍보하여 판매하였다. 또, 암젠 사의 제휴기업들은 상품화를 할 경우 제조·판매비용을 훨씬 능가하는 수입이 예상되는 주요기술을 손에 넣게 되는 것이다.

1996년 6월 암젠 사와 동경에 있는 야마노우치 제약(Yamanouchi Pharmaceuticals)은 공동발표를 통해 암젠 사가 특허로 가지고 있는 콘센서스 인터페론(CIFN)을 상품으로 개발·제조하여 미국과 캐나다를 제외한 전세계에 판매할 수 있는 권리를 야마노우치 사에게 허가했다고 공표하였다(미국과 캐나다에는 암젠 사가 직접 제조하여 CIFN을 인페르젠Infergen이라는 이름으로 판매할 계획이었음). 이 라이센스 계약은 CIFN에 관심이 있던 12개 회사가 5개월 동안 암젠 사와 씨름한 결과 나온 것이었는데, 그 계약의 주요내용은 다음과 같다.

- 시장. CIFN은 헤파티티스 C 바이러스(Hepatitis C virus) 간염 치료제인데, 이 바이러스는 만성간염, 간경화, 간암 등을 일으키는 원인이다. 그런데 CIFN은 HCV 인자형1(genotype1)에 감염된 환자에게는 경쟁약품인 인터페론 알파26보다 높은 치료효과를 보였다. 그런데 HCV 인자형

1은 HCV에 감염된 북미 환자의 60%, 일본 환자의 70%를 차지하였다.

- 조건. 계약체결시 야마노우치 사는 1천 5백만 달러를 지급하고 향후 일정목표에 도달했을 때 그에 상응하는 추가 납입금을 몇 차례 더 내기로 하였다. 야마노우치 사는 또한 판매량에 따른 특허권 사용료(royalty)를 납부하고, 암젠 사의 일본·중국 지사에 특정부분에 대한 공동 개발권, 공동 판촉권, 공동 판매권을 주기로 계약하였다.

- 암젠 사의 이익. 암젠 사는 야마노우치 제약과의 계약에서 계약료를 현금으로 받았고, 기술의 개발과 판매로 인한 추가투자의 보증을 얻어 냈다. 나아가 암젠 사는 야마노우치 사의 판매망에서 얻어지는 아시아 지역의 수입을 추가로 얻게 되었다.

- 야마노우치 사의 이익. 야마노우치는 암젠 사의 기술이 자사의 전세계 판매망에 매우 중요한 품목을 추가하는 기초가 되므로 계약에 만족했다(야마노우치 사와의 계약에 관한 암젠 사의 발표, 1996년).

위와 같은 기술이용 협약을 교섭하면서 암젠 사는 하이테크 우량기업들이 종속기술 관리에 사용하는 지침에 따랐다. 암젠 사는 그 약제에 대한 잠재적 시장의 지리적 특성을 분석하여 가장 수익성이 좋은 곳은 그 판매권을 자사가 보유하였다. 또한 그 제품의 잠재적 가치를 극대화하기 위하여 제휴상대 기업으로부터 받아 내야 할 제조, 개발, 유통에 관한 능력 등을 명확히 파악하였다. 암젠 사는 이러한 능력을 제공할 수 있는 많은 후보 기업들과 교섭을 해보고, 최종적으로 수익과 능력의 최적조합(best mix)을 제시하는 기업과 계약을 체결하였다. 마지막으로, 계약조건에서 암젠 사가 기술개발에 투입한 자금의 일부를 회수할 수 있도록 조건을 삽입하였다. 그리고 제품개발의 단계별 목표가 성취될 때마다, 또

제휴상대가 획득하는 판매대전 중 일부도 그때그때 나누어 받도록 하는
조건도 삽입하였다.

업계에 자주 있는 일이지만, 경쟁기업간 특허소송을 해결하기 위한 교차사
용 승인협약(cross-licensing agreement)도 좋은 방안이다. 양쪽 모두 소송비
용을 절약할 수 있고, 기술공유를 통해 전체시장의 크기를 증대시켜 다 같
이 수익을 늘려 갈 수 있다. 이 협약은 종속기술의 외부처분(outplacing)과
외부조달(outsourcing)이 결합된 것으로 볼 수 있다.

아래에 살펴볼 베이 네트웍스 사(Bay Networks)와 3Com 사도 협약을
통해 두 회사가 협동하여 시장 전체를 확대하기로 합의함으로써 특허소
송을 종결하게 되었다. 또, 인텔 사와 AMD 사간의 협약에서도 AMD가
인텔에 비공개된 금액을 지불하고, 양 당사자간 시장 분할의 크기를 늘
리기로 합의하여 쌍방이 모두 이익을 얻을 수 있었다.

베이 네트웍스 & 3Com간의 협약

컴퓨터 통신망의 하드웨어와 소프트웨어 판매업자인 이 두 회사는 1995
년 11월 상호협조적인 특허 교차사용 협약에 서명하였다고 발표했다. 이
협약에는 양사가 가지고 있는 모든 특허권이 다 포함되었고, 향후 5년
간 취득하게 될 특허권에도 효력이 미치도록 되어 있었다. 또, 협정에서
도 그 비용이 공적으로 발표된 연구개발에 의해 취득한 특허권의 교차
사용료는 어느 경우든 1천 2백만 달러를 초과할 수 없도록 되어 있다.

이러한 협정을 통해 양사는 각자 제기했던 특허소송을 모두 원만히 해
결하고 완전종료할 수 있었다. 3Com 사의 CEO에 의하면 이 협약에 따라

차별화 상품(differentiated product)의 출시기간을 상당히 단축할 수 있는 연구개발 분위기가 조성되었으며, 따라서 네트워크 산업의 성장률도 가속화되었다고 한다. 베이 네트웍스 사의 사장도 이 협약에 힘입어 자사의 엔지니어들이 특허권 침해라는 법률적 제약을 받지 않고 최고의 기능설계를 할 수 있게 될 것이라고 언급하였다("Patents; Bay Networks and 3com...," 1995 참조).

AMD & 인텔간의 협약

반도체 판매업체인 이 두 회사는 1996년 1월, 5년 간의 특허 교차사용협약을 체결하고 양사간에 장기간 법률분쟁을 빚어 왔던 특허소송을 화해로써 종결한다고 발표하였다. 이 협약으로 AMD 사는 인텔 사로부터 법률적 공격을 받지 않고 x86-컴패터블 프로세서(x86-compatible processor)의 설계·판매를 계속할 수 있게 되었다. 더욱이 AMD 사가 마이크로 코드의 판권(microcode copyrights)을 획득하지 않았음에도 인텔 사의 멀티미디어 익스텐션(multimedia extension; MMX)을 미래의 프로세서에 실행할 수 있는 판권과 특허권을 얻게 되었다.

인텔 사는 AMD의 각종 특허를 사용할 수 있게 되었을 뿐만 아니라 AMD로부터 비공개된 금액을 지급받았다. 보다 넓게는 MMX가 업계의 표준으로 자리잡는 데 도움을 받게 됨으로써 더 큰 이익을 누리게 되었다. 또, 인텔과 AMD 양사는 x86의 시장 확대로 양사 모두의 성공을 이룩하였다. 인텔 사는 AMD 이외의 사이릭스 사(Cyrix)와 같은 경쟁기업을 6~12개월의 격차로 따돌리면서 자사의 제조설비 가동률을 현저히 높일 수 있게 되었다("AMD Gains Access...," 1996 참조).

종속기술의 분리 매입: 외부조달(아웃소싱)

자사에서 가치창출의 수명을 다한 종속기술을 분리매각하는 방식에 대해 정반대가 되는 방법을 분리매입 또는 외부조달 즉, 아웃소싱(outsourcing)이라 한다. 하이테크 우량기업들은 기술제휴를 통해 자기 회사의 특정 사업을 위해 필요한 종속기술을 얻어 오기 위해 교섭을 한다.

하이테크 우량기업들은 이 종속기술의 외부조달을 통해 다음과 같은 이익을 얻는다. 첫째, 일정기간 동안만 필요한 기술을 빌려 사용할 수 있다. 둘째, 필요에 따라 기술에 대한 지분권을 확대할 수도 있고, 혹은 관계를 전부 청산해 버릴 수 있는 신축성을 보유한다. 셋째, 외부의 조직과 함께 일하게 됨으로써 고객을 위한 가치창조에 도움이 되는 신기술이나 새로운 사업방식을 배울 수 있다.

앞에서 살펴본 암젠 사의 경우도 앞으로 잠재적 가치가 있게 될 기술을 전부 사들이지 않고도 그 이용권을 교섭하여 계약에 성공하였다. 이러한 교섭에서는 계약 즉시 지급되는 현금수입은 물론 특정한 개발목표에 따라 지급되는 성과 납부금도 포함된다. 또, 암젠 사는 제휴상대 기업의 소액주주로 참여하여 그 기업의 경영전략 방향에 있어서 영향력을 행사하고, 전 기업을 매수하지 않고서도 증가하는 영업수익의 일부까지 확보하는 이익을 누리는 것이다. 아울러 이러한 협약을 통해 이미 암젠 사의 시장 지배력이 확고한 그 시장에서 제품의 다양성을 넓혀 주는 이익도 얻게 되었다.

1995년 12월, 암젠 사와 솔트 레이크 씨티(Salt Lake City)에 본부를 둔 발전도상의 중견기업 NPS 제약사(1986년 창업)는 상호협력 각서에 서명했는데, 이는 부갑상선 기능항진증(hyperparathyroidism; HPT) - 즉, 신장부전으로 인공투척이 필요한 환자의 80%가 감염되는 질병 -

치료제인 NPS 노르칼신(Norcalcin)의 개발 · 판매에 상호 협력한다는 취지였다. 계약의 주내용은 다음과 같다.

- 시장: HPT는 부갑상선 분비과다증인데, 혈청 중 칼슘 농도의 상승을 야기함으로써 뼈 조직의 약화, 고혈압, 위장 부조, 근육 약화, 우울증, 건망증 등의 증상을 동반한다. 미국에는 약 25만 명의 환자가 있는데 그중 3분의 2는 여자이다.

- 조건: 암젠 사는 NPS사에 특허 사용료의 1차 지불금 1천만 달러를 주고, 개발목표 달성시 추가 지불금을 최고 2천 6백만 달러까지 지급하며, 제품 판매시 일정비율의 로열티를 지급하기로 하였다. 또, 암젠 사는 NPS 사 주식 1백만 주를 주식매입 교섭 개시일인 1995년 11월 주가 기준으로 7백 5십만 달러에 매입했다. 암젠 사는 일본, 중국, 한국, 대만을 제외한 전세계에 당시 임상실험 I / II 단계에 있던 노르칼신을 독점개발 · 판매할 권리를 취득하였다. 양사가 제품개발에 공동참여하였지만 개발비용, 상품화 관련 비용 모두를 암젠 사가 지불하였다.

- 암젠 사의 이익: 암젠 사는 두 가지 방면에서 이익을 보았는데, 현대의학상 충족되지 못한 부문에서의 치료방법 개선 가능성이 있는 기술사용권리를 획득하였고, 신장병 치료에 있어 미국시장에서의 암젠 사 지위가 강화되었다. 암젠 사는 이미 만성신부전증 환자가 인공투석 치료시 경험하는 빈혈증의 치료약 에포겐(Epogen)을 개발했었는데 그 분야에서의 명성이 높아진 것이다. 암젠 사는 또한 미국 이외의 지역에 산재한 새로운 시장에 침투할 수 있게 되었다.

- NPS 사의 이익: NPS 사는 암젠 사가 신장병 분야에서 누리고 있는 명성과 내분비학에 대해 갖고 있는 관심을 높이 평가하였다. 또 NPS는 과거

노르칼신 제재(濟材)의 아시아 지역 협력업체였던 기린양조(Kirin Brewery)의 의약업부가 암젠과 공동개발한 성과를 이용할 수도 있게 되었다. NPS가 암젠과의 협정을 종결하였을 때 그 동안의 손익을 결산해 본 결과 현금 2천 5백만 달러, 성과 납부금 3천 9백만 달러, 그리고 암젠과 기린양조로부터 상당액의 로열티 수입금을 얻은 것으로 나타났다. 이러한 협약 수입금 덕택에 암젠 사는 자금고갈 위험을 모면하고 제품개발에 박차를 가할 수 있게 되었다("Amgen Announcement of NPS Alliance," 1996 참조).

이제까지 살펴본 암젠 사의 사례는 하이테크 우량기업들이 기술을 외부조달하는 원리를 잘 보여 주고 있다. 이를 요약해 보면 다음과 같다.

첫째, 그 기술을 제품화하였을 때 판매될 시장의 잠재 수익성을 분석한다. 이 원리에 따라 암젠 사는 신기술의 외부조달로 제품종류를 확대함으로써 신장병 치료제 시장에서 이익을 증대시킬 가능성을 발견하였다. 의약품 사용자들은 어느 특정 질병의 치료제를 한 곳에서 일괄구입하는 것이 보다 싸다는 것을 잘 알고 있기 때문에 암젠 사는 신장 관계 질병 치료제의 '구색갖추기(product portfolio)'가 시장 점유율을 높이는 첩경임을 알았던 것이다.

둘째, 그 기술을 사내에서 자체개발하는 비용과 시간을 외부조달의 경우와 비교, 평가한다. 암젠 사는 자사의 기술격차(technology gap)를 보충하는 방법으로서 외부조달이 훨씬 싸고 신속하다는 것을 알았다.

셋째, 기술사용 허가측의 비용을 줄이고 재량권을 최대화하며 제휴상대 기업의 상품화를 촉진할 방안을 강구한다. 암젠 사는 NPS 사와 협약할 때 최초 현금 지급액의 상한을 정하고 개발 중간목표 달성시의 추가 지급금도 잘 계획하여 자사의 고정비용을 별로 늘리지 않고도 필요한 기술 사용권을 취득하였다.

외부와의 기술적 제휴를 관리하는 방법

기술의 외부조달을 교섭하는 일은 이것이 사내에서 잘 적용되도록 관리하는 것에 비하면 훨씬 쉽다. 외부와의 제휴관계로 야기되는 경영상의 과제가 만만치는 않다. 즉 목적·목표 설정이 애매해지는 성향, 실적 측정에서의 모호함, 예상 외의 갈등 발생, 책임 소재의 불명확성, 유통상의 필요요건 측정에 대한 오류 발생, 수요량의 과대 예상 등 한두 가지가 아니다.

외부와의 제휴관계는 기업풍토의 차이, 제휴 협의내용 추진을 향한 열성의 차이, 전략상·재무상 목적의 차이 등으로 인하여 제대로 기능하지 못할 가능성도 있다. 또한 기업간 제휴관계를 위협하는 요소로서 정부규제의 변화, 신기술의 출현, 예상치 못한 신규 진입자의 등장, 시장규모의 성장부진 등에 의한 산업구조 자체의 변화를 들 수 있다.

이렇게 위험요소가 많은 제휴관계에서 가장 성공적인 관계가 수립되는 것은 양 당사자들의 상호 의존관계가 강력히 구축될 때이다. 예를 들면, 자본·제조·유통면에서 능력이 부족한 중소기업이 자사의 제품 구색을 갖추어야 할 때, 그 중소기업의 기술을 필요로 하는 대기업과 제휴함으로써 효과적인 기업제휴가 수립될 수 있다.

만일 두 회사가 상호 의존관계에 있지 않다면 소규모 회사는 대기업의 무관심에 좌절하게 될 것이다. 역으로, 제휴관계의 양 기업이 모두 대기업일 경우 어느 기업이 주도적 역할을 담당할 것인지 결정하기가 어렵고, 따라서 주도권 쟁탈에 많은 시간을 소모하게 될 것이다. GTE 사와 디즈니 사(Disney)의 제휴관계, U.S.웨스트 사(U.S. West)와 타임 워너 사(Time Warner)간의 제휴관계가 이러한 어려움을 여실히 보여 준다.

간혹 기업간 제휴계약 체결을 대대적으로 부풀려 발표하는 경우를 볼 수 있는데, 이것은 현재 시류를 타고 있는 시장에 참가하기 위해 경영진이 무언가 구체적인 조치를 취하고 있다는 인상을 주기 위한 방편으로 삼는 경우가 많다. 당사자 양 기업에서 담당 경영진과 필요자원을 명확히 투입하지 않는 경우에는 그들의 전략적 의도를 숨길 수는 있겠지만 성공적인 결과를 얻기는 어려울 것이다. 또, 업계의 연합조직(industry consortia)도 목적을 제대로 달성치 못하는 경우가 많다. 예컨대 정보통신업계의 호환성을 위한 표준수립을 위해 콘서시엄이 결성되었지만 목적을 달성하지는 못하였다. 결국 소비자의 대부분이 사용하는 TCP/IP를 업계 표준으로 받아들이는 데 그치고 말았다.

제휴관계를 효과적으로 운영함으로써 앞에서 지적한 함정들을 피해 가기 위하여 하이테크 우량기업들은 다음과 같은 방법을 사용하고 있다.

공동목표를 설정한다. 제휴관계를 성공시키기 위해서는 당사자간 공동목표가 수립되어야 한다. 예컨대 인텔 사와 마이크로소프트 사는 양자 모두를 위한 큰 이익을 창출하였다. 마이크로소프트 사는 저렴한 처리능력을 획득하였고, 인텔 사는 수많은 사용자들이 구입하게 될 PC에 이 처리능력을 실어 줄 소프트웨어를 확보하였다. 공동목표가 없었더라면 그 다음에 후속되는 성과들도 얻을 수 없었을 것이다.

양사에서 제휴사업의 성공을 위해 책임질 수 있는 관계임원을 임명한다. 제휴관계에 기반을 둔 합작사업이 실패하는 이유는 이를 성사시켜야 할 책임이 있는 당무자가 필요한 조치를 취할 만한 권한을 각자의 회사로부터 위임받지 못하였기 때문이다. 책임 있는 당무자, 가급적이면 제휴협정을 교섭하는 데 참여했던 책임자를 공동사업의 담당자로 임명함으로써 각 기업은 그 합작사업의 성공에 관심이 있다는 신호를 분명히 해야 한다.

내부적 별도조직을 결성한다. 제휴사업 관리를 위해 책임 있는 간부가 임명되면 그는 곧 그 사업을 실제로 집행해 나갈 요원들을 사내 각 부서에서 차출하여 팀을 구성해야 한다. 인원을 선발하는 경우, 전문적 기능에 도움이 될 뿐만 아니라 사내외에서 능률적으로 일할 수 있는 유능한 직원을 차출해야 한다. 각 개별 요원을 선발한 후에는 이들이 상호간 개인적으로나 직능적으로 편하게 느낄 수 있도록 단합대회(team-building exercises) 같은 것을 갖도록 지원해 주어야 한다. 이 단합대회에서는 사교적 활동도 중요하겠지만, 각자의 전문지식과 분석용구들에 대해서도 상호 교환할 수 있도록 분위기를 조성해 주어야 한다.

합작사업의 사업계획서를 작성한다. 합작사업을 수행할 담당 임원과 작업팀을 결성한 다음에는 공동으로 추구할 목표가 무엇인지 합의해야 한다. 그 계획서에는 사업목표를 달성하는 데 필요한 일련의 작전과 수단들이 포함되어야 한다. 또한 계획서에는 어떤 정보를 상호 교환할 것인지, 어떤 정보를 무제한으로 공유해야 하는지를 명확히 밝혀야 한다.

보수체계와 사업목표를 연결시킨다. 공동 프로젝트에 참여하는 직원은 각자의 개인적 업무목표가 전체 프로젝트와 어떻게 관련이 있는지를 명확히 자각하고 있어야 한다. 또, 사업추진 단계에 따라 담당 책임자들과 직원들의 업무실적을 목표에 대비하여 평가해야 한다. 그리고 각자의 목표달성 비율에 따라 급여의 상당부분을 상여금 지급자원에서 지급하여야 한다. 나아가 앞으로의 승진 경로도 이 프로젝트의 업적과 연관해서 정하도록 한다. 그러나 대부분의 기업에서는 이 합작사업부에 근무하는 직원들은 사주(boss)를 위해 진짜 일('real' work)을 하고 있다는 인정을 받지 못함으로써 급여와 승진에서 불이익을 당하고 있다.

분쟁 해소를 위한 기구·제도를 만들어 둔다. 기업간 제휴에서 간혹 긴장관계가 발생하는데, 이들은 한 시장에서는 협조관계에 있지만 다른 시장에서는 경쟁관계에 놓일 수도 있기 때문이다. 또한 교섭단계에서는 '협정을 파괴할 것(deal killers)'으로까지는 생각지 않았던 사풍(社風)의 차이 때문에 긴장이 조성되는 경우도 있다. 하이테크 우량기업들은 그러한 갈등을 조정할 조직상의 기구를 만들어 운용한다. 예컨대 담당 중역으로 하여금 양사간에 서로 빼내 가고 있는 정보의 흐름을 확인하고 감시하도록 해 보는 것이다. 만일 갈등의 골이 깊어 하위직급에서 해결되지 않는다면 사장간, 회장간 또는 이사회간의 공식·비공식 모임을 통해 해결하도록 노력할 수 있다. 이렇게 했음에도 불구하고 끝내 대립관계가 화해로 해결되지 못한다면 제휴협약의 파기로 갈 수밖에 없을 것이다.

제휴관계의 종결을 위한 비전을 명확히 제시한다. 합작사업 계획서의 또 다른 주요 부분은 제휴관계를 종료할 시점에서 어떠한 조건이 갖추어져 있을 것인지를 명확히 해두는 것이다. 만일 이 부분이 불확실하면 당사자들은 끝이 확실치 않은 사업에 자금과 경영 노력을 계속 낭비하게 될 것이다. 더욱이 제휴종료 조건을 분명히 제시함으로써 당사자 모두가 목표를 보다 효과적으로 달성하는데 도움이 될 것이다.

시스코 시스템 사는 이 Chapter에서 논의해 온 기업간 제휴관계를 관리하는 데 좋은 지침이 될 수 있는 기업매입 방법을 개발하였다. 시스코 사의 사장 존 체임버스(John Chambers) 씨는 사장에 취임한 1995년 1월부터 1996년 6월까지 6건의 기업매입을 성공리에 완수하는 솜씨를 보였다. 체임버스 씨에 의하면, 기업매입에서 대부분의 기업들이 맺은 협정의 절반은 실패하는 이유는 기초사항(basics)을 간과하기 때문이라는 것이다. 그의 견해에 따르면 기업매입이 성공하려면 다음 다섯 가지의 테스트에 합격해야만 한다(Nee, 1996 참조).

양 기업은 소속된 산업의 미래에 대해 공통의 비전을 가지고 있는가? 예컨대 시스코 사가 캐스케이드 사의 주식에 투자하였을 때 두 회사는 시장이 통합추세에 있고 고객들은 장래 제품의 통합성 정도를 보고 메이커를 선택할 것이라는 공통인식을 가지고 있었다. 또, 시스코 사가 스트래타컴 사(StrataCom)를 매입했을 때에도 두 회사는 인터넷 전송속도를 느리게 하는 장애요인을 제거하는 능력을 갖추면 장래 성장의 기회가 올 것이라는 예상이 일치하였다. 시스코 사는 자사가 가지고 있는 라우팅 기술(routing technology)과 스트래타컴 사의 데이터용 고성능 WAN 스위치, ATM, 후레임 릴레이(frame-relay)에 대한 능력을 합치면 고객에게 더 큰 혜택을 줄 수 있다고 생각하였다.

양사의 상품개발 전략은 상호보완적인가, 아니면 경쟁적인가? 시스코 사가 캐스케이드 사에 투자하였을 때 양사의 제품영역은 중복되지 않았다. 그러나 시간이 지남에 따라 캐스케이드는 시스코의 제품영역, 즉 다이얼 업 시장(dial-up market)에 진입해 들어왔고, IBM 사와 보조를 맞추기 시작하였다. 시스코 사와 캐스케이드 사와의 제휴관계는 이 두 번째 테스트를 통과하지 못하게 되었다. 시스코 사로서는 기업매입 등의 수단을 통해 캐스케이드 사와 더 가까워질 것인지, 아니면 캐스케이드와 본격적인 경쟁에 나설 것인지를 결정해야 할 시점에 도달하였다.

이때 시스코 사는 해당분야에서 손꼽는 선두주자 스트래타컴 사를 인수함으로써 캐스케이드 사와 경쟁하겠다는 결심을 보여 주었다.

양자의 제휴가 '단기적 승리'를 가져올 것인가? 예를 들면, 네트워킹업계 세 건의 합병설 – 즉, 웰프리트와 신옵틱스(Wellfleet-SynOptics), 3Com과 칩컴(3Com-Chipcom), 포어와 알란텍(Fore-Alantec) – 이 발표되자 다음주 주가가 14% 하락하였다. 이에 반해 시스코 사가 스트래타컴 사를 인수하였다고 발표한 다음주 주가는 10% 상승하였다. 체임버스 사장은 그 합병이 가져올 수익증대 효과를 주주들이 잘 인식한 데에 주가상승 원인이 있다고 지적하였다.

기업결합이 장기적으로 양사 모두에게 승리를 가져다 줄 것인가? 예컨대 1993년 12월 시스코 사는 캐스케이드 사에 대해 2백 9십만 달러의 주식투자를 하였는데, 1996년 6월에 2억 달러의 순이익을 가져다 주었다.

양사의 기업풍토가 유사한가, 그리고 상호보완적인가? 시스코 사가 스트래타 컴 사를 매입하였을 때 두 회사가 지리적으로 근접해 있다는 점이 경영진의 신뢰성을 얻는 데 기여하였다. 즉, 경영진들이 사원을 육안으로 보고 면전에서 임시해고 같은 것은 없다고 말할 수 있었던 것이다. 나중에 드러난 사실이지만 시스코 사에서는 6백 명이, 스트래타 컴 사는 백 명의 충원요청이 발생하였다. 이렇게 회사의 업무가 급신장한 것은 양사의 기업풍토가 비슷하고 기술적인 보완성이 있었기 때문이었다.

체임버스 사장의 지적에 의하면 위의 다섯 가지 조건을 다 만족시키지 못한다면 기업간 제휴는 실패하기 쉽다고 한다. 그는 1980년대에 IBM 사가 PBX 판매업체인 로움 사(Rolm)를 인수한 케이스를 볼 때 위다섯 가지 중 세 가지 조건이 미달되었다고 지적하였다. 이 두 회사는 산업계의 발전방향에 있어 전혀 다른 비전을 가지고 있었고, 기업풍토도 매우 달랐으며, 지리적으로 원격지에 있어 상호방문이 어려웠고, 장기적인 상호부조(win-win)의 정신이 결여되어 있었다(Nee, 1996 참조). 결국 이 장에서 논의된 모든 경영실천 요목에 다 해당되는 것이지만, 가장 중요한 것은 자기통제(discipline)이다. 상기의 다섯 가지 조건 모두를 만족시키지 못한다면 기업간 제휴를 추진해서는 안 된다.

······

Chapter 5에서는 하이테크 우량기업이 사람과 기술을 결합하여 고객이 높이 평가하는 가치를 창조해 내는 방법에 대해 살펴보기로 한다. 특히 제품개발에 있어 영역상의 경계를 두지 않는 전략을 취하는 기업이 어떻게 우위에 올라설 수 있는지 구체적인 사례를 통해 고찰해 보고자 한다.

Chapter | 5

경계 없는 제품개발 I
(속공부대의 운용)

The Technology Leaders

하이테크 우량기업들은 사람과 기술을 잘 운용하여 고객들이 기꺼이 사고자 하는 상품을 만들어 낸다. 그들은 이 목적을 달성하기 위하여 상품개발에 있어 경계를 두지 않는 전략을 채택하고, 일반적으로 경색될 수 있는 의사소통의 통로를 개방해 놓고 있다. 그러나 업계의 다른 기업들은 기업 내부에서도 부서간 경계가 뚜렷하고, 타 기업이나 원료 공급업체 또는 고객과의 사이에 더 높은 장벽이 존재한다.

우량기업이 보다 질 좋은 제품을 만드는 것은 여러 관계자들의 서로 다른 아이디어를 잘 선택하고 배합하기 때문이다. 그들은 문제점을 일찍 발견하여 과도한 자원투입이 있기 전에 해결책을 모색한다. 예컨대 설계상의 문제가 드러나는 경위를 보면, 어느 한 부서 단독으로는 발견될 수 없었던 것이 여러 사람이 여러 각도에서 관찰한 결과 사전에 탐지되는 예가 많다. 또, 우량기업에서 평소에 주요 관계자들을 포함시켜 업무를 진행하므로 개발 최종단계에서 뜻하지 않은 일로 곤경에 처하더라도 곧

탈출구를 찾을 수 있다.

그러나 업계의 타 기업들은 우량기업들과는 반대로 영화 '필드 오브 드림스(Field of Dreams)'의 주인공과 같이 만들어 놓기만 하면 고객은 제 발로 찾아올 것으로 믿는 것 같다. 이러한 생각으로 추진하여 실패한 두 가지의 사례가 있는데, 인공지능(artificial intelligence)과 CD-I이다.

인공지능. 1980년대 초 전직 전자계산학 교수가 어느 보험회사로부터 1천 5백만 달러의 벤처자금을 획득하였다. 그 목적은 매우 신기한 신기술 인공지능 개발을 위한 것이었고, 전액 현금으로 지급된 것이었다. 보다 구체적으로 말하면 그 인공지능을 사용하여 개인의 자산운용 계획을 짜는 전문가 프로그램을 만들어 내자는 것이었다.

전문가 시스템(Expert System)이란 전문가들이 직업적인 결단을 내릴 때 사용하는 경험칙(rules of thumb)을 바탕으로 하는 소프트웨어 프로그램이다. 이 기술을 개발하려는 의도는 어떤 전문분야에서 숙련된 일류의 전문 직업인이 축적한 지식과 경험을 포착하여 프로그램화하면 이를 일반고객에게 널리 유포할 수 있지 않을까 하는 생각에서 비롯되었다. 예를 들면, 이 전문가 시스템에서 어느 특정고객의 주식, 채권, 현금의 적정보유 비율을 결정할 때 계획 작성자가 어떻게 그 결정에 이르는지 경위를 세밀하게 기록하도록 하여 이로부터 일정한 규칙성(regularity)을 얻어 내자는 것이다.

제품개발을 위해 지식공학 기술자와 컴퓨터 프로그래머(programmer)들이 고용되어 작업에 투입되었고, 지식공학 기술자들은 개인자산관리 계획작성의 전문가들과 면담하여 그들의 의사결정 규칙(decision rule)을 작성하도록 하였다. 프로그래머들은 그러한 규칙을 코드화하여 소프트웨어를 작성하였다.

마침내 회사는 그 프로그램의 시제품(prototype)을 만들어 냈다. 그리고 이 제품을 판매하기 위해 주로 보험회사의 개인자산 운용 설계사(personal financial planners)에게 접근하였다. 그러나 그들은 이 제품 개발자들의 열정과는 달리 매우 냉담한 반응을 보였다. 프로그램이 너무 복잡해서 사용하기 어려우며, 값도 너무 비싸다는 불만을 표시하였다. 이에 회사는 제품을 설계실에 되돌려보내 처음부터 다시 설계하도록 해서 보다 작고 단순화된 모델을 내놓았다. 이 즈음 회사의 인원은 80명이나 되어 있었다.

어떤 일이 일어났는가? 회사는 이 제품을 판매하려고 계속 노력했지만 제대로 된 수익도 올리지 못하고 결국 자본금 모두를 까먹고 말았다. 보험회사 직원들이 시제품을 평가할 때 그 저변에는 그 제품으로 말미암아 자기들의 직책이 사라지지 않을까 하는 두려움이 깔려 있었는데, 회사는 이를 알아차리지 못했다. 아니면 이렇게 말할 수도 있다. 그 기술은 상품가격에 상응하는 고객을 위한 가치를 창조하지 못했고, 프로그램을 설치해서 사용법을 익히기까지의 시간과 비용에 합당하지 않았던 것이다.

CD-I. 1991년 가을 필립스전자 NV 사는 CD-I를 시장에 내놓았다. 이 양방향 대화형 플레이어(interactive player)는 여러 가지 뛰어난 재능을 갖추고 있어서 '상상용 기계(the Imagination Machine)' 라고 명명되었다. 사실 이 기계는 TV게임, 교육용 장치, 그리고 음악게임 등의 기능도 갖추고 있었다. 필립스 사의 경영진에서는 이 기계가 시판되기 시작하면 미국시장을 단숨에 석권하여 소비자가 원하는 첨단기술 장치를 한꺼번에 모두 갖춘 제품으로서 유사제품의 표준모델이 되리라고 장담하였다.

그런데 어떤 일이 일어났는가? 결론부터 말하면, 5년 간의 개발노력과 10억 달러의 투입에도 불구하고 그 제품은 소매점의 진열대에서 거의 모습을 찾아볼 수 없게 되었다. 필립스 사는 이 제품을 교육용이나 업무용으로 삼아 판매량을 늘려 보려고 안간힘을 썼지만, 당초에 기대했던 대중 소비시장의 총아가 되지 못했다는 사실을 조용히 인정할 수밖에 없었다.

어찌해서 일이 이렇게 되었는가? 문제의 핵심에는 필립스 사가 수요의 특성을 잘 이해하지 못하는 시장에 어떤 기술을 밀어넣고자 하는 데 무리가 있었기 때문이다. 필립스 사는 상품개발의 동반자인 협력기업을 화나게 만들었다. 제품의 특성도 임의로 변경하였고, 가격도 너무 높게 책정하였다. 그리고 유통 및 홍보전략도 효과를 나타내지 못하였다.

CD-I 제품은 원래 필립스 사와 소니 사간의 성공적인 제휴관계로부터 발단되었다. 필립스 사는 공학적 기술능력에, 소니 사는 소비자용 가전제품의 판매능력에 각기 뛰어났다. 양사는 기술제휴로 오디오 카셋트(audio cassette)와 디스크 플레이어(disc player)를 발매하여 성공을 거두었다. 따라서 이들 두 회사는 CD방식을 연장하는 합작사업에서도 거듭하여 쉽게 성공을 거둘 수 있다고 생각하였다. 가전제품의 선두주자 마쓰시다 전업(Matsushita Electric Industries)도 CD-I를 지원하겠다고 합의하였다.

그러나 필립스 사와 소니 사는 막상 이 일에 착수하자 특수 반도체를 사용하는 데 따르는 수백 가지의 설계사양에 대해 일일이 합의해야 하는 번거로움에 부딪히게 되었다. 당연히 일은 지연되었고, 신상품에 쓰일 소프트웨어를 개발하는 업체는 좌절감을 맛보아야 했다. 더욱이 필립스 사는 소니 사나 마쓰시다 사에게 기술상의 세밀한 내용을 공개하기를 꺼려했다. 그 결과 필립스 사는 다른 일본측 제휴업체의 협력을 받아야만 가능했고, 미국 내의 판매를 단독으로 결행할 수밖에 없었다.

필립스 사는 마케팅 경험이 부족했으므로 제품 특성과 가격을 결정함에 있어 우왕좌왕하며 실수를 범하였다. 원래 CD-I 시스템은 아동과 부모를 위한 양방향 교육기구로 개발하려던 것인데, 중간에 디지털 사진용 기구로 바뀌었고 최종적으로는 컴퓨터 게임을 좋아하는 아동용 놀이기구로 낙착되었다. 그런데 1994년에 이르러 그 비디오 게임기로의 개발 시도가 너무 늦은 것으로 판명이 났다. 그 CD-I에 장착하려는 번 사이클(Burn Cycle)이라는 공상과학 게임은 기술적으로는 대단한 성공작이었으나 필립스 사가 원하는 대대적인 판매고를 올려 주지는 못하였다.

필립스 사는 제품가격을 마케팅 부서 사람들이 주장하는 399달러로 하지 않고 799달러로 정해 놓고 양보하지 않았다. 1994년 6월에도 CD-I는 비디오 카트릿지(video cartridge)를 붙여 500달러를 넘게 받았는데, 경쟁상품인 세가 & 닌텐도(Sega and Nintendo) 사 제품의 두 배가 넘는 가격이었다. 필립스 사는 그 동안 투입된 개발비를 높은 가격을 매겨 회수하겠다는 생각이었다.

필립스 사는 제품발매 초기에 구입 소매망을 통해 미국시장에 확대 보급하겠다는 의도를 가지고 있었다. 그러한 소매체인의 하나인 남부 캘리포니아 지역의 가전제품 소매 7개 연쇄점망이 선정되었는데, 이 연쇄점 경영진들은 소비자들이 CD-I의 사용법을 익히는 데 반 시간 이상이나 걸리는 사실에 놀라지 않을 수 없었다. 필립스 사는 더 큰 판매체인에 제품을 공급하면서 사용법 설명요원을 백 명이나 고용하여 파견하였다. 필립스 사는 또한 천 개가 넘는 곳에 점포 내 전시판매대를 설치하여 소비자들이 직접 시운전해 보도록 하였는데, 개소당 설치비용은 900달러가 넘게 들었다.

각 매장의 점원들은 특별한 판매훈련을 받았음에도 CD-I보다 TV와 VCR 판매에서 더 큰 수입을 올리고 있었다. CD-I는 한 대를 파는 데 30분이나 걸렸고 전시홍보용 기기는 도난당하기 일쑤였다. 이처럼 판매가 부진하자 필립스 사는 1993년 가을 30분짜리 다큐멘터리형 상품 안내정보(infomercial)를 제작 방영하였다. 그런데 이 안내정보도 다른 것처럼 직접 주문을 받지 않고 전화 800번을 통해 가까운 소매점으로 연결하여 주문하도록 되어 있었다. 필립스 사는 이것 때문에 충동구매에 의한 수천 대의 판매기회도 잃어버리고 말았다(Trachtenberg, 1996 참조).

위에서 소개한 인공지능과 CD-I 개발사례에서 우리는 '필드 오브 드림스(Field of Dreams)'라는 영화의 주인공이 하는 방식을 상품개발에 적용했을 때 빠지게 되는 여러 가지 함정들을 발견할 수 있다. 두 가지 상품 모두에서 신제품 개발을 지지하던 사람들은 기술상의 수월성에 강한 긍지를 느꼈었다. 그들은 소비자들이 그 상품을 보는 순간 디자인의 기발함에 매료되어 앞다투어 구입할 것으로 믿고 있었다. 그러나 시판의 결과가 예상과 다르게 나타나자 그 해결방안을 찾느라 허둥거릴 수밖에 없었다. 두 상품 어느 경우에서도 소비자가 진정으로 구매를 원하는 상품이 무엇인지 알아보려 하지 않았다. 다만 제품의 기능 일부를 손질하거나 가격을 변경하면 문제가 해결될 것이라고 가정하였다. 그리고 결국에는 자금이 바닥나고 말았다.

하이테크 우량기업에게 이런 문제는 처음부터 존재하지 않는다. 그들은 앞의 두 회사들이 드러냈던 지적 오만(intellectual arrogance)은 없고 대신 지적 겸손(intellectual humility)으로 임하고 있다. 우량기업들은 열린 마음으로 고객의 수요, 기술, 경쟁상대의 행동에서 일어나는 변화를 겸허하게 받아들인다. 경영진이 취하는 식견의 차이는 제품개발 과정에서 결정적인 차이로 나타난다. 하이테크 우량기업들이 실천하는 사항들을 개관한 후, 그것에 관한 실례를 중심으로 논의해 보자.

첫째, 각 기능을 망라하는 팀을 조직한다. 하이테크 우량기업들은 기능횡단형(cross-functional) 팀을 효과적으로 운용하는 방법을 알고 있다. 또, 프로젝트가 아주 복잡한 경우에는 산하에 특정부문들을 각기 나누어 처리하는 분과조직을 적당 수만큼 둔다. 그리고 이들 모두가 하나의 목표를 향해 일체감 있게 작동되기 위해서 우량기업들은 각 분과팀을 통합하는 효과적인 제도를 운영한다.

이러한 팀은 각 사업부서의 장과 구매, 금융, 인적자원, 연구, 제조, 마케팅, 판매부서에서 선발한 책임자로 구성한다. 팀 구성원의 선발기준은 독창적 사고력, 타 직원과의 협조성, 특정산업 분야에 대한 지식과 경험, 불확실성하의 의사결정 능력 등이다. 또, 이 팀에는 외부의 자문요원을 초빙하여 사업구조 편성, 개발과정 촉진, 독자적 조사연구, 정보의 객관적 분석임무를 보강하기도 한다.

한편, 업계의 타 기업들은 횡단면적 기능조직의 개념을 익히 알고는 있지만 실천에 옮기는 예는 찾아보기 힘들다.

둘째, 프로젝트 실시계획을 편성한다. 하이테크 우량기업들은 조직의 축적되는 지식을 활용하기 위해 장기에 걸쳐 진화될 수 있는 사업계획의 틀(framework)을 짜 둔다. 이들 계획의 틀은 산업별 · 제품별로 다를 수 있겠는데, 경영진에서 여러 개 경합되고 있는 프로젝트의 예상가치를 평가하는 주요 지침으로 사용된다. 또, 이 계획의 틀은 여러 분과팀들이 상호 연계하여 협동 추진하도록 이끌어 나가는 역할도 한다. 그러므로 하이테크 우량기업들은 각 하부팀들이 단독으로 일하는 편이 협동작업보다 효과적이라는 생각으로 자꾸만 세분화하려는 움직임을 피해 나갈 수 있다.

셋째, 초기 사용자(early adopters)를 참여시킨다. 하이테크 우량기업들은 신제품 개발과정에서 시제품의 초기 사용자들과 긴밀히 연락을 취한다. 왜냐하면 대중 소비시장에서는 어느 제품이 업계의 표준이 될 것인지를 초기 사용자들이 좌우하기 때문에 그러한 시장에서의 지도적 지위를 어느 기업이 획득하는지도 이들이 좌우한다. 하이테크 우량기업들은 그 초기 사용자들이 제기하는 제품에 대한 요망사항이나 불만을 경청한다. 또, 우량기업들은 초기 사용자들이 기존 제품을 사용하는 방식을 면밀히 관찰하여 개선의 잠재적 가능성이 많은 품목의 특성에 대한 아이디어를 얻어 낸다.

업계의 타 회사들은 고객의 수요에 대해 이미 충분히 이해하였다고 가정하고 시장조사를 전혀 실시하지 않거나, 제품의 설계와 제조가 끝난 다음에야 형식적인 조사를 하는 경우가 많다.

넷째, 시제품(prototypes)을 잘 활용한다. 하이테크 우량기업들은 개발과정 초기에 시제품을 만들어 내는데, 이것을 중심으로 기능횡단적 개발팀(cross-functional team)의 작업이 일원화되고, 고객에게 무언가 반응을 보일 수 있는 대상물을 제공하게 된다. 또 우량기업에서는 이 시제품에 대한 개발팀 멤버의 의견에 따라 제품을 개량해 나간다. 이렇게 여러 차례의 검토와 수정, 의견조회와 반응의 반복을 통해 제품이 최종 완성 단계에 이르게 되면 조작상의 결함은 제거되고, 제조가 간편하고 경제적이며, 진정한 고객의 요구에 합당한 제품으로 발전하게 된다.

업계의 타 회사들은 이와는 반대로 개발담당 부서에서 제품설계가 끝날 때에 가서야 시제품을 만들어 보는 게 보통이다. 겨우 만들어진 시제품은 연구개발부가 영업부서에 '팔아넘기고(sell)' 손을 떼는 용도로 사용된다. 영업부가 이에 관심을 가지면 제조부서에 넘기는데, 십중팔구 제조효율을 높이기 위해 개발부에 재설계를 요구하게 된다.

다섯째, 초기 사용자와 대중 소비시장과의 간격을 없앤다. 하이테크 우량기업들은 개발된 신제품으로부터 충분한 수익을 거두기 위해서는 대중 소비시장을 설득하여 자기 제품을 사도록 해야 한다는 사실을 잘 알고 있다. 따라서 이들 우량기업들은 신제품을 발매한 직후, 즉 초기 사용자의 요구사항을 만족시킨 후, 즉시 그 제품을 꼭 구입하여 사용해야 하는 소비자 계층의 욕구를 충족시키는 방향으로 제품을 만들어 낸다. 만일 우량기업들이 이 수요계층을 설득하여 제압하기만 하면 그 제품은 업계 표준이 될 것이다. 이렇게 해서 업계 표준으로 대중의 인정을 얻게 된 후 우량기업은 '제품공급'에만 주력하고, 품질유지와 납기엄수를 관리하면 되는 것이다.

이 Chapter의 나머지 부분에서는 우량기업과 여타 기업을 비교하면서 제품개발의 단계별 과제를 살펴보고자 한다. 이 Chapter의 말미에는 일반기업의 CEO가 우량기업의 모범사례에서와 같이 경영관리를 수행하는 데 필요한 조치에 대해 살펴보고자 한다.

기능횡단형 개발팀의 조직

각 부서의 기능을 종합하여 제품개발 목적으로 운용하는 기능횡단형 개발팀이 주는 이익에 대해서는 이미 충분히 설명하였는데 상품화 소요시간의 단축, 비용절감, 신제품에 대한 시장의 수용도(acceptance) 제고 등이 주로 거론된다. 그동안 대부분의 우량기업들은 과거 부서간 릴레이식으로 추진되던 상품개발 과정을 횡단기능적 조직화 방식으로 전환함으로써 성공을 거둘 수 있었다. HP 사와 슈룸버거 사는 조직관리의 변용에 성공한 대표적 기업이다.

휴렛 패커드 사

HP 사가 레이저 프린터와 잉크젯 프린터 시장에서 성공하기 이전에는 엔지니어를 직능계층의 최고 상위에 놓고 대우하였다. HP 사는 많은 상품을 '직능별 접근방식(next bench approach)'에 의해 개발하였던 것이다(Dean Morton의 1996년 5월 10일자 사신에서). HP 사가 레이저 프린터 시장에 진출하였을 때는 일본의 캐논 사(Canon)가 세계 제일의 판매업체였다. HP 사의 CEO는 자사 직원 몇 사람으로 조사단을 만들어 캐논 사의 운영관계를 견학하기 위해 일본으로 파견하였는데, HP 사도 그 시장에서 성공하려면 제품개발 방식을 바꾸지 않으면 안 되리라는 점을 깨닫게 되었다. 특히 HP 사는 제조부문과 마케팅부문의 역할을 기술부문과 같은 수준으로 격상하였다. 이러한 새로운 체제에 의한 제품개발 방식은 밴쿠버(Vancouver)에 있는 생산공장에서 처음 시도되었는데, 그 성과가 너무 좋아 다른 부서의 모델이 되었다.

슈룸버거 사

세계 굴지의 석유개발 회사인 슈룸버거 사(Schlumberger)도 제품개발 과정을 위와 비슷하게 전환하여 많은 성과를 거두고 있다.

70년 전 슈룸버거 사는 와이어라인 로깅(wireline logging)이라는 사업방식을 개발하였다. 이는 전기적 탐지 시스템을 장착한 길이 10피트의 금속봉을 석유탐사를 위해 뚫어 놓은 시굴정(試堀井)에 넣어 석유, 가스, 물의 소재 위치를 정확히 찾아 내는 장치이다. 슈룸버거의 직원들은 이 탐사봉과 데이터 기록 및 분석장치에 연결된 줄을 감는 장치를 함께 트럭에 싣고 이동하였다. 시추공이 뚫리면 그 안으로 탐사봉을 내리고 10피트 간격으로 감아 올린다. 10피트마다 전류를 탐사봉에 흐르게 하고, 그 탐사봉에 붙은 감지기(sensor)가 그 둘레 지층의 전기적 반응을 기록한다. 이 반응 데이터를 분석기에 걸고 여러 가지 시험결과를 덧붙여 보면 탄화수소가 존재하는 지층의 깊이를 찾아 낼 수 있는 장치였다.

HP 사와 마찬가지로 슈룸버거 사도 엔지니어링을 지배적인 직능으로 예우하는 오랜 전통이 있었다. 그러나 석유탐사의 효율화를 원하는 고객들의 요청에 부응하여 슈룸버거 사의 경영진에서는 사내의 기업문화를 근본적으로 혁신하는 결단을 내리게 되었다. 이 결정으로 석유탐사 과정에 걸리는 시간은 종래의 절반으로 줄어들었다. 그런데 이러한 혁신의 가장 핵심적인 요소는 신상품 개발 전담부서의 창설이었다. 이 팀은 한 관리책임자 밑에 기술전문 직원과 제조전문 직원을 함께 두고, 이들 팀을 위해 특별히 건립된 새 시설에 배치되어 모두 함께 일하게 되었다(슈룸버거 부사장 빅터 그리자바(Victor Grijalva)와의 인터뷰에서, 1996년 5월 22일).

위에서 살펴본 HP, 슈룸버거 두 회사도 과거에는 릴레이 경주식 개발방식을 오랜 전통으로 여겨 왔었고, 기타의 수많은 기업에서 아직 이들을 관행으로 여기고 있다. 그런데 이 릴레이 경주식 개발방식에서는 연구개발부서에서 신기술을 개발하고 이를 상품화하여 수익을 올리려는 영업부서에 넘겨 줌으로써 역할을 다한다고 생각한다. 즉, 연구개발부에서 개발한 신상품 아이디어가 영업부의 관심을 끌게 되면 설계도와 제작요령을 영업부에 넘겨준다. 영업부서에서는 이를 제조부서와 판매부서에 넘겨 수입을 올리라고 요구한다. 그런데 판매부 직원들은 그 신제품이 고객이 원하는 상품이 아니라고 하거나 상당한 판매수입을 올리기에는 너무 늦었다(혹은 너무 이르다)고 불평을 늘어놓기 일쑤이다. 한편, 제조부서에서는 신제품의 제조비용이 너무 많이 들어간다고 하거나, 기존의 제조설비를 바꾸지 않으면 안 된다거나, 또는 필요부품을 공급받을 수 없다는 식으로 반려한다. 연구개발부에서는 이런 저런 이유 때문에 신기술을 상품화할 가치가 없다거나 혹은 전면 재설계를 해야 한다고 허둥댄다. 오늘날에도 이러한 릴레이식 개발방식을 채택하고 있는 기업은 많이 있지만, 기능횡단형 개발방식에 비해서 상품화 시간은 지체되고 개발비용도 더 높으며 시장 침투력도 훨씬 취약하다.

  기능횡단형 개발팀 방식에서는 신제품 개발에 연관된 직능을 통합·관리하려는 목적에서 출발한다. 물론 팀의 구체적인 구성 내용은 회사마다 차이가 있을 수 있지만 대부분 기술, 제조, 자금, 구매, 수송, 마케팅, 고객 서비스, 판매 등의 직능이 포함된다. 이렇게 각 부서에서 필요한 인원을 끌어모아 만든 조직에서는 각 요원간의 업무내용을 조정 관리하기가 다소 어려울 수도 있으나, 조정비용을 훨씬 웃도는 다음과 같은 획기적인 이점이 있다.

첫째, 직능간 의사소통의 원활화로 비용을 절감한다. 예컨대 릴레이식 개발방식에서는 개발부서의 설계대로 하면 제조비용이 너무 많이 든다는 문제가 있을 때 부서간에 서로 비난하고 책임을 전가하는 데 귀중한 시간과 자원을 낭비한다. 반면, 기능횡단형 개발팀에서는 모든 팀원들이 고객에게 유용하고 경쟁력 있는 상품을 창조한다는 공통목적을 향해 원활하게 협조하게 할 수 있다.

둘째, 직능간에 원활한 의사소통으로 시간을 단축한다. 예컨대 슈룸버거 사에서는 업무관할과 책임소재에 대한 부서간의 분쟁은 줄었고, 개발 소요시간도 단축되었다.

하이테크 우량기업들은 금전적·심리적 보상책을 실시함으로써 기능횡단형 개발팀의 사기를 높여 주고, 이 팀에서 일하는 것에 자부심을 갖도록 북돋아 준다. 이렇게 되면 개발팀들은 조직 전체의 능력이 조화 있게 한 곳으로 모아져 고객을 위한 가치창조에 더 크게 기여할 수 있음을 깊이 인식하게 된다.

위에서 살펴본 HP 사와 슈룸버거 사의 성공사례로부터 우리는 종래의 릴레이식 개발방식을 떠나 기능횡단형 개발팀 운영방식으로 전환하는 데 필요한 공통요소가 있음을 발견한다.

- 경영진의 지도력: 기업풍토를 혁신하고자 하는 어떠한 노력도 CEO의 지도력이 없다면 불가능하다. 또, 그 변혁을 효과적으로 추진하고 싶다면 CEO 스스로 변혁의 정당성을 주지시키고 확립하는 데 적극 관여해

야 한다. 그리고 CEO는 자기 회사가 본받아야 할 외부의 모범사례를 선택하여야 한다.

• 내부용 참고모델 제작: 어떤 근본적인 변혁도 조직 내에 강요함으로써 이루어 낼 수는 없다. 여기에는 CEO의 지도력이 절대적으로 필요하다. 즉, 조직이 새로운 프로세스하에서 어떻게 움직여 갈 것인지 본보기를 제시해 주어야 한다. 조직 구성원들은 이 본보기를 연구하여 보다 유기적이고 또 장기적으로 발전해 나갈 새 프로세스를 받아들이게 되는 것이다.

• 정합성(整合性): 기업조직은 최고경영층에서 어떤 사안을 단기적인 유형으로 보는가 아니면 근본적인 기업풍토의 변혁으로 보는가에 따라 민감하게 조정된다. 최고경영층의 관점을 나타내는 중요한 신호(a key signal)는 최초의 기능횡단형 개발팀을 만들 때 누가 솔선하여 추진하는가로 나타난다. 그리고 또 다른 신호는 그 개발팀에 참여했던 멤버의 직력(職歷, career)이 어떻게 발전되어 나가는가로 가늠한다. 구체적으로 말하면, 경영진에서 정말로 이 기능횡단형 개발팀에 진지한 의지를 가지고 있다면 이러한 팀 구성원의 성적을 평가하고 보상하는 방법 자체도 변혁되지 않으면 안 된다.

• 권한의 부여: 성공적인 기능횡단형 개발팀들은 자기들의 문제는 자기 스스로 자체해결하는 권한을 부여받았다고 믿고 있다. 이렇게 권한을 부여받은 팀들은 의사결정 과정이 매끄럽기 때문에 보다 효율적으로 일할 수 있다. 그러나 주의해야 할 것은 경영진에서 이 팀의 자기관리 능력을 진정으로 믿고 맡겨 놓아야 한다는 것이다. 또 하나 중요한 점은, 드물게나마 최고경영진이 참여하여 결정을 내려야 할 사안도 있다는 점을 명심하지 않으면 안 된다.

프로젝트 실행계획의 작성

사업계획의 작성방식은 산업별로, 그리고 기업에 따라 다르게 됨은 자연스러운 일이나 대개의 목적에는 공통점이 있다. 하이테크 우량기업에서는 독창성을 제약하지 않는 사업추진 구조를 계획에 반영하려고 한다. 또 이 계획안을 통해서 신규직원에게는 기업풍토를 가르치는 기회로 삼고, 개발팀들에게는 공통된 방향의식을 갖게 하려고 한다. 마이크로소프트 사, 질레트 사, 메르크 사 등이 사업계획을 구축하는 좋은 사례를 보여 주고 있다.

마이크로소프트 사

마이크로소프트 사는 데스크탑 컴퓨터(desktop computer)의 업계 표준을 수립함으로써 주주들에게 안정적이며 높은 수익을 보장해주는 오랜 전통을 갖고 있다. 이러한 성공의 가장 핵심적 요인은 개발 프로젝트를 계획하는 방식에 있다. 마이크로소프트 사는 활동내용 중심의(activity-based) 계획방식을 사용하는데, 비전 개발(vision development), 코딩(coding), 마케팅(marketing) 등 세 단계로 나뉘어진다. 먼저 프로그램 담당 부서장은 기술에 관한 깊은 이해와 신기술의 동향에 관한 지식을 고객의 수요에 대한 분석결과와 융합시켜 신상품에 관한 기본구상(vision)을 그려 본다.

이러한 비전은 개발 담당자에게도 전달되어 각기 작은 소그룹별 코드를 작성하는 임무를 부여한다. 이 개발팀들은 시제품을 만들어 선정된 고객들에게 시험 사용하도록 넘겨준다. 1차, 2차 시용자(試用者, testers)들은 제품의 기능과 편리성에 대한 반응을 개발팀에 전달한다.

개발팀들은 매일 밤 한 자리에 모여 각각 맡은 부분들을 '조립

(build)'이라 불리우는 과정에서 짜맞추어 본다. 이 과정에서 발견된 결함들(bugs)은 각기 담당부서에서 제거한다. 이러한 과정은 모든 결함이 사라질 때까지, 혹은 경영진에서 무료시용품으로 출하하라는 지시를 내릴 때까지 계속된다. 마지막 단계에서는 마케팅 담당자들이 이 신제품을 무역박람회에 출품하고, 본격적인 수익을 올리기 위한 전략을 수립한다 (1994년 MS 사 연감에서).

질레트 사

질레트 사가 '센서' 면도기('Sensor' shaving system)를 개발하는 과정에서 보여 준 성공사례는 집중적인 제품개발 과정(focused product development process)을 잘 나타내고 있다. 특히 이 사례에서는 강력한 외부적 세력이 사내의 각 기술부문으로 하여금 상호 협조하에 우수한 제품을 개발하는 데 얼마나 무서운 힘을 발휘하였는지 실증적으로 보여 주고 있다. 이 '센서' 면도기는 1990년부터 시판되었고 1995년까지 26억 달러의 매상고를 올렸다. 용수철이 달린 양날 면도기의 최초 시제품은 1980년대 초 영국에 있는 질레트 연구소에서 개발되었다. 그런데 이 회사가 새로운 면도기를 개발하기 위해 분연히 일어선 것은 회사를 인수하겠다는 경쟁기업의 위협이 있은 후부터였다(1993년 질레트 사 연차 보고서에서).

질레트의 과학자들은 '센서' 면도기 개발을 위해 여러 과학분야로부터 아이디어를 찾아 내기로 하고 연구내용을 계획했다. 특히 이들은 안면의 피부와 모발에 관한 생리학적 연구, 면도날의 힘과 예리함에 관련된 금속학적 연구, 면도날이 피부 위를 움직일 때의 동작에 관한 연구, 그리고 면도날이 털을 잘라 낼 때의 물리학적 특성에 관한 연구를 계획에 포함하였다. 그리고 개발팀에서는 각 분야의 연구결과가 보다 나은 면도기를 만드는 데 어떻게 상호 연결하여 활용될 수 있는지를 집중적으로 탐구하였다(질레트 사 1993년 연차보고서).

연구개발팀의 엔지니어들은 제조부서 직원들과의 협조하에 쌍날 '센서'의 면도날틀(cartridge)을 제작하는 레이저 용접기를 개발하였고, 품질검사용 주사 카메라(走査, scanning camera)를 만들어 품질을 관리함으로써 최고품질을 가진 제품을 가장 저렴한 비용으로 생산하는 대표적 기업이 된 것이다(Ingrassia, 1992 참조).

메르크 사

메르크 사는 제품개발에 관한 프로젝트를 크게 두 단계 – 발견 (discovery)과 개발(development) – 로 나누어 조직한다. 발견단계에서는 과학자들로 하여금 '순이론적 약물설계(rational drug design)'를 하도록 지시한다. 이러한 개발수법을 통해 과학자들은 관절염, 심장병, 암과 같은 주요질병이 진행되는 도중에 효소가 파괴될지도 모르는 화합물을 설계하여 실험해 본다. 또, 메르크 사는 이 발견단계에서 여러 개의 소규모 개발팀들로 하여금 동시에 서로 다른 치료방법에 대해 실험해 보도록 허용하기도 한다.

메르크 사는 '합성물 도서실(combinatorial library)'을 설치하여 수백만 가지의 합성물에 대해 신속하고 자동화된 종합적·생물학적 평가를 내릴 수 있도록 하였다. 이러한 자동화된 평가작업이 가능해짐으로써 과학자들은 종래의 '돌다리도 두드려 본다'는 방식보다 훨씬 능률적이고 유효한 합성물을 찾아낼 수 있게 되었다. 일단 과학자들이 유효 화합물을 찾아낸 후에는 안전한 약효를 낼 수 있는 약물의 설계를 위해 각 분야의 전문가들이 개발작업에 참여한다. 그리고 이들에 의해 제조처방이 만들어지면 합성관리 전문 화학자들이 능률적이며 환경친화적인 제조공정을 설계한다(1994년 메르크 사 연차보고서에서).

위에서 살펴본 마이크로소프트 사, 질레트 사, 메르크 사의 상품개발계획 작성 방법상 공통요소를 분석해 보면 다른 기업에서 참고하기에 매우 유익한 몇 가지 원칙을 발견할 수 있다.

- 공통용어 사용: 경영진에서는 신상품 개발에 관한 사항을 논의할 때 전 직원이 공통으로 사용하게 될 개념과 용어를 만들어 계획에 반영한다. 이렇게 되면 계획추진과 병행하여 목적달성에 적합한 기업문화도 창달될 수 있다. 예컨대 마이크로소프트 사가 활동내용에 기초를 둔 계획방식을 채택함으로써 회사가 '고객을 위한 가치창조' 라는 가치관을 얼마나 중시하고 있는지 전 직원들이 인식하도록 촉진하였다. 그러므로 개발 프로젝트 계획은 신입사원들이 그 조직 내에서 일을 추진해 가는 방법을 배우도록 하는 이익도 준다.

- 리스크 매니지먼트: 하이테크 우량기업들은 개발계획의 각 단계를 정의해 자금관리상의 리스크가 증가할 것으로 예상되는 시점을 미리 밝혀 놓는다. 예컨대 메르크 사에서는 개발계획의 각 단계마다 자본과 기타 자원의 본격적인 추가 투입이 요구되는 임상실험, 제조, 마케팅 활동에 대한 의사결정 포인트를 표시해 놓고 있다. 이렇게 각 추진 단계별로 소요투자에 관한 의사결정 요점을 미리 표시해 두면 경영진에서는 기술적 가능성, 제조비용, 예상수입과 같은 주요 변수에 비추어 추가 자원투입을 해도 안전한지에 대해 판단할 수 있게 된다.

개발 프로젝트 실행계획은 초기의 발견 단계에서는 공식적 의미가 비교적 약하다고 하겠다. 왜냐하면 어떤 실험의 결과가(비록 회사에 소중한 것으로 판명되었다 하더라도) 계획서상의 예상치와 다르게 나타날 수 있는 것이다. 그 프로젝트가 보다 확정된 목표를 향해 진전됨에 따라 그들을 상품화(commercialization)에 보다 가까운 상태로 추진하는 데 필요한 인적, 물적 자본이 더 많이 투입되어야만 한다. 이렇게 되면 계획은 보다 공식적인 성격을 띠게 된다.

• 계획작성의 방법은 수단일 뿐 그 자체가 목적이 될 수는 없다: 하이테크 우량기업들은 계획의 수립 및 추진에 관한 방법을 관리하는 수단으로 사용할 뿐 통제나 지배의 방편으로 사용하지는 않는다. 특히 각 프로젝트마다 똑같은 방식에 의존하지는 않으며, 사안에 따라 의미가 없는 단계는 생략하거나 필요에 따라 조정한다. 그러나 여타 기업에서는 계획작성 방법이 맹목적으로 관행과 정책을 추종하여 개별 프로젝트의 특수한 요구사항을 반영하지 못한다.

초기 사용자들의 참여

하이테크 우량기업들은 신상품의 개발과정에서 초기 사용자들(early adopters)을 참여시킨다. 초기 사용자란 신기술을 가장 먼저 채택하여 사용하는 성향이 강한 고객층을 말한다. 이들은 창의력이 매우 높고 신기술 개발자들과도 협력을 잘해서 제품의 최종적인 디자인에 적극적인 영향을 미친다. 이들 초기 사용자들은 또 대중 소비시장에서 '실용파(pragmatist)'들의 구매 의사결정에 결정적 영향을 끼친다. 왜냐하면 이들 실용파들은 어떤 공급업체가 유사제품 가운데 최고의 상품을 만들어 내는지 '초기 사용자'에게 의례 조언을 구하기 때문이다. 아래에서는 신제품의 개발과정에 초기 사용자들을 참여시킴으로써 어떠한 경제적 이익이 있는지 하트스트림 사, 슈룸버거 사, 인튜잇 사의 사례로부터 알아보기로 하자.

하트스트림 사

시애틀에 본사가 있는 하트스트림 사(Heartstream)는 심장발작을 일으킨 환자를 곧바로 소생시키기 위한 외부용 세동제거기(細動除去器; defibrillators)를 생산하는 업체인데, 이 회사의 제품은 무게가 가볍고 사용이 간편하며 비교적 값이 저렴한 것으로 정평이 있다. 이 회사 사장 앨런 레비(Alan Levy)에 의하면 제품 개발과정에 초기 사용자를 참여시킬 목적으로 공설운동장, 공항, 카지노, 유람선, 사무실과 같은 공공장소에서 심장발작을 일으킨 전력이 있는 환자들로부터 긴밀한 협력을 얻어왔다. 이 회사의 연구결과에 의하면 심장발작 직후 1분 이내에 세동제거기를 사용하면 생존율이 90%이고, 1분씩 늦어질 때마다 생존율이 7~10%씩 낮아진다고 한다. 또한 환자의 생존율이 도시에 따라 다르게 나타났는데, 이는 응급구조대(EMT)가 현장에 도착하는 시간이 다르기 때문인 것으로 알려졌다(즉, 뉴욕 시는 1%, 시애틀 시는 25~30%, 미네소타 주 로체스터 시는 50%였다).

하트스트림 사는 앞에 말한 초기 사용자들과 협력하에 조사하던 중 심장발작 환자의 생존율을 크게 높일 수 있는 가능성을 발견하였다. 하트스트림 사는 고객들이 가장 많이 신경 쓰는 제품 특성을 갖추기 위해 경쟁기업의 제품을 능가하는 신제품을 개발키로 하였다. 즉, 하트스트림 사의 포어러너(ForeRunner)라는 제품은 중량이 4파운드(약 1.8kg)이고, 사용법에 대한 교육이 거의 필요 없으며, 성능 자율 점검기능을 갖추고 있어 유지보수가 거의 필요 없고, 배터리는 1년에 한 번만 교환하는 휴대용으로 아주 편리한 제품인데 가격은 4,000~5,000달러 정도에 불과했다.

포어러너가 가진 이러한 기능들은 그 하나하나가 기존의 세동제거기에서 크게 개선된 효과를 나타냈다. 예컨대, 기존의 제품들은 사용법 교육을 많이 받아야 하고 90일마다 재교육을 받아야 하는 불편이 있었고, 배터리도 하루 세 번씩 반드시 점검해야 했으며, 중량은 15~20파운드로 휴대가 부담스럽고, 가격 또한 1만 달러나 되었다.

이제 하트스트림 사는 기존의 대기업들이 시장의 변화를 알아차리지 못하고 대응도 뒤떨어진 이 황금시장을 독차지할 준비를 하고 있다(하트스트림 사 사장 앨런 레비 씨와의 1996년 5월 15일 대담에서).

슈룸버거 사

슈룸버거-돌 연구소(Schlumberger-Doll Research)의 브라이언 크라크(Brian Clark)에 의하면, 슈룸버거 사가 신제품 로깅화일드릴링(Logging While Drilling; 굴삭 중 데이터 채집기)을 개발한 것은 어떤 초기 사용자 고객의 구체적인 요구에 부응하기 위한 것이었다고 한다. 슈룸버거 사가 고객의견을 청취, 조사하는 과정에서 석유 해저탐사를 주로 하는 고객들이 탐사비용의 과다지출에 불만을 나타내면서 이를 줄여야 한다고 강력히 요구하였다. 석유가격이 15년이나 낮은 수준에 머물러 있어 고객들의 탐사 예산은 최저수준으로 줄어 있었다.

또한 이 조사로부터 슈룸버거 사의 고객들은 정확하고 적시의 고품질 탐사시험을 원한다는 사실을 알아냈다. 슈룸버거 사의 기능횡단형 개발팀은 주로 마케팅과 기술부문의 직원으로 편성되었는데, 이들은 대부분의 원유층이 원반형 구조를 띠고 있고 두께는 10피트로 매우 얇으나 넓이는 수 마일이나 된다는 것을 알아냈다. 그런데 슈룸버거 사의 고객들은 해양탐사 시 수직정(垂直井) 여러 개를 파서 유전의 규모를 추정하는 종래 방식을 고수하고 있었다.

슈룸버거 사는 단 하나의 탐사정을 파서 유전의 경제성을 파악하는 아주 효율적인 방법을 개발하였다. 즉, 로깅화일드릴링(굴삭 중 데이터 채집기)은 굴삭기가 유전층을 따라 횡적으로 진행하면서 고객들이 원하는 시험을 마친 뒤 굴삭의 방향을 바꿀 수도 있는 기계이다. 이 제품 덕분에 슈룸버거 사의 고객 대영석유(British Petroleum; BP) 사는 영국 남부해안에 조성하려던 인공섬을 만들지 않아도 되었고, 1억 5천만 달러의 예산을 절감할 수 있었다. BP 사는 이 인공섬에서 종래의 수직탐사 기법으로 석유를 채굴할 계획을 세워 놓았었다(1996년 5월 22일자 슈룸버거-돌 연구소 브라이언 크라크와의 대담에서)

인튜잇 사

인튜잇 사(Intuit)는 소비자 상품을 취급하는 사업체의 경영형태를 빌어 성공하고 있는 소프트웨어 회사이다. 인튜잇 사는 소비자들이 소프트웨어의 구매결정을 내릴 때 판매원, 제품광고, 잡지의 상품평가 그 어느 것보다도 입에서 입으로 전해지는 말이 더 큰 힘을 가진다는 사실을 알아냈다. 그래서 이 회사는 사용자들의 요청이 있으면 이를 직접 받아들여 소프트웨어를 개량한다. 또, 이들은 소비자 편의를 위한 애프터서비스(A/S)나 고객의 반응도를 활용하는 일에 상당한 에너지를 투입하여 왔다.

운영담당 부사장인 빌 스트라우스(Bill Strauss)는 1995년판 회사안내 책자에서 다음과 같이 말하고 있다. "우리는 우리의 고객들이 인튜잇 사의 전도사(apostle)가 되어 주기를 원한다. 우리의 목표는 고객이 우리 상품에 아주 만족한 나머지 밖에 나가 여섯 명의 친구에게 우리 제품을 사라고 권유하도록 하는 것이다." 인튜잇 사는 '집에까지 따라오라(Follow Me Home)' 라는 프로그램을 실시 중인데, 이는 직원들이 신상품 퀵큰(Quicken)을 구매한 고객의 자택에까지 따라가서 그 소프트웨어를 설치해 주고 사용상 문제가 없는지를 점검해 주는 제도이다. 또, 모든 제품은 개발과정에서 반드시 베타시험(beta test)을 받도록 하고, 초보자로부터 전문가에 이르는 모든 사용자층에게 제품에 대한 사용소감을 묻게 되어 있다.

1993년 10월 인튜잇 사는 회사와 고객간의 상호교류를 강화하기 위하여 전담기구인 유용성 연구소(Usability Research Lab)를 설립하였다. 이 센터에서는 전문 연구원과 고객 대표로 구성된 토론단(panels)이 시제품 단계에서부터 제품 수명이 끝날 때까지 의견을 제시해 준다. 또한 인튜잇 사의 마케팅팀과 개발팀은 수백 통씩 들어오는 카드와 편지를 꼼꼼히 읽어 신제품 개발에 중요한 참고자료로 활용한다(1995년판 인튜잇 사 소개책자에서).

위에서 살펴본 성공사례에서와 같이 신제품 개발과정에 초기 사용자들(early adopters)을 참여시킨다는 방법은 많은 하이테크 기업에게는 간단한 것 같지만 아직은 급진적인 개념으로 인식되고 있다. 이 기법이 급진적으로 받아들여지는 이유는 신제품에 관한 훌륭한 아이디어가 모두 엔지니어나 과학자의 두뇌에서 나오는 것은 아니라는 의미를 지니고 있기 때문이다. 그러나 하이테크 우량기업인 하트스트림 사, 슈룸버거 사, 인튜잇 사가 앞의 사례에서 보여 준 것처럼 신제품 설계과정에서 초기 사용자를 참여시킴으로써 얻는 이점은 한두 가지가 아니다. 아래에서 이들을 요약, 정리해 보자.

- 고객중심주의의 확립: 신제품 개발과정의 출발부터 초기 사용자들과 함께 작업을 하면 사내의 기풍을 혁신하는 데 큰 힘을 얻게 된다. 특히 과거 시장에서 고립되어 있던 기술자는 물론 전 회사의 의식을 고객을 위한 가치창조에 집중하도록 개혁할 수 있다.

- 시장출품의 속도: 초기 사용자와의 공동작업 방법은 신제품의 기능 특성과 고객의 수요가 일치하지 않음으로써 생기는 시간낭비를 줄이고, 제품이 시판에 나가기까지의 시간을 단축해 준다. 전통적인 릴레이식 기법을 사용하는 회사에서는 개발된 시제품이 설계 당사자인 기술자에게는 멋지게 보일지 모르나 실제로 사용할 고객의 요구에는 미달하는 경우가 많고, 그렇게 되면 처음부터 재작업을 해야 하므로 상당한 시간과 자원의 낭비가 발생하는 것이다.

- 구입처 교체비용: 초기 사용자를 개발과정에 참여시키면서 하이테크 우량기업들은 영향력 있는 고객층과 좋은 관계를 구축함으로써 이들이 경쟁기업의 제품으로 바꾸기가 곤란하도록 만들어 왔다. 일반적으로 구입처 교체비용(switching cost)은 고객의 세세한 요구에 부응할 수 있도록 판매처 직원들을 재교육할 때 주로 많이 발생한다.

- 대량 소비시장과의 연결: 하이테크 우량기업들은 초기 사용자들과 강력한 협조관계를 구축함으로써 잠재고객층에게 영향을 끼치는 유력한 협조자를 얻을 수 있다. 일반 소비자들은 첨단기술 제품을 구입하려 할 때 초기 사용자들에게 의견을 물어 보는 경향이 있다. 그러므로 하이테크 우량기업들은 초기 사용자들을 활용하여 자사 제품을 업계 표준품으로 만들어 낸다. 이때 유통 시스템을 잘 준비해서 대량 소비시장의 수요

동향에 잘 맞추면 그 수익은 엄청나게 늘어나게 된다.

하이테크 산업의 리더들은 초기 사용자를 다루는 데 있어 다음과 같은 몇 가지 경영원칙을 가지고 있다.

- 열린 마음 유지하기: 개발팀에서 고객 의견의 가치를 잘 인식하지 못할 경우에는 개발 전담자들과 고객과의 토론회에서 유용한 결과를 얻기는 힘들 것이다. 그런데 하이테크 우량기업들은 고객의 의견이 제품설계에 가장 결정적인 요소라는 점을 추호의 의심 없이 믿어 왔다. 물론 고객들이 이것저것 주문해 올 때 어느 정도 가감하여 받아들이는 것은 사실이다. 우량기업들이 가장 유용한 정보를 얻는 경우는 고객들이 시제품이나 제품을 실제로 사용하는 현장을 관찰할 때이다.

- 고객에게 구체적 요구사항을 말하고 순위 매기기: 하이테크 우량기업들은 제품을 설계할 때 '품질', '성능', '서비스'와 같은 막연한 개념을 제품에 집어넣을 수 없음을 잘 안다. 기업들은 초기 사용 고객들과 협력하여 위의 추상적 개념들을 구체적으로 측정 가능한 속성으로 바꾸어야 한다. 즉, '10억 회 중 고장 횟수 2회', '초당 155메가비트의 전송속도', '신호 두 번 울려 받게 하는 전화' 등이 그 예이다. 또, 하이테크 우량기업들은 고객들이 필요에 따라 여러 가지 속성들을 가감선택(tradeoffs)하기 때문에 고객들로 하여금 각 속성의 순위를 매기도록 요구한다.

- 고객의 수요와 제품특성의 연결: 앞으로 제6장에서 논의할 것이나, 고객의 구체적인 요구사항은 고객에게 측정 가능한 가치를 제공할 수 있는 형태로 제품에 반영되어야 한다. 그리고 이러한 속성을 완벽하게 반영한 제품을 생산하기 위해 필요한 설비는 자사에서 보유하거나 또는 외부에서 이용할 수 있는 조치를 취해야 한다.

시제품의 활용

하이테크 우량기업들은 신제품 개발과정의 맨 처음 단계에서부터 설계된 제품의 시험모델인 시제품(prototype)을 활용한다. 그런데 이 경우의 시제품이란 개발과정이 진행되면서 기능과 형태가 얼마든지 바뀔 수 있음을 의미한다. 즉, 최초에는 제품설계 내용을 컴퓨터 그래픽을 써서 3차원 영상으로 나타내 보이는 방식이 될 것이나, 궁극적으로는 최종상품의 실물로 나타날 것이다. 하이테크 우량기업들은 각 단계별로 진전되는 시제품을 초기 사용 고객에게 의뢰하여 그 의견을 청취하고 이를 제품의 개량 및 수정작업시 활용함으로써 자원의 불필요한 낭비를 미리 방지하고 있다. 또, 사내의 제조부서에 있는 전문가에게도 자문을 구하여 시장수요에 알맞은 대량생산의 실행 가능성에는 문제가 없는지 확인한다.

이 Chapter의 앞부분에서 살펴본 여러 가지 사례를 통해 우리는 신상품 개발과정에서 시제품을 활용함으로써 얻을 수 있는 이점들을 확인할수 있었다. 즉, 인튜잇 사는 제품을 고객의 욕구에 적합한 형태로 적응시켜(adapt) 나가기 위해 고객과의 밀접한 연대하에 시제품을 적극 활용한다. 마이크로소프트 사는 개발 중인 상품의 부품들을 여러 번 재제작하고 이를 매일 저녁 새로운 시제품으로 만들어 검토하고 또 검토한다. HP사는 프린터를 개발하면서 여러 종류의 수많은 시제품을 만들어 놓고 엄격한 품질기준에 합당하면서 동시에 신속한 대량생산이 가능한 모델이 어떤 것인지 연구개발부서와 제조 전문가들이 여러 차례 검토하였다.

패러메트릭 테크놀로지 사(Parametric Technology)와 시놉시스 사(Synopsys)는 시제품을 통한 개발과정을 능률화·합리화할 수 있는 소프트웨어를 만들어 사용함으로써 고객·회사간의 설계에 관한 협의 순환주기에 소요되는 시간을 현저히 줄여 주고 제품원가도 크게 절감하였다. 이들의 뛰어난 영업실적과 재정의 건전성은 바로 고객을 위한 가치 창조에 크게 기여하였다는 사실을 반영하고 있는 것이다.

패러메트릭 테크놀로지 사

매사추세츠 주 윌썸에 본사가 있는 패러메트릭 테크놀로지 사는 기계제품의 개발과정을 자동화하는 데 필요한 CAD-CAM-CAE 소프트웨어를 연간 5억 달러씩 판매하는 회사이다. 여기에서 말하는 자동차는 제품의 개념적 설계단계로부터 최종제품의 제조과정 단계에 이르기까지 전 과정을 자동화한다는 뜻이다.

이 회사의 1995년 연차보고서에 따르면 자동화 부문에서 세계 제일의 기업이었다. 즉, 파이낸셜 월드지(Financial World)가 자본규모 중간 정도의 회사 중에서 과거 5년 간의 자기자본 수익률, 주당수익, 판매고 성장률을 지표로 평가해 본 결과 미국 전체 1위로 발표(rank)되었다. 더욱이 주가는 1991~1995년 중 무려 4,667% 상승하였다.

이 회사가 그토록 놀라운 성장을 이룩한 것은 아주 적극적인 판매 요원들의 힘도 있겠지만, 무엇보다 제품구성(product portfolio)에 있다. 이 회사가 생산하는 여러 제품들은 고객들의 상품화 소요시간을 단축시켜 주고 제조공정 설계를 개선해 주며, 제품의 품질을 최적화하는 데 크게 기여하고 있다(이 회사의 1995년 연차보고서에서).

휴스 에어크라프트 사(Hughes Aircraft)의 예를 살펴보면, 패러메트릭 사의 프로 엔지니어(Pro/ENGINEER)라는 제품을 사용하여 레이다(radar)와 통신 시스템 부문에서 설계주기 시간(cycle time)을 40%나 단축하였다. 이것은 공통의 데이터베이스(database)와 3차원 모형을 사용함으로써 기획부 직원, 기계설계 요원, 제조 기술자 등이 동시병행적으로 엔지니어링 업무를 추진할 수 있었기 때문이었다.

또, 대만에 본사를 둔 세계 굴지의 PC 생산업체인 에이서 사(Acer Inc.)도 프로 엔지니어를 사용하여 모형설계 시간의 20%, 시제품 개발 소요시간 25%, 금형(mold) 제작시간 15%를 각기 절감할 수 있었다. 에이서 사는 이 프로 엔지니어를 사용하여 마우스를 몇 번 클릭해서 모형을 수정할 수 있었고 기계제도, 조립 공정도, 기타 관련 문서의 모든 내용을 최종수정본과 자동적으로 맞추어 놓을 수 있었다. 이 프로 엔지니어 프로그램은 신제품 개발에 관계된 모든 요원들이 동시병행적으로 작업을 진행할 수 있게 함으로써 시간절약과 비용절감에 기여하였다(패러메트릭 테크놀로지 사 1995년 연차보고서에서).

시놉시스 사

캘리포니아 주 마운틴 뷰(Mountain View)에 본사가 있는 시놉시스 사(Synopsys)는 전자부품 설계 자동화 부문에서 세계 제일이며, 연간 매상액이 2억 6천 5백만 달러에 이른다. 이 회사 사장 아르드 고이(Aart de Geus)의 말에 따르면 이 회사의 주 성공요인은 생산성을 10배수씩 증가시키는 차세대 자동화 설계용 소프트웨어를 개발하는 데 투자함으로써 자기재생을 꾀할 수 있었기 때문이라고 하였다(1996년 8월 21일 사장과의 사신에서).

시놉시스 사의 제품 설명서에 의하면 엔지니어들은 반도체 제조업체를 위해 넷 리스트(netlists)라는 것을 작성하는데, 이것은 칩 설계(chip design)대로 실리콘을 가공하기 위해 따라야 할 사양(仕樣)을 말한다. 그런데 이 사양의 설계과정에서 일반적으로 쓰이는 레지스터 트랜스퍼 레

벨(register transfer level; RTL)의 소프트웨어를 가지고서는 그에 따라 제작된 반도체 제조장비로부터 생산된 시제품을 당초의 설계목적으로 작성된 시스템에 끼워 넣었을 때 80%는 작동이 잘 되지 않는다. 이렇게 되면 사양서(netlists)와 시제품 칩을 다시 만들어야 한다. 이와 반대로, 시놉시스 사의 동작합성(動作合成) 소프트웨어를 쓰면 칩 설계사들이 사양서를 완결짓기 전에 칩의 작동을 시뮬레이션(simulation)해 볼 수 있기 때문에 재작업에 부수되는 고비용을 절감할 수 있다.

실례를 보면, 데이터 통신의 제어용 칩인 ATM 셀 쉐듈러(cell scheduler)를 디자인하는 기술자가 시놉시스 사의 비해이비어럴 컴파일러(Behavioral Compiler) 프로그램을 사용함으로써 17천 게이트짜리 반도체의 설계시간을 2주 내지 6주나 단축하였다. 또 다른 설계사는 인터넷으로 전송되는 채색영상(color image)을 저장할 때 쓰이는 칩인 MPEG-2형 칼라 스페이스 컨버터(color space converter)를 설계하면서 역시 시놉시스 사의 소프트웨어를 써서 1억 1천 게이트의 설계시간을 2~12주 감축하였다(1996년 시놉시스 사 제품설명서에서).

위의 설명을 통해 분명해졌듯이 기업에서 시제품을 활용하면 경쟁상 유리한 위치에 설 수 있다. 특히 하이테크 우량기업들은 다음과 같은 추가의 이익도 얻어 내고 있다.

• 고객의견 수렴: 하이테크 우량기업들은 제품설계의 초기단계에서 고객의견을 수렴하는 수단으로 시제품을 사용한다. 이 단계에서 수렴된 의견은 초기 버전의 제품을 실제로 사용해 본 경험을 반영하고 있기 때문에 제품의 바람직한 기능과 특성을 구두로 묘사하는 것에 비해 훨씬 설득력이 있다. 이러한 구체적인 정보를 통해 때로는 설계의 변경이 불가

피할 경우도 있다.

- 협동심 고취: 개발팀에서 개발 도중에 있는 시제품을 공개함으로써 전원이 '공평한 입장에서(level playing field)' 일하고 있다는 느낌을 갖도록 해준다. 그러나 일반 회사에서는 각 부서가 서로 다른 설계도면을 사용하는게 보통이므로 기술부에서는 최신의 버전을, 제조부서에서는 좀더 오래된 것을 가지고 작업하고 있을 것이다. 이러한 상황이 지속되면 각 부서간에 불신이 생기거나 적어도 낡은 설계도를 가지고 있던 부서에서 최신의 설계도에 익숙해질 때까지는 작업이 지연될 수밖에 없다.

- 문제의 조기발견: 시제품을 사용하면 설계를 확정짓기 이전에 문제점을 발견해 낼 수 있다. 즉, 시제품은 거액의 자본과 기타 자원을 투입하기 이전에 문제점을 발견하고 해결하는 일종의 토론장(forum)을 제공할 것이다.

- 작업의 동시진행: 시제품을 제작해 활용하면 여러 팀들이 각기의 분담업무를 동시에 병행 추진할 수 있다. 물론 동시병행 추진에도 위험이 없는 것은 아니다. 즉, 하부 팀들이 상호간 연계조정이 부족할 경우 시스템 전체의 최적화 대신 해당부문만의 부분적 최적화(local optimization)가 되어 문제를 일으킨다. 이때 마이크로소프트 사처럼 야간 시제품(nightly prototypes)을 만들어 각 부서가 한 자리에 모여 이를 검토하도록 하면 조정에 소요되는 시간을 절약하고 팀간의 조화도 유지할 수 있을 것이다.

제품공급

제프리 무어(Geoffrey Moore)는 그의 저서 '폭풍 한가운데에서(Inside the Tornado, 1995)' 라는 책에서 지적한 바와 같이 하이테크 기업이라 하더라도 초기 사용자의 수요가 다 충족된 이후에 더 이상 시장수요가 증가하지 않고 딱 멈추는 경우를 만날 수 있다. 이 협곡을 건너서 보다 실용적인 기술제품을 구매하는 대량 소비시장에 도달하기 위해서는 그 상품을 급히 구매해야 하는 동시에 제품을 구하지 못해 쩔쩔매는 수요자 계층을 찾아내야 한다. 만일 그와 같은 부분시장의 요구를 완전히 만족시켜 줄 수만 있다면 그 수요자층은 매우 강력한 견본이 되어 대량 소비시장을 이끌고 올 것이다. 이러한 방식으로 대량 소비시장의 인기품목이 된다면 이제 그 하이테크 기업은 '폭풍의 중심' 에 위치하여 마치 제품공급의 엔진이 된 것처럼 거대한 수요의 풍랑을 향해 나아가는 일만 남게 될 것이다.

U.S.로보틱스 사(U.S. Robotics)는 최근 3Com 사를 인수할 정도로 성공하였는데, 원거리 접근용 제품(remote-access products)을 개발할 때 이 방법을 써서 큰 성과를 거두었다. 일리노이 주 스코키(Skokie)에 본부가 있는 이 회사는 원거리 접근용 제품의 세계적 리더이다. 벅(Buck)에 의하면(1996) 고속모뎀 시장에서의 시장 점유율이 1993년에 10%이던 것이 1995년에는 30%가 될 정도로 급성장하였다. 또, 이 회사는 같은 기간 중 PC카드 시장에서 시장 점유율이 60%까지 성장하였다. 1995년 매상고 9억 달러는 연평균 성장률 91%씩 자라 온 성과이며, 또 이 기간 중 업계 최고의 자기자본 수익률 28%를 동시에 달성하였다. 주가는 1991~1995년 중 1,148%나 증가하였다.

이 회사의 놀라운 성공은 설계상의 수월성과 뛰어난 제조능력에 힘입어 이루어졌다. 이 회사의 제품구조 설계는 경쟁사의 제품과는 달리 표준 프로세서(standard microprocessor)와 디지털 시그널 프로세서(digital signal processor, DSP)를 쓰고 있는데, 제품 출시기간의 단축, 전체비용의 절감은 물론 특별사양이나 개량에 용이하도록 신축적인 기준모델(platform)을 시중에 내놓게 되었다. 이러한 특성 때문에 이 회사는 산업계의 표준으로 널리 인정받게 되었다.

그런데 경쟁기업인 하이에스 사(Hayes), 마이크로컴 사(Microcom), 보카 리서치 사(Boca Research), 줌 사(Zoom) 등은 이와는 달리 AT&T 사나 로크웰 사(Rockwell)로부터 구입한 데이터 펌프용 칩셋(data pump chipsets)을 바탕으로 모뎀을 제작하였다. 한편, 이 데이터펌프는 모뎀의 주기능인 변조(modulation), 복조(demodulation), 오차수정(error correction)을 하는 부분이다. 그런데 위에 말한 US로보틱스의 경쟁사들은 모두 똑같은 데이터펌프를 쓰고 있었으므로 결국은 동일한 제품을 판매하는 셈이었고, 피나는 가격경쟁을 할 수밖에 없었다.

US로보틱스 사는 그들과는 달리 표준칩에서 실행되는 자사 전용의 특허된 프로그램 안에서 데이터펌프를 자체 제작하였다. 데이터펌프는 소프트웨어 내에서 실행되므로 업그레이드가 용이하다. 예컨대 사용자들은 업그레이드를 할 때 특수칩 이프롬(E-Proms)을 교체할 수도 있고 아니면 인터넷으로 새 소프트웨어를 다운로드 받으면 된다. 그러므로 US로보틱스 사는 제품의 특성을 추후라도 간단히 수정할 수 있다는 유리함을 이용하여 빠른 속도로 더 고급인 모뎀을, 그것도 사양이 100% 완성되지도 않은 상태에서 생산 개시할 수 있었다. 더욱이 이 회사는 AT&T 사와 로크웰 사의 생산일정이나 고가의 그 특수칩에 의존하지 않아도 되었다.

US로보틱스 사는 경쟁기업들과는 달리 독자상품을 제작했으므로 그 자신이 개발한 원료를 사용하고, 학습 곡선효과(learning curve effects)를 살렸으며, 중간 판매업자의 마진을 제거할 수 있었다. 또, 이 독자적인 생산능력 때문에 경쟁기업이 제품을 시장에 내놓기 이전에 자사 제품에 대한 거대한 시장수요를 모두 충족시킬 수 있었다. 즉, 1994년 가을 US 로보틱스 사는 경쟁기업에 앞서 V.34 스포츠터(Sportster) 쿠리어 (Courier), 월드포트(WorldPort)와 같은 일련의 신제작품 모뎀을 대량으로 시장에 출시하였다. AT&T 사나 로크웰 사(Rockwell)는 이보다 한 달 늦게 제품 판매를 시작하였다. 1995년에 이르러 인터넷과 온라인 서비스에 대한 수요가 폭발하면서 US로보틱스 사는 경쟁사를 훨씬 더 앞질러 나갈 수 있었다. 그때 경쟁사들은 칩셋의 수요를 따라갈 생산체제를 갖추지도 못하고 있었다(Buck, 1996 참조).

US로보틱스 사가 업계 표준을 정립하여 선두주자가 된 것은 자사의 뛰어난 능력을 동원하여 초기 사용자들의 욕구를 성실하게 충족시켜 주었고 초기 사용자들은 대량 소비시장의 일반 구매자에게 이 회사의 제품을 추천했기 때문이다. 이 사례는 또한 판로 개척의 여러 단계 중 '토네이도 단계(tornado phase)'에 이르면 수요증가율이 매년 50~100%씩 늘어나는데 이를 충족시켜 줄 공급설비의 확충이 아주 중요하다는 사실도 일깨워 준다.

CEO가 변혁을 선도하는 수순

어떤 기업이 이 장에서 논의된 바와 같은 성공적인 제품개발로 이익을 향수(享受)할 수 있는지의 여부는 두 가지 요인에 달려 있다. 첫째는 기업 자신이 시행하고 있는 제품개발 과정을 하이테크 우량기업의 그것과 반드시 비교해 보아야 한다. 둘째, 그 기업의 CEO가 경영방법의 혁신을 솔선하여 주도해 나가려는 의지가 있는지를 판단해 보아야 한다. 만일 해당 기업이 하이테크 우량기업과 비교하여 개선의 여지가 많다면, 그리고 CEO가 경영혁신을 주도해 가려는 의지가 굳건하다면 다음의 전략적 행동요령이 도움을 줄 것이다.

• 시범조직을 선정한다: HP 사는 새로운 제품개발 방식을 사전에 시험해 보기 위해 벤쿠버 사업부(Vancouver division)를 선정하여 시행해 보기로 하였다. 이 사업부는 부서가 계속 존속하는가 아니면 해체하는가를 조건으로 걸고 프린터 개발에 반드시 성공해야만 했는데, 이러한 절박한 상황에 강한 자극을 받아 고객에게 높은 가치를 창조하는 제품개발 방식의 도입에 성공하였던 것이다. 이와 동시에 개발팀 전원은 경영 수뇌부에서 적극적인 지원과 비상한 관심으로 지켜보고 있다는 것을 잘 인식함으로써 기술, 제조, 마케팅부서간에 긴밀한 협조와 참신한 사업 수행 방식을 실천함으로써 새로이 설립된 부서 못지않은 당당한 사업부서로 거듭 태어났던 것이다.

• 경쟁상대 기업을 철저히 분석한다: HP 사는 그들이 진정으로 존경할 수 있는 우수한 경쟁기업을 찾아내 철저히 분석해 봄으로써 변혁할 수 있었다. 즉, HP 사는 세계적인 프린터 제작업체인 캐논 사를 철저히 연구함으로써 변혁의 과제를 도출해 낼 수 있었다. 일반적으로 말해서 근본적인 기업경영의 변혁은 자기 기업을 전략적인 관점에서 관찰하는 것에서부터 시작된다. 즉, 자기 회사가 그 산업계에서 고객, 경쟁상대 기업 그리고 기술 측면에서 어떠한 위치에 놓여 있는지 객관적으로 검토해야 한다.

• 성공에 대한 응분의 보상을 실시한다: 시범조직의 구성원에 대해 경영진에서 어떻게 처우하는지 회사 직원 모두가 관심 있게 바라보고 있기 때문

에 시범조직에 어떠한 성과가 있을 경우 팀 구성원에게 가시적인 보상을 해주어야 하며, 그 팀의 성공사례가 회사의 '성공신화(success mythology)'에 반드시 포함되어야 한다.

- 변혁의 기운이 유기적으로 확산되도록 조장한다: HP 사에서는 벤쿠버 사업부가 성공하는 것을 보고 타 부서에서도 그 수법을 모방하기 시작하였다. 이때 회사는 새로운 경영혁신이 회사 전체에 파급된다고 판단하여 평가와 보수체계를 새로운 경영관행에 맞추어 변혁하였다.

······

Chapter 6에서는 하이테크 우량기업들이 자사의 신개발 제품이 고객을 위한 가치창조의 목적에 기여할 수 있도록 하기 위해 그들의 경영활동의 순서를 어떻게 정하는지 살펴보고, 아울러 '가치의 삼각형(value triangle)'이라는 이론 모형을 설명하고자 한다.

경계 없는 제품개발 Ⅱ
(고객을 위한 가치창조)

The Technology Leaders

하이테크 기업의 성공 핵심은 고객을 위해 보다 우월한 가치를 창조하는 제품개발에서 남다른 경쟁력을 갖추는 데 있다. 또, 이와는 반대로 많은 하이테크 기업들이 실패하는 이유도 기술에만 너무 많은 시간을 소모한 나머지 고객이 구매를 희망하는 제품을 만들어 내지 못하기 때문이다.

그런데 이러한 사실을 인정하는 것은 어떤 첨단기술 기업의 중역들에게는 위신에 손상을 끼치는 것으로 받아들여진다. 예를 들어, 뉴욕타임스 지(New York Times; 1995 Markoff) 기사에 의하면 1995년 말 빌 게이츠가 컴퓨터 그래픽 연구계의 선구자들을 한 자리에 초대하여 협력체를 만들려 하였는데, 제록스 PARC에서 선발된 앤드류 글라스너(Andrew Glassner), 영화 '토이 스토리(Toy Story)'로 유명한 픽서 사(Pixar)의 창업주 앨비 스미스(Alvy Ray Smith), NASA의 젯트추진연구소에서 온 짐 블린(Jim Blinn), 그리고 캘리포니아 공과대학에서 온 짐 카지야(Jim Kajiya) 등 쟁쟁한 인물들이 참석하였다. 그런데 마이크로소프트 사가 이 분야의 연구에 많은 투자를 하고 있다는 소식에 대해 경쟁 기업인 디지털 이큅먼트 사(Digital Equipment)의 연구담당 이사는 코웃음을 쳤다. 마이크로소프트 사는 진정한 의미의 연구가 아닌 제품개발에 투자하는 것인데 이를 MS 사의 연구소에서 주관하는 것이 우습다는 것이다. 그는 마치 진정한 연구란 실용적 이용가치가 없어야 하는 것이라는 암시를 주고 있는 듯하였다. 이와 반대로 벤처 자본가들은 제품개발에 대해 이러한 식으로 배척하는 것에 동조하지 않는다. 실리콘 밸리에서 손꼽는 벤처 캐피탈 회사인 KPCB 사의 파트너였던 캐빈 콤튼 씨(Kevin Compton)는 KPCB 사가 자금지원을 요청하는 벤처기업의 사업계획을 검토한 후 반려되는 것들의 95%는 시장중시보다는 기술중시에 편향되어 있기 때문이었다고 지적하였다. 또, KPCB 사의 다른 파트너인 존 두어(John Doerr) 씨도 1년에 2,000여 건의 사업계획서를 검토해서 그중 약 10%인 200건만을 신중하게 고려하고 그중에서 약 20~25건만이 실제로 자금지원을 받는다고 하였다(Peltz, 1996년 참조).

케이블 비디오(Video-on-demand)와 쌍방향 TV(interactive TV)에 관해 최근에 일어난 일련의 상황을 보면 어떤 제품의 판로를 찾아나설 때 그에 관련된 기술에 실제로 어느 정도의 자금과 노력이 투입될 수 있는지를 알아볼 수 있다. 월스트리트저널 지의 기사(Cauley, 1996)를 보면 1994년 초 많은 지방 케이블 TV 회사, 통신회사들이 앞으로 엄청난 수요가 폭발할 것으로 보이는 케이블 비디오 시장을 선점하기 위하여 잇따라 전략적 제휴를 하겠다고 발표하였다. 여기에 또한 쌍방향 TV의 시험방송에 관한 사례들이 전 미국 각지에서 화려하게 소개되었다.

이렇게 요란한 홍보의 배후에는 케이블 TV 회사들이 케이블 비디오 사업을 지방 근거리 전화시장에 발디딜 근거로 사용하지 않을까 하는 의구심에서 벨(Bell) 전화회사의 자회사들(Baby Bells)이 제휴를 주도한 원인이 있었다. 즉, 그들이 이러한 전략적 제휴를 적극 주도한 이유는 케이블 TV 회사들이 자기들의 지방전화 고객을 빼앗아 가지 못하도록 하려는 의도에서 비롯되었다.

1996년 12월까지 약 3년 정도가 지났지만 이들 제휴사업 중 어느 하나도 유망한 결과가 나오지 않았다. 같은 달 벨 애틀랜틱 사(Bell Atlantic), 나이넥스 사(Nynex), 피씨픽 텔레시스 그룹(Pacific Telesis Group)들은 텔레티비 사(Tele-TV)를 폐쇄하는 수속을 밟기 시작하였다. 이들 회사들이 2년이 넘도록 이 쌍방향 TV에 투입한 돈은 50만 달러가 넘는 것으로 추산되었다. 이들은 왜 이 사업에서 철수하였는가? 기술적 장애, 비용상승, 시장상황의 변화, 이 모두가 그 결단의 원인이 되었다.

당초 전략적 제휴에 관한 계약체결이 발표되었을 때 각 출자기업은 늘 향후의 정보 고속도로(Information Highway)가 '광케이블에 의한 TV방송(fiber-optic TV systems)'이 될 것이라는 생각을 했었다. 그런데 2년이 지난 후 그 정보 고속도로는 인터넷이라는 사실이 확실하게 판명되었다. 그리고 광케이블 TV시스템은 당초 생각했던 것보다 훨씬 많은 비용이 든다는 사실도 드러났다(당초 세 회사는 각기 1억 달러씩 투자하기로 계획했었다). 그러는 중에 의회에서는 벨의 자회사들이 700억 달러에 이르는 장거리전화 사업에 참여할 수 있는 법안을 통과시켰다. 따라서 이들 세 자회사들은 시원치 않은 지역케이블 사업에서 철수하고 대신 장거리전화 시장에서 한 부분을 점유하는 것이 보다 유리하다고 판단하였던 것이다.

1995년 유니시스 사(Unisys)가 실시한 기업 및 주민을 대상으로 한 조사에서 밝힌 바에 의하면 쌍방향 TV에는 또 다른 문제가 있었는데, 그것은 '고객들은 그것을 원하지 않았다' 라는 것이었다("Survey:....," 1995 에서 인용). 그 조사에서 분명히 밝혀진 사실은 주민들의 압도적 다수가 원하는 것은 전화 서비스만이라도 정확하게 작동되는 것이었다. 즉, 대다수의 주민들은 정확한 전화요금 통지서, 고장 없는 통화, 전화 한 통화로 문제를 해결해 주는 서비스, 그리고 속임수 예방조치 등을 원한다고 응답하였다. 이에 반해 조사 대상자의 16%만이 케이블 비디오가 중요하다고 응답하였다. 이들 통신회사들이 신기술이라고 하여 미국시장에 도입한 비디오텍스(videotex) – 가판대에 설치한 소비자정보 서비스 – 도 같은 운명을 맞았다. 한마디로 기술주도형 상품이나 서비스는 한푼의 수익도 올리지 못하면서 엄청난 자본을 소모해 버리기 일쑤이다.

가치의 삼각형

이 장에서는 하이테크 우량기업들이 이와 같은 함정에 빠지지 않고 성공한 비결을 소개하는 것이 주목적이다. 즉, 그들은 <그림 6.1>에서 보는 '가치의 삼각형(value triangle)' 의 세 정점을 연결하는 방법을 사용한다. 가치의 삼각형에서 첫번째 꼭짓점은 목표로 하는 소비자 집단의

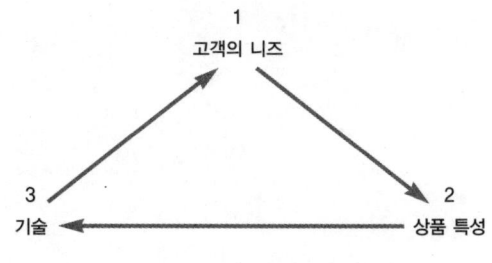

〈그림 6.1〉 가치의 삼각형(시계 방향)

니즈를 구체적인 숫자로 순위를 매겨 분석한 내용이다. 두 번째 꼭짓점은 그 기업에서 개발하려는 상품의 특성이며, 세 번째 꼭짓점은 기업의 기술 및 기타 능력을 의미한다.

가치의 삼각형에서 중요한 것은 하이테크 우량기업들이 각 정점을 연결하여 사용하는 순서에 있다. 즉, 이들 우량기업들은 <그림 6.1>에서와 같이 시계바늘이 도는 방향으로 가치의 삼각형을 그려 간다. 첫째, 우량기업들은 목표로 하는 고객들의 의견을 듣고 그들의 니즈를 이해한다. 다음 이러한 소비자의 니즈를 '경쟁제품보다 더 적절히' 충족시키기 위한 상품의 특성을 결정함으로써 삼각형의 첫번째 꼭짓점과 두 번째 꼭짓점을 연결한다. 그리고 마지막에는 그 '우수제품'을 실현시키는 데 필요한 기술이나 기타 능력을 개발하거나 주선하는 제3의 꼭짓점을 갖추어 제2의 꼭짓점과 연결한다. 이렇게 되면 제품의 특성이 고객의 니즈를 충족시키는 데 있어 경쟁사의 제품을 질적으로 능가하고, 또 기술도 이 특성을 구현해 주고 있으므로 결국 기술이 고객의 니즈를 충족시켜 주는 것이 된다.

우량기업이 아닌 타 기업들은 이와는 달리 삼각형의 세 꼭짓점을 <그림 6.2>에서와 같이 시계 반대 방향으로 연결해 간다.

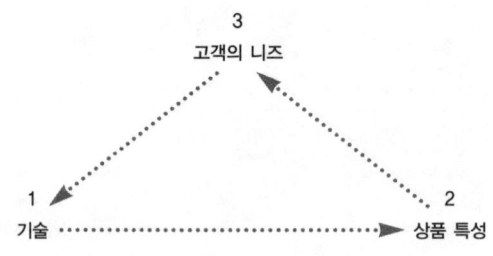

〈그림 6.2〉 가치의 삼각형(시계 반대 방향)

첫째, 엔지니어와 과학자들이 먼저 나서서 그들에게 흥미가 있는 기술을 가지고 서투르게 주물럭거린다(좌하방 세 번째 꼭짓점). 다음으로 기술자들이 자기들 생각에 좋은 상품이 되리라는 기술을 가지고 시제품을 만들어 내는 것으로 두 번째 꼭짓점(우하방)을 정하고 기술의 꼭짓점과 느슨하게 연결한다. 그리고는 그 시제품에 대해 흥미를 가지는 고객이 없는지를 조사해 주는 영업부서를 찾아 나서는 것으로 고객의 니즈를 파악하였다고 생각하고(상방의 꼭짓점) 우하방의 제품 특성 꼭짓점과 적당히 연결한다.

이러한 순서로는 대개 실질적인 업무가 추진되지 않는다. 아주 특수하게 작동되는 경우가 있지만, 이것은 우연히도 그 기술이 고객의 수요에 경쟁제품보다 더 잘 맞았다는 경우이다. <그림 6.2>에서 세 정점의 위치는 <그림 6.1>과 비교해 그대로이지만 순서의 번호가 바뀌었고 점선으로 연결된 것은 이런 방식이 성공하기 어렵다는 것을 의미한다. 즉, 가치의 삼각형을 시계 방향으로 연결하면 그 기업은 성공하고, 시계 반대 방향으로 연결하면 실패한다.

우리가 앞에서 살펴본 텔레TV(Tele-TV)의 사례는 시계 반대 방향으로 연결하는 방법의 한 변형이라고 볼 수 있다. 벨 자회사들은 케이블 회사에게 고객을 빼앗기지 않을까 두려워했다. 그들은 케이블 회사들이 시도하고 있는 것, 즉 전화통화를 취급하기 위한 네트워크의 강화(upgrade) 노력에 마음을 빼앗겼다. 그리고는 그들이 '생각하기에' 고객을 위해 더 좋은 서비스 - 즉, 전화로 요청하면 즉시 영화 비디오를 틀어 주는 서비스 - 를 위한 기술과 설비에 투자하였던 것이다.

벨 자회사들은 두 번째 꼭짓점, 즉 경쟁제품을 이길 상품 특성을 먼저 연구했다. 그리고는 세 번째 꼭짓점인 기술·설비능력으로 옮겨 갔는데,

이때 첫번째 꼭짓점인 고객의 니즈에 대해서는 건드려 보지도 않았던 것이다. 소비자들이 무엇을 원하는가를 회사가 잘 알고 있다고 하는 자만심이야말로 시장에서의 성공에 최대 장애물이다. 그러면 기업이 가치의 삼각형을 시계 방향으로 그려 가면 어떠한 일이 일어나는지 살펴보기로 하자.

EMC 사는 연 매출액이 20억 달러나 되는 하이테크 우량기업의 하나이다. 1990~1995년 중 연평균 자기자본 수익률은 업계 최고인 41%였으며, 또 같은 기간 중 주가 상승폭이 1,165%나 되었다.

EMC 사는 정보기억 및 검색장치 시장에서 IBM 사에 도전하여 승리하였다. 1990년 당시 IBM 사의 시장 점유율은 75%이었고, EMC 사는 이 분야에 진출하기 전이었다. 1995년에 이르러서 EMC 사는 IBM은 물론 타 기업 모두를 제치고 업계 제1위가 되었다(DePompa, 1995년 참조).

EMC 사는 1980년대 초반 미니컴퓨터에 들어가는 부품인 기억장치 보드(board)의 판매업체로 출발하였다. 1988년 EMC 사는 마이크 룻거스(Mike Ruettgers)를 업무 및 고객 서비스 담당 부사장으로 채용하였고, 다음해 사장 겸 최고집행책임자로 승진시켰다.

EMC 사가 참으로 극적이라 할 만한 고속성장을 하게 된 것은 세 가지의 결정적인 통찰(insights) 덕분이었다. 첫째, EMC는 대형 범용기(mainframe)의 기억장치를 구입하는 측에서는 보다 저렴하고 처리속도가 빠르며, 성능이 믿을 만한 새로운 시스템을 원하고 있다는 것을 알아냈다. 둘째, 당시 업계의 선두주자인 IBM 사는 내부갈등이 심하여 이러한 고객의 요구에 부응하기 어렵다는 것을 알아냈다. 특히 범용기라도 소형에 속하는 값싼 기종의 고객들은 IBM이 거들떠보지도 않는다는 것도 알아냈다. 따라서 EMC는 업계진출 후 첫 번째의 성공을 이 고객층을 목표로 얻어낼 계획이었다. 셋째, 초기의 제품으로 어느 정도 성공을 거둔 후 EMC 사는 고객의 예상을 뛰어넘는 참신한 상품을 과감하게 개발하였다.

EMC 사가 이 업계에 진출한 후 고객이 원하는 것을 충족시켜 주었다는 증거는 한두 가지가 아니다. 즉, IBM 사 대형 범용기 정보교환협회 (IBEX)가 530개의 설치소를 대상으로 매년 개별조사한 바에 의하면 EMC는 품질, 애프터서비스, 비용대 효과를 기준으로 여타의 하드웨어 공급업체 모두를 앞질러 1993, 1995, 1996년 연속으로 업계 1위에 올랐었다(EMC 사보 1996년 5월호에서). 즉, EMC 사는 휴렛 패커드 사(HP), AT&T/NCR 사, 히타치 데이터시스템(Hitachi Data Systems), 스토리지 테크놀로지(Storage Technology), 암다알(Amdahl) 등 업계의 실력자들을 모두 앞지른 것이다.

이제 EMC 사가 고객사의 하나인 IMS아메리카 사를 보다 효과적으로 경쟁하도록 도와준 방법을 살펴보기로 하자. IMS아메리카 사는 제약회사들을 위한 판매보고서를 작성하는 것이 주업무인 회사이다. IMS아메리카 사가 성장하려면 그 고객인 제약회사들이 경쟁력을 높일 수 있도록 뒷받침해 주어야 했다. 이를 위해 IMS 사는 고객들이 보다 편리하게 유용한 정보를 얻을 수 있도록 보고서 양식을 고안해 냈는데 판매 경로별, 지역별, 각 시장 분야별로 해석할 수 있는 편집체제로 만들어 냈다. EMC 사는 자사의 제품 안내서에서 공개적으로 소개하고 있듯이 IMS 사가 이전의 처리장비를 사용할 때에 비해 EMC 사의 장비를 사용함으로써 자료작성 시간의 25~50%를 절감할 수 있었다. 더욱이 EMC 사의 장비는 매월 경험하는 고장시간을 현저히 줄여 주었다.

EMC 사는 또 IBM 사가 이러한 경쟁에 대응할 방법을 강구하는 데 매우 큰 어려움을 겪고 있음을 알았다. IBM 사는 각기 상이한 시스템을 조립하여 범용기 시스템을 설계하였는데, IBM 그룹의 여러 부서들이 상호간 자원을 쟁탈하는 상황이었으므로 IBM 사가 신제품을 개발하는 데는 오랜 시간이 필요하였다. 예컨대 1995년 IBM 사는 이전에 세웠던 제품개량 계획을 취소한다고 발표하였다. IBM 사는 EMC 사를 따라잡기 위해 3990모델 6콘트롤러의 RAID용량을 증강시킬 계획이었다. IBM 사의 발표로는 이 계획이 취소된 이유는 '예산상의 제약과 성능상의 문제' 때문이었다고 한다. 이와 같은 계획의 변경으로 인하여 IBM 사 제품을 쓰는 고객들은 기억용량의 증대를 위해 드라이브를 추가하는 대신 이보다 훨씬 비용이 많이 드는 콘트롤러를 증설해야 하는 입장에 빠지고 말았다(Steadman, 1995년 참조).

대형기억용량장치를 사용하는 고객들의 요구를 넉넉히 충족시켜 주기 위하여 EMC 사는 MOSAIC:2000이라는 단일구성 제품을 개발해 냈는데, 이 덕분에 EMC가 목표로 하는 수요계층인 대형, 중형, 오픈 시스템의 고객들에게 경쟁기업에 앞서 진보된 기술상품을 제공할 수 있었다. EMC의 대부분 제품군을 설계하는 각 부서에서는 MOSAIC:2000을 모든 제품에 걸쳐 기본 체제로 공용하고 있다. 따라서 한 설계부서에서 일어나는 제품혁신은 곧바로 다른 설계부서에 전파된다. 또한 새로운 시장을 개척하였을 때 기억용량의 관리문제에 관한 혁신적 해법(innovative solutions)을 곧 개발해 낼 수 있는 공통의 기반을 가지게 된다. 마지막으로, EMC 사는 자사가 오랜 시일 조금씩 축적해 온 소프트웨어에서의 경쟁력을 성큼 뛰어넘는 하드웨어를 경쟁사에서 개발한다는 것은 지극히 어렵다는 사실을 알게 되었다(EMC 1994년 연차보고서에서).

EMC 사는 가치의 삼각형을 시계 방향으로 그려 냄으로써 이러한 성공을 거두었다. 첫째, EMC 사는 고객이 무엇을 원하는지 이해하였다. 둘째, IBM 사를 이기려면 어떠한 제품의 특성을 갖춰야 할 것인지 연구하였다. 셋째, 이러한 우수제품을 실제로 생산해 내기 위한 기술력을 구축해 냈다. MOSAIC:2000 기종의 생산기술로 EMC 사는 보다 빠르고 신뢰할 수 있는 데이터 처리장치를 보다 저렴한 가격으로 고객에게 제공할 수 있게 되었다. IBM 사는 내부의 경쟁에 얽혀 시장에서는 경쟁 한번 해보지 못하고 뒷전으로 밀려났다. EMC 사는 5년 만에 업계의 꼴찌에서 제1위로 치솟아 올라섰다.

그러면 이제부터는 가치의 삼각형 각 꼭짓점을 차례로 살펴보고 이를 시계 방향으로 연결해 가는 과정을 탐구해 보기로 하자.

고객의 니즈 이해하기

고객의 니즈(needs)를 이해한다는 것은 하이테크 기업에게는 매우 껄끄러운 과제였다. 전형적인 하이테크 기업에서는 엔지니어와 과학자들이 제품개발을 주로 담당한다. 그들이 다양한 학문분야에서 각기 훈련을 받을 때에는 오직 자기 분야에서 과학적 진리를 발전시키는 것으로서 보상을 받아 왔다. 그들이 진실로 믿는 것은, 고객들은 제품이 어떠한 성능을 가져야 하는가를 결정할 수 없다는 것 바로 그 점이다.

하이테크 우량기업의 놀라운 업적 가운데 하나는 엔지니어들로 하여금 고객의 의견을 경청하게 하는 방법을 알아냈다는 것이다. 그리고 더 놀라운 것은 엔지니어들이 고객의 의견을 듣고 그 고객들의 니즈에 합당한 제품을 만들어 냈다는 점일 것이다. 앞 Chapter에서는 HP 사나 슈룸버거 사 같은 우량기업들이 어떻게 하여 자기 조직에 실제로 변혁을 일으키고 고객으로부터 주어지는 정보에 제대로 부응할 수 있었는지 살펴보았다. 이 Chapter에서도 마이크로소프트 사가 이러한 과제를 어떻게 수행해 왔는지 살펴보기로 한다.

하이테크 우량기업들은 고객의 일반적인 요구를 구체적이고 측정 가능한 요건으로 전환하여 이용하는 데 매우 능하다. 예컨대 1995년 기준 연 매출액 14억 달러인 IFF(인터내셔널 프레이버스 앤 프레이그런스) 사는 향신료를 개발, 판매하는 회사인데 이러한 업무에 아주 능숙하다. IFF 사는 사회적·인구 동태적 경향을 광범위하게 조사, 연구하여 이러한 추세가 자사의 제품에 어떠한 영향을 주는지 예측한다. IFF 사는 또 이러한 연구결과로부터 구체적이고 측정 가능한 소비자 요구사항을 읽어 내는 데 매우 능하다. 더욱이 IFF 사는 그러한 소비자의 요구에 부응할 수 있는 제품을 자사만의 독특한 방법으로 개발·생산해 내고 있다.

예컨대 이 회사의 1995년 연차보고서에 의하면, 이 회사가 생산하는 향신료에 대한 수요는 소비자들이 건강, 편리함, 생활양식에 대해 얼마만큼 중점을 두는가에 따라 좌우된다는 사실을 알아냈다. 이러한 소비자의 추세에 따라서 IFF 사의 고객 – 즉, 식품·음료 제조업체 – 들은 건강을 중시하는 방향으로 제품 특성을 재조정하였다. 이러한 과정에서 저지방류의 신제품은 연간 약 600종에서 1,400여 종으로 증가하였다. 또, IFF는 소비자에 관한 조사연구에서 지방·설탕·열량·염분을 제거함으로써 잃게 되는 식품음료의 맛을 건강한 방법으로 되살리고 싶어한다는 것을 알아냈다. IFF 사는 이러한 요구에 부응하기 위하여 리빙 플레이버스(Living Flavors)를 개발하였는데, 이 제품은 건강문제에 민감한 소비자들이 잘 익은 과일, 채소, 허브(herb)의 맛을 부담없이 즐길 수 있게 하였다.

IFF 사의 향신료 사업부에서는 향료와 그것이 유발하는 감성적 효과를 연관시킨 '무드 맵핑(Mood Mapping)'이라는 독자적인 방법을 개발하였다. IFF 사는 이것을 개발하기 위해 15년 간의 연구노력을 투자하였는데, 여기에서는 기분을 증진시키는 향신료들이 일으키는 감정적 효과 – 흥분에서 이완에 이르기까지의 감정변화 – 를 측정하는 시스템이 수립되었다.

IFF 사는 실험대 앞에 앉은 소비자가 회사에서 개발한 향료 시제품에 대해 어떠한 기분을 느끼는지 그 대답을 10년 이상 데이터베이스로 축적하고 분석해 내었다.

이러한 IFF의 사례는 고객의 요구내용을 측정하는 데 있어 적용할 만한 주요원칙을 제시해 주고 있다.

첫째, 고객에게 영향을 주고 있는 시장의 개략적인 추세를 분석하는 데서부터 시작한다. IFF 사, 패러메트릭 테크놀로지 사, 시놉시스 사, EMC 사 그리고 여타의 대다수 우량기업들은 그들의 고객에게 영향을 끼치는 개략적인 추세를 심도 있게 이해하고 이로부터 얻은 통찰의 내용을 신제품의 비전으로 발전시킨다.

둘째, 관찰된 추세로부터 보다 구체적인 고객의 수요를 찾아낸다. IFF 사는 고객들의 건강에 대한 관심이 높아짐에 따라 자사의 신제품에서 지방, 설탕, 열량, 염분을 제거하였지만 그와 동시에 잃어버린 맛을 되살려 줄 수 있는 어떤 대안을 요구하고 있다는 것을 알았다. EMC 사는 자사의 고객들이 데이터에 신속히 접근하도록 하여 높은 신뢰감을 얻었으며, 고객이 원하는 서비스를 개선하여 비용을 절감하였다.

셋째, 시제품에 대한 고객의 구체적인 반응을 측정한다. IFF가 개발한 향료의 시제품에 대해 소비자 반응을 조사하여 수집된 데이터베이스에서 IFF의 과학자들은 고객의 구체적인 요구사항을 알아낼 수 있었다. 이러한 정보는 목표로 하는 기분(mood)에 딱 들어맞도록 향료를 조정하는 데 사용된다. 나아가 소비자 제품을 생산하는 기업의 원료납품 경쟁입찰에서도 이 자료는 유용하게 쓰여진다.

마이크로소프트 사도 워드프로세서를 개발할 때 소비자들이 문자 키를 조작하는 방법을 연구한 바 있다. 이 기록에 의하면 오자를 수정하기 위해 백스페이스(backspace) 키를 자주 사용한다는 것을 알아냈다. 또, 고객들과의 의견조사에서 기존의 철자 확인장치(spelling checker)가 너무 느리다는 것도 알아냈다. 이러한 소비자의 반응에 대해 마이크로소프트 사는 자동오류 수정장치를 개발했는데, 이 장치는 실제로 'the' 같은 단어가 잘못 타이프되었을 때 바로 고쳐 주었다.

넷째, 고객의 요구사항간 취사선택 가능성(tradeoff)을 파악해 둔다. 신제품 개발과정에서 고객의 구체적 요구사항들을 파악한 후 이들의 순위를 매겨 놓으면 추후 이들 모두를 반영할 수 없을 때 어느 것을 반영하고 어느 것을 버릴 것인지 선택하는 데 도움이 된다. 하이테크 우량기업에서도 제품 설계시 개발기간과 가격 사이에서 취사선택이 자주 일어난다. 하이테크 산업이 아님에도 이러한 고객요구의 반영에 있어 취사선택을 잘 이해하여 성공한 사례가 있는데, 패더럴 익스프레스 사(Federal Express)는 어떤 고객들이 배달보증부 속달우편에 부가요금을 기꺼이 지불하려 한다는 사실을 발견했다.

제품 특성의 선택

하이테크 우량기업과 다른 기업들간에는 제품 특성을 선정할 때 그 방법상

현격한 차이를 보인다. 하이테크 기업들은 물론 자사의 제품이 경쟁제품보다 고객에게 더 많은 가치를 주는 방향으로 제품 특성을 선정한다. 예컨대 EMC 사가 1992년 시메트릭스(Symmetrix) 4800을 발매했을 때 이전의 구모델에 비해 용량은 67% 늘리고 가격은 15% 절하하였다.

업계의 일반기업들은 이와는 반대로 기술자가 흥미를 갖는 특성을 선택한다. 예컨대 GO 사는 컴퓨터의 키보드가 아니라 펜으로 자료를 입력하고 손바닥에 올려놓고 사용할 수 있는 컴퓨터를 개발하겠다는 기술자가 설립한 회사이다. 그는 벤처자금을 7천 5백만 달러나 모금하여 수백 명의 직원을 데리고 6년이 넘게 개발에 전력투구하였는데, 결국 이 회사는 AT&T 사에 팔려 끝내 폐업하고 말았다.

왜 이런 일이 일어났는가? 열성적인 벤처 자본가들이 고객도 없는 GO 사를 존속하도록 허용했기 때문이다. GO 사는 손에 들고 펜으로 입력하는 컴퓨터를 보험사의 손해사정인을 목표고객으로 삼고 스테이트 팜 사(State Farm) 사와 계약체결에 전력하였지만 아무 성과 없이 몇 년을 허비하고 말았다. 즉, GO 사는 목표고객을 잘못 선택했던 것이다. 그리고 합당한 고객도 없이 너무 오래 존속되도록 버려져 있었다(Kaplan, 1994 참조).

우리는 앞의 Chapter 5에서 하트스트림 사의 외부용 세동제거기 포어러너(ForeRunner)가 지녔던 강력한 제품 특성을 살펴보았다. 어떻게 해서 하트스트림 사는 제품을 설계할 때 그러한 특성에 중점을 두기로 결정하였는가? 또, 어떠한 기술로서 이러한 상품 특성을 실현해 낼 수 있었는가?

하트스트림 사의 설립 취지서를 보면 포어러너를 개발할 때 고객조사 자료를 참고로 하여 다음 다섯 가지 특성에 초점을 맞추기로 하였다. 즉,

크기와 무게, 내구성, 유지보수의 필요성, 사용 편리성 그리고 비용 등이 있었다. 특히 하트스트림 사의 기술진은 제품의 구체적 특성을 설계하면서 다음 몇 가지에 주안점을 두었다.

• 소형·경량의 특성: 포어러너의 무게는 기존의 타사 제품에 비해 절반도 안 되는 4파운드이고, 크기는 하드커버(hardcover)의 요리책 정도였다.

• 보수가 필요 없고 오래 쓸 수 있는 특성: 포어러너의 몸체는 충격에 잘 견디는 플라스틱으로 하였고, 외부는 고무 피막으로 코팅하였다. 부품은 전부 솔리드 스테이트(solid-state)를 사용하였고 눌러도 쭈그러들지 않도록 내부에 지지대(support)를 세워 놓았다. 그리고 동력은 '쓰고 버리는 배터리(disposable battery)'로 1년 간은 갈아 끼울 필요가 없도록 하였다. 종래의 외부 세동제거기는 자주 배터리를 갈아 끼워야 하는 불편이 있었다. 더구나 5개 주에 고객조사를 한 결과 응답자의 8%만이 기존 제품의 유지보수 절차를 알고 있는 것으로 나타났다(1996년판 회사 설립 취지서에서).

• 사용의 간편성: 포어러너는 아이콘, 음성안내, 안내책자를 통해 사용자에게 작동방법을 알려준다. 또, 지적소유권이 등록된 PC용 훈련카드도 동봉하여 한 번만 해보면 알 수 있도록 하였다. 이에 반해 기존 제품은 매우 비싸고 부피가 큰 훈련기구를 써서 800~2,000시간의 훈련을 받아야만 환자의 전자심전도(ECG)를 해독하여 외부 세동제거기를 써야 할 상태인지의 여부를 알 수 있었다.

• 상대적인 저렴성: 포어러너는 한 대 구입하는 데 4,000~5,000달러였는데, 기존 제품은 5,000~10,000달러가 들었다.

하트스트림 사는 위에 말한 네 가지의 중요한 제품 특성을 실현함에 있어 7가지의 주요기술을 원용하였다. 그러면 하이테크 우량기업들이 기술과 제품 특성을 어떠한 방법으로 연결시키는지 알기 위하여 첫번째 중요기술인 2상세동제거파형(Biphasic Defibrillation Waveform)에 대해 살펴보자. 이 기술은 하트스트림 사에서 개발한 독자적인 기술로서 환자에게 처치용 전류파동을 보내는 방법이다. 이 파형은 전기에너지에 의한 충격파를 환자의 가슴에 대고 심장박동이 정상으로 되돌아올 수 있도록 전달하는 것인데, 기존의 제품들은 소위 단상파형(monophasic waveform)을 사용하였다. 이 단상파형 방법은 한 개의 전극에서 몸을 관통해 흐르는 전류를 보내서 반대편 극으로 연결하는 일방통행식 방법이다. 여기에서는 주로 전기에너지 200줄(Joules)이 사용된다.

그런데 포어러너에서 쓰이는 2상파형은 전류 박동시 두 방향으로 흐르게 되므로 보다 적은 전기에너지(130줄)로 같은 능률을 낼 수 있다. 바로 이 특성 때문에 포어러너는 크기가 작고 가벼우며 고신뢰성의 저가품이 될 수 있었다(1996년판 하트스트림 사 설립 취지서에서).

위의 포어러너의 예에서 우리는 하이테크 우량기업이 가치의 삼각형에서 제2의 꼭짓점(제품 특성)과 제3의 꼭짓점(기술)을 어떻게 연결하는지에 대해 잘 알아보았다. 특히 이 사례에서 하이테크 우량기업이 기술을 제품 특성에 맞추어 갈 때 다음의 원칙을 적용한다는 사실을 잘 드러내고 있다.

첫째, 제품의 특성을 절실하지만 아직 충족되지 못한 고객의 요구에 연결시킨다. 하트스트림 사와 EMC 사는 자기들이 개발하는 제품의 주요 특성이 절실하면서도 해결되지 않은 고객의 요구에 잘 부응하고 있다는 것을 명확히 이해하고 있었다.

둘째, 신제품에 기존의 경쟁제품이 잘 모방할 수 없는 특성을 반영한다. 하트스트림 사와 EMC 사의 사례로부터 기존제품의 성능을 극적으로 능가하는 신제품을 고객에게 공급하는 것이 얼마나 중요한 일인지 우리는 알 수 있다. 또, 이 두 회사는 경쟁기업의 전략들을 사전에 탐지하고 있었으므로, 자사의 신제품을 만들 때 경쟁사들이 기업의 구조를 완전히 변혁하지 않고서는 모방하기 어려운 제품으로 설계하였다. 사실 경쟁기업들은 경영혁신을 주저하고 현상유지의 타성에 젖어 있는 탓에 하이테크 우량기업이 일단 기선을 제압하면 여타 기업은 상당히 오랫동안 뒤처져 있을 수밖에 없다.

셋째, 야심적인 제품 성능을 목표로 세웠으면 이를 실현하기 위한 기술을 개발한다. 하트스트림 사와 EMC 사는 자사제품의 주요특성을 대폭 향상시키기 위한 구체적 실천방안으로서 관련기술을 개발하였다. 이미 Chapter 3에서 보았듯이 고객을 위한 가치창조에 요긴하게 쓰기 위해서 하이테크 우량기업은 자사의 핵심기술을 높은 투자와 끊임없는 노력으로 지켜 내고 있는 것이다.

넷째, 필요한 경우 공개된 기술을 사용한다. 하트스트림 사는 포어러너의 제조비용을 낮추기 위하여 데이터 저장과 스위칭에는 비독점의 공개된 기술을 사용하였다. US로보틱스 사도 마이크로 프로세서와 디지털 시그널 프로세서(digital signal processor)와 같은 요소는 공개된 기술을 사용하는 것이 오히려 자사의 경쟁력에 도움이 된다는 것을 알고 이를 사용하였다. 요는 하이테크 우량기업들은 각각의 기술들이 제품의 경쟁력에 어떤 영향을 미치는가에 대해 정확히 알고 있다는 것이다.

기술 및 기타 능력의 관리

하이테크 우량기업들은 기술과 기타의 능력을 결합하고 관리하여 경쟁기업에 비해 뛰어난 가치를 고객에게 제공할 제품 특성을 실현한다. '기술(technologies)'이란 말은 넓은 의미로 보면 어떤 투입물(inputs)을 바람직한 산출물(outputs)로 변환시키는 과정을 말한다. 그러나 실제에 있어서 기술은 예컨대 C++와 자바(Java) 프로그래밍 능력을 지칭하는 경우가 더 많다. US로보틱스 사의 예에서 보는 것과 같이 고객을 위한 가치창조에 있어 본질적인 부분은 기술을 제조, 유통, 판매 같은 능력과 어떻게 결합하는지 그 방법에 달려 있는 것이다.

하이테크 우량기업들은 고객의 반응에 따라 기술관리의 방법을 바꿀 수 있는 능력이 있음을 실제의 경영에서 증명해 주었다. 한마디로 그들은 학습능력이 뛰어나다는 것이다. 하이테크 우량기업들은 생산주기를 단축하고 품질을 개선하기 위하여 사업을 조직하는 방법을 바꾸거나 제품을 새로 개발하는 능동적인 행동을 자주 보여 왔다. 이제 독자들도 이 책에서 제시된 여러 가지 아이디어들을 활용하기 위해 자신의 회사를 혁신하려고 할 것이므로, 하이테크 우량기업들이 그 일을 어떻게 해냈는지 알아보는 것도 유익할 것이다.

예컨대 마이크로소프트 사도 '무결점의(zero defect)' 소프트웨어 상품을 지정된 출하일에 맞추어 인도할 수 있기까지는 10년이라는 시간이 걸려야 했다. 마이크로소프트 사는 고품질의 소프트웨어를 생산하는 데 필요한 변혁을 실시하기까지 여러 차례 뼈아픈 실패를 견뎌 내지 않으면 안 되었다. 그렇듯 소망하던 결과를 얻어내게 된 기본적인 아이디어는 매일 그날의 프로그램 코드를 '조립'해 놓고 시험해 보고 가능한 한 철저하게 결점을 제거하기 전에는 결코 다음 작업으로 진행하지 않는 방법을 쓰기로 한 것이다.

쿠수마노와 셀비(Cusumano and Selby, 1995)가 쓴 「마이크로소프트의 비결(Microsoft Secrets)」이라는 책을 보면 1981년 IBM 사가 마이크로소프트 사에 소프트웨어 개발작업과 품질관리 작업의 공정(process)을 개선하라고 얼마나 세찬 압력을 넣었는지 소상하게 설명되어 있다. IBM 사의 이러한 요구는 마이크로소프트 사가 IBM PC를 위해 납품한 BASIC 프로그램이 0.1로 나눗셈을 할 때 오답을 내놓는 것으로 판명이 되면서부터 시작되었다. 그 해 마이크로소프트 사는 아서 앤더슨(Arthur Andersen)을 고용해서 애플 사(Apple)의 매킨토시(Macintosh) PC용으로 1984년 1월까지 납품하기로 한 멀티프랜(Multiplan) 계산표의 신판(new version)을 점검하기로 하였다. 그럼에도 불구하고 데이터를 파괴하는 심각한 버그(bug)가 발견되어 회사는 할 수 없이 개당 10달러씩 드는 정정판을 2만 명의 구입자들에게 보내지 않을 수 없었다.

마이크로소프트 사는 1984년부터는 제품개발과 성능시험을 다른 부서에서 하기로 결정했다. 그런데 성능시험부서가 확장됨에 따라 개발부서의 직원들은 자기들이 제작한 프로그램의 성능시험을 하지 않아도 되었고 '그 책임을 몽땅 시험부서에 미루는(threw it over the wall)' 식으로 일을 처리하였다. 1987년 2월 마이크로소프트 사는 매킨토시용 워드(Word) 3.0을 예정보다 9개월이나 늦게 납품했다. 그런데 이 프로그램도 버그가 7백 개나 발견되어 2개월 이내에 구입고객에게 무료로 정정판을 보내야만 했는데, 이 때문에 1백만 달러의 추가비용을 지출해야 했다.

이 당시 엑셀(Excel)을 제외한 마이크로소프트 사의 다른 개발 프로젝트들이 모두 어려움을 겪고 있었다. 예컨대 데이터베이스 구축을 위한 프로그램, 회사관리 프로그램, 오퍼스(Opus) 워드프로세싱 프로그램

(Word processing program) 등이 문제의 프로젝트에 포함되었다. 오퍼스 개발작업에서는 시험반에서 발견하는 프로그램의 오류 숫자가 개발반에서 그 오류를 정정하는 숫자보다 더 많이 나오는 실정이었다. 이러한 상황에서는 마이크로소프트 사에서 납품일자를 확실히 정해 그 일정을 지키기가 여간 곤란하지 않았다.

빌 게이츠(Bill Gates)는 IBM 사의 관료주의적 조직을 전혀 존경하지 않았으나 그 회사의 경영 전문지식을 얻기 위해서 1988년 7월 IBM 사의 소프트웨어 그룹에서 마이크 메이플스(Mike Maples)라는 사람을 고용하기로 결정했다. 그럼에도 기술면, 재정면, 대고객 서비스면에서 문제는 끊이지 않고 계속 생겨났다. 1990년에 생산된 윈도우(Windows) 제3판은 네트워크상의 문제점에 마우스 조작 곤란, 데이터 파괴라는 난점들이 나타났다. 마이크로소프트 사의 이러한 납품지연 때문에 회사의 가장 매력적인 급여방식 중 하나인 스톡옵션의 가치는 붕괴되고 있었다. 고객들은 계속되는 납품지연과 반품(recall)의 혼란 속에서 좌절할 수밖에 없었다.

IBM에서 새로 스카우트한 메이플 씨는 이 문제에 대한 해결방안의 하나로 조직 및 공정개편을 제안하였다. 그는 업계 최고수준의 기업들과 그들 제품을 상대해 경쟁할 소그룹을 몇 개 만들기를 권장하였다. 회사는 그의 말대로 워드퍼펙트(WordPerfect), 로터스 시리즈(Lotus 1-2-3), 하버드 그래픽스(Harvard Graphics)를 목표로 하는 소그룹 몇 개를 창설하였다. 이들 소그룹들은 새로운 애플리케이션(applications) 소프트웨어 개발을 목표로 다섯 개가 조직되었는데, 즉 오피스(office) 부문, 어낼리시스(analysis; Excel) 부문, 그래픽스(graphics; PowerPoint) 부문, 데이터 억세스(data access) 부문, 그리고 엔트리(entry; Works) 부문 등 다섯이었다. 이들에게는 독립 채산제가 적용됨으로써 각기의 예산에 따라 제품관리, 개발, 테스트, 마케팅, 사용자 교육 등을 독자적으로 수행하였다.

마이크로소프트 사는 위와 같은 소규모 사업단위 부서를 분할하여 운영할 때 나타나는 이익이 그 비용을 훨씬 초과한다는 사실을 발견하였다. 그 이점에는 업무 담당자의 계속성, 기획능력의 향상, 고객과 경쟁업체에 대한 집중력 제고, 관리자 양성의 용이성 등이 포함된다. 한편, 분할 운영에 따른 불이익에는 테스트 요원과 같은 자원 활용상의 능률 저하, 사업단위간 프로그램 및 노하우를 공유함에 따르는 이익의 상실 등이 포함된다. 아무튼 1995년에 이르러 마이크로소프트 사의 소프트웨어 설계 기술자의 숫자는 테스트 요원들의 숫자(1,850명)와 비슷한 규모로 늘어났다.

이 새 조직구조는 제품 개발과정에서의 혁신을 촉진하였다. 각 하부 작업반들은 매일 같은 시각에 그들이 개발한 코드를 '조립 과정(build process)'이라 부르는 모임에 제출해야만 했다. 그러면 각각의 코드는 테스트에 붙여지고 버그는 발견됨과 동시에 개발 담당자가 수정한다. 이러한 방법을 통해 마이크로소프트 사의 소프트웨어 제품들은 결함이 줄어들었고, 납기일에 늦는 경우도 적어지게 되었다.

이러한 사례를 통해 우리는 하이테크 우량기업들의 기술과 여타 능력을 종합적으로 관리하는 특유의 원칙들에 대해 보다 분명히 알 수 있게 된다.

• 능력을 첨가하는 데는 조직적인 개혁이 필요한 경우가 많다. 마이크로소프트 사의 사례는 어떤 능력이 추가로 증강되기까지 사태가 심각하게 악화되어야만 한다는 사실이다. 빌 게이츠의 공로로 인정해야 당연한 일이겠지만, 그는 문제를 해결해야 한다는 일념으로 그의 숙적 IBM 사

에서 경영기법을 배우기로 결심했던 것이다. 말하자면 조직개혁이란 사태가 그토록 악화되기까지 결단하기 어려운 것이다. 그럼에도 IBM에서 응급수혈된 메이플(Maple) 씨 또한 마이크로소프트 사가 조직과 개발 공정을 개선할 태세를 갖추기까지 얼마간을 기다려야 했다는 것은 우리 모두의 경각심을 요하는 사항이다.

- 조직적 개혁에는 장시간이 소요된다. 마이크로소프트 사의 경우 문제를 처음 인식했을 때부터 정해진 납기일에 맞춰 무결점의 제품을 출하할 수 있기까지는 무려 10년 이상이나 소요되었다. 이처럼 마이크로소프트 같은 성공적인 기업에서도 최고경영진에서 회사의 경영방식을 혁신하려는 움직임을 보이기까지는 엄청난 비용이 지출되는 심각한 문제들이 거듭해서 발생되어야만 하는 것이다.

- 적극적인 변화는 간혹 외부로부터의 자극으로 유발되기도 한다. 하이테크 우량기업들은 아마도 다른 경쟁기업에 비해 잠을 깨고 커피 냄새를 맡는 데 시간이 적게 걸리는 것 같다. 즉, 이들은 외부자극에 더 민감한 것 같다. 그런데 외부자극은 여러 가지 형태로 전달되어 온다. HP 사의 레이저 프린터 개발과정을 보면 회사가 그때까지 능률적으로 잘해왔다는 장점과 대중 소비시장에서 효과적으로 경쟁하는 데 필요한 능력이 서로 잘 맞지 않았었다.

마이크로소프트 사의 인터넷검색 프로그램(Internet browser)에 자극을 준 것은 더욱 양호한 솔루션(solution)을 제공하고 있던 공격적인 경쟁사 넷스케이프 사(Netscape)였다. 또, 이 회사에서 어려움을 겪었던 품질과 납품기일 준수 문제에 있어 그 외부적인 자극은 거듭되는 사용자들의 불평과 스톡옵션 가치의 하락이었다. 이러한 외부적 자극에 대해서 기업이 어떠한 반응을 보이느냐에 따라 기술과 기타 능력들의 관리방식이 얼마나 성공적인 결과를 가져오는지가 결정된다.

가치의 삼각형 연결하기: 3Com 사의 사례 연구

이제까지 제시된 제 개념들을 한번 더 강조하는 의미에서 3Com 사의 사례를 살펴봄으로써 이 회사가 어떻게 (1)고객과의 대화를 통해 그들의 니즈를 알아내고 (2)고객들의 니즈를 제품특성에 반영하며 (3)이들 특성을 기준으로 경쟁상품의 성능을 분석하고 (4)경쟁상 독특한 상품특성을 창조하기 위해 기술을 보강하는지, 그리고 이러한 조치들을 통해 과연 '가치의 삼각형(value triangle)'의 각 정점이 바로 연결되었는지 분석하기로 한다.

　3Com 사는 지역정보통신망(LAN)과 광역정보통신망(WAN)에 개인용 컴퓨터(PC)를 연결하는 데 사용되는 장비의 설계제작으로 연간 15억 달러의 매출액을 올리는 첨단기업이다. 이 회사가 정보통신망에 연결하는 서버를 개발하는 과정에서 채택한 사업추진 방식은 위에 우리가 질문하려는 문제를 순서대로 분석하는 데 큰 도움이 된다.

고객의 니즈를 이해한다

3Com 사는 자사의 고객들과 면담하는 과정에서 통신사원과 이동사원의 수가 현저히 증가하였다는 사실과, 본사와 원격지에 떨어져 있는 이들도 고성능 정보 네트워크 덕분에 능률적으로 일할 수 있었다는 것을 알게 되었다. 이 회사는 또한 원격지에서도 종업원들이 그 근무형태에 따라 각기 다른 요구를 갖고 있다는 것도 알 수 있었다. 즉, 업무관계로 출장 중인 사원은 대화형(interactive access) 전자우편(e-mail), 계산표, 보고서 작

성양식, 문서파일 검색 시스템(document retrieval systems)이 필요하고, 고객 또는 지점을 방문 중인 세일즈 직원, 서비스 담당직원은 전자우편 마케팅과 기술관계의 데이터베이스와 그들 작업에 관련된 특수 프로그램이 필요할 것이며, 재택근무 중인 통신사원이나 퇴근 후 잔업근무 중인 직원의 경우에는 그들이 사무실에 있을 때 이용할 수 있는 동일한 데이터 – 즉, 실질적으로 거의 모든 LAN 자료 – 를 필요로 한다는 것이다.

고객의 수요를 제품 특성에 반영한다

파악된 고객의 수요는 제품 특성에 구체적으로 반영되어야 한다. 3Com 사는 고객의 니즈를 특유의 방법으로 제품특성에 반영할 때 경쟁상 유리한 위치를 점할 수 있다는 것을 알게 되었다. 고객이 원하는 네 가지 특성은 (1)원격지로부터 정보원천에 무난히 접속하는 것 (2)중요한 데이터를 보전할 안전장치 (3)비용절감을 기할 수 있는 용량 추가장치(전체 시스템을 바꾸지 않고 값싸게 용량을 추가할 수 있는 제품설계) (4)신속한 설치작업이 가능하면서도 중앙집중제어 방식에 의한 설계 등 네 가지이다.

경쟁상품의 성능을 분석한다

어떤 독립시험기관(네트워크 제품 성능 시험소)에서 3Com 사의 제품과 유력한 두 경쟁기업의 제품들을 비교하여 보았다. 이 비교시험 결과 3Com 사의 제품은 가장 중요한 성능상의 두 가지 특성, 즉 정보의 다운로드 속도와 상대적 가치에서 경쟁기업의 제품을 능가하는 것으로 나타났다.

　정보의 다운로드(down-load) 속도. 성능시험에서는 세 개의 제품에 대해 15페이지짜리 보고서(문안과 도표가 포함됨)를 다운로드 받는 데 걸리는 시간을 측정해 보았다. 그 결과 3Com 사의 제품이 경쟁사의 제품들보다 10~25% 빠른 것으로 나타났다.

제품의 상대적 가치. 상품가치를 측정하는 어떤 계량화지수(metric)를 만들어 비교하는 방법을 사용하였는데, 여기에는 제품가격과 다운로드 속도를 고려하였다. 비교 결과 3Com 사의 제품이 50~60% 더 가치가 있는 것으로 나타났다.

제품의 독자적인 특성을 창조하기 위하여 기술을 보강

앞에서 본 제품 테스트에서 3Com 사가 우수한 성능을 나타낼 수 있었던 이유는 기술의 선택이 합당했기 때문이다. 즉, 3Com 사의 제품 액세스빌더(AccessBuilder)가 속도가 빠르고 가치가 높게 나타난 까닭은 여러 타입의 마이크로 프로세서 중에서 i960 RISC를 선택했기 때문이다. 또, 이러한 선택으로서 PC용 x86 프로세서에 뒤따르는 여러 가지 불이익을 피할 수 있었다. 예컨대 일반적인 PC에서 가장 우선적으로 처리장치상의 간섭이 발생하는 부분은 모니터 화면을 바꾸는 작업과 기억장치 관리에 소요되는 작업인데, 이 때문에 PC상 데이터의 송수신에 시간이 더 걸리게 되어 있다. 이에 반해 RISC 설계방식은 데이터 송수신의 효율을 높이기 위한 특수설계이므로, 이 기술의 채택은 통신효율을 원하는 고객의 수요를 반영하는 데 적절한 조치였던 것이다.

가치의 삼각형의 세 정점을 시계 방향으로 연결하는 또 다른 우량 기업으로 시스코 시스템 사를 들 수 있다. 이 회사는 고객을 위한 가치창조에 뛰어난 업적을 이룩하였다. 시스코 사의 회장 존 모그리즈(John Morgridge) 씨에 따르면 신제품 아이디어를 얻는 가장 최선의 원천은 엔지니어가 아니라 고객이며, 회사는 이 믿음을 바탕으로 성공하였다고 한다(1996년 6월 14일, 그의 개인서신에서).

시스코 시스템 사는 스탠포드 대학교(Stanford University) 직원 두 사람이 동료와 타 대학을 위해 인터넷용 기기를 개발하여 판매함으로써 시작되었다. 시스코 사는 언제나 고객의 의견을 최대한 존중하였고, 다른 회사들과는 달리 자신들이 고객들보다 더 잘안다는 생각을 결코 하지 않는다. 시스코 사는 고객의 의견을 생산요소의 하나로 생각하고 이를 투입재로 활용하는 몇 가지 제도적 장치를 마련하였다.

- 첫째, 고객 자신들도 포함된 포커스 그룹(focus group)을 만들어 고객들의 인터넷 사용에 관련된 문제들을 경청하게 하고, 또 충족되지 못한 고객의 니즈를 이해하도록 한다. 이들 그룹에서는 시스코 사의 고객들을 초청하여 하루 온종일 같이 지내면서 미리 작성한 설문지에 응답하게 한다. 이러한 과정에서 시스코 사에서 나온 사원들은 고객의 니즈에 대한 토론회에 참관하여 경청하고 토론회가 원만히 진행되도록 협조한다.

- 둘째, 인터넷 상품 전시회에 대규모 인원을 파견하여 분위기를 압도하고 자사의 이미지를 높이는 한편, 고객기업에서 네트워크 관련상품의 구매의사 결정에 열쇠를 쥐고 있는 기술요원들과 질의응답 시간을 갖는다. 이때 신상품 사용에 대한 개인지도도 해준다. 또한 시스코 사는 '네트워커스(Networkers)'라는 기술자 회의를 개최하는데, 이때 시스코 사의 기술진과 서비스 관계 직원, 그리고 고객사의 기술진과 네트워크 관리자들은 서로간에 학습하는 기회로 활용한다. 이 기술자 회의는 보통 3일 동안 열리는데, 그 참가인원은 4~5천 명에 이른다.

- 셋째, 시스코 사의 고객 도우미 부서에서는 각 웹사이트 이용에 대한 고객의 만족도 조사를 정기적으로 실시한다.

• 넷째, 최근까지 시스코 사는 모든 고객들이 제품 기술자들과 직접 전자
우편을 교환할 수 있도록 하였다.

시스코사는 '기술적으로 종교적인 상태(technically religious)'는 아니
다. 바꿔 말하면 자기들의 기술에 광신적으로 매달리지도 않으며, 고객
이 원한다면 어떠한 기술이라도 사용한다. 더구나 시스코 사는 고객들의
지출패턴을 관찰하고 고객이 원하는 기술을 가진 기업들을 자사의 고가
주식을 이용, 매입하기도 한다. 예컨대 어떤 고객이 어느 중소기업으로
부터 이서넷 스위치(Ethernet switches)를 사고 싶다고 시스코 사에 말하
자 며칠 안 되어 시스코 사가 그 회사를 매입하였다. 지금 그 회사는 연
간 매출액 5억 달러를 올리는 주력기업으로 성장하였다.

시스코 사는 이처럼 고객의 말에 귀를 기울여 그들의 니즈를 알아낸
다. 그리고는 소비자를 만족시키는 데 필요한 기술을 획득한다. 그 동안
시스코 사의 업적을 미루어 생각해 볼 때 그러한 접근방법은 매우 효과
적인 것 같다.

······

Chapter 7에서는 하이테크 우량기업들이 이미 성공한 몇 개의 상품으로
부터 획득한 자본과 경험을 어떻게 배분하는지, 그리고 신제품에 어떻게
승부를 거는지 그 방법에 대해 알아보기로 한다. 또, Chapter 7에서는 하
이테크 우량기업들이 연구개발 계획을 편성할 때의 위험을 회피(hedge)
하는 방법과 수순(steps)을 알아보기 위해 몇몇 제약업체의 사례를 탐구
해 보기로 하자.

Chapter | 7

규율 있는 자원배분

The Technology Leaders

하이테크 우량기업은 어떤 승부에 돈을 거는 데 있어 탁월한 능력자들이다. 이 기업들은 자기 회사가 가진 자본과 인재들을 마치 도박에서 내기에 거는 칩(gambling chips)처럼 간주한다. 또한 업계의 다른 기업에 비해 자기 자신들이 지니고 있는 사업계획상의 위험성과 성공 가능성에 대해 뚜렷한 인식을 갖고 있다. 더 이상 손해를 입어서는 안 된다는 정보를 입수하면 이 기업들은 주저 없이 가능성이 보다 큰 사업으로 자원을 전환한다. 그러나 무엇보다도 중요한 것은 그들의 전략 중에서 어느 것이 주효했고 어느 것이 실패하였는지를 실제의 경험으로부터 배워 안다는 것이다.

하이테크 우량기업들의 연구개발 활동은 사전에 예측하기 곤란한 새로운 시장을 만들어 내는 가능성이 있음을 잘 알고 있다. 우리는 앞에서 HP사가 잉크젯 기술을 발견한 사례에서 우연한 횡재의 기회를 놓치지 않고 살려 내는 능력의 역할을 역력히 본 바 있다. 또, 발광 중합체(light-emitting polymers; LEP)의 개발사례를 생각해 보자. 월스트리트저널에 실린 기사 (Strassel, 1996)를 보면 플라스틱 조각을 얇은 필름에 넣고 전류를 통하면 여러 색의 빛을 발한다.

시장성. 이 LEP가 어떤 중요성을 가지는가? 이 발광성(發光性) 플라스틱은 TV와 컴퓨터의 화면에 대한 25억 달러의 시장(2000년까지 약 42억 달러 규모로 성장이 예상됨)에서 상당히 큰 부분을 차지할 것이다. 왜 그러한가? LEP는 현재 널리 사용되고 있는 기술, 즉 발광 다이오드(light-emitting diodes; LED)와 액정화면(liquid-crystal displays)을 능가하는 성능상의 이점이 있기 때문이다. 이 LEP 화면은 그 기술이 잘 정제되어 완성되면 현재의 화면(displays)보다 가볍고 값도 싸게 제작·공급될 수 있기 때문이다. 더구나 이 화면은 둘둘 말아서 호주머니에 넣고 다닐 수도 있다. 또한 이 기술이 개발·실용화되면 현재 가장 진보된 랩탑 컴퓨터(lap-top computer)의 메이커들이 고민하고 있는 화면의 주시각도 문제를 해결해 줄 수 있다.

발견의 경위. LEP는 우연한 일로 시작되었다. 케임브리지대학교 캐번디쉬 연구소(Cambridge University's Cavendish Labs)에서 일하는 과학자 제레미 버로우스(Jeremy Burroughs)는 퇴근하기 위해 사무실 전등을 껐을 때, 자신의 실험대 위에 희미한 발광물체가 있음을 감지하였다. 평소에는 그런 일이 없었으므로 무언가 잘못되지 않았나 조사해 보았다.

플라스틱은 중합체(polymer)라 불리우는 긴 사슬 모양의 분자로 만들어진 물질인데, 이 연쇄형 장형분자들이 특정의 규칙에 따라 배열되는 경우 높은 전도성(conductors of electricity)을 갖는다. 버로우스 씨는 그때 플라스틱을 반도체(semiconductor)로 쓸 수 있는 방법이 없는지 실험하고 있었다. 이 사건이 계기가 되어 계속 실험을 한 결과 그는 중합체를 적절한 순서로 배열하면 전기를 잘 통할 수 있고 색채 있는 빛을 낸다는 점을 발견하였다. 또, 이들 플라스틱을 액체로 녹여 물체의 표면 위에 덮어 바르고 전기를 통하면 색조를 띤 빛이 일어난다는 것도 알아냈다. 이에 따라 캐번디쉬 연구소는 곧바로 LEP 기술에 대해 세계특허를 출원하였다.

이 이야기는 어떻게 끝나는가? 캐번디쉬 연구소가 그 후 설립한 회사 케임브리지 디스플레이 테크놀로지 사(Cambridge Display Technology; CDT)는 필립스전자를 비롯한 전자제품 화면 제작업체에 기술을 대여하고 있다. 또, CDT 사는 하이테크 기술계의 정신적 지도자인 투자가 에스터 다이슨(Esther Dyson) 씨, 에이콘 컴퓨터 사(Acorn Computer)의 설립자, 애플 사의 전 회장 존 스컬리(John Sculley) 씨, 그리고 케임브리지 대학당국으로부터 투자자금을 받았다. 이 기술에는 아직 몇 가지 문제가 남아 있는데, 이를 해결하기 위해 전세계의 유수한 연구기관 40~50개에서 열심히 노력하고 있다(Strassel, 1996 참조).

이들의 사례에서 보는 바와 같이 연구개발은 때로 전혀 예상하지 못한 방향으로 발전되어 갈 수 있기 때문에 하이테크 우량기업들은 이 연구개발에 도박을 거는 것과 같은 승부수를 던질 때에도 매우 '규율 있는 (disciplined)' 자원배분 정책을 사용한다. 이 Chapter에서는 하이테크 우량기업들을 인도하는 다섯 가지의 원칙과 이 원칙들을 실천하기 위해 기업들이 따르는 일곱 단계의 실행방법에 대해 제시한다. 또한 이를 보다 실감 있게 설명하기 위해 저자가 컨설팅을 담당하였던 어느 제약회사의 연구 프로젝트를 그 사례로서 살펴보자.

연구개발에 승부를 걸 때 지켜야 하는 원칙들

연구개발에 돈을 거는 것은 매우 위험한 도박이다. 비록 업종에 따라 연구개발에 투입해야 하는 자본규모는 상당히 차이가 나지만, 제약업계 같은 곳은 신제품 하나를 개발하려면 약 10여년 간 2억 내지 4억 달러를 투입해야 한다. 또, 이 과정에서 일이 잘못될 가능성은 너무나 많다.

마찬가지로, 앞으로 설명하게 될 7단계 접근법에 대해서도 하이테크 우량기업마다 그 이행의 정도가 각 업종에 따라 다르게 나타난다. 예컨대 제약업이나 생명과학 분야처럼 사업비의 대부분을 연구개발에 지출하는 업종에서는 각 단계를 충실히 지켜 준행하는 경향이 있다. 이 업종에서는 물론 큰 돈이 지불되어야 할 단계 — 예컨대 임상실험 같은 것 — 이전에는 반드시 엄밀한 분석을 해보고 결정을 내린다.

그러나 소프트웨어 회사들은 위와는 반대로 거액의 자금을 위험한 곳에 투입하는 것이 아니므로 연구개발에 대한 의사결정 문제를 검토하기 위해 의사결정수(decision tree)를 그려 놓고 경영진이 시간을 들여 가며 토론하지는 않는다. 요컨대 각 기업에서 앞으로 설명할 7단계 접근법을 채택할 것인지 여부를 결정할 경우, 자기 기업에서 의사결정의 정확성으로부터 오는 이익이 그것을 검토 분석하는 비용을 초과하는지 여부를 스스로 확인해 보고 나서 결정하는 것이 좋다. 즉, 이 Chapter에서 제시하는 '다섯 가지 주요원칙'을 따르는 것이 매우 중요하다. 그러나 이들을 실천하는 방법은 업종마다 다를 수 있다는 것을 말하려는 것이다.

하이테크 우량기업들은 업종에 관계없이 상부경영층이 전략적인 차원에서 자원 배분과정을 관리한다. 즉, 연구과제를 선택하고 편성하는 권한을 CEO가 직접 주관한다는 점이다. 이들 하이테크 우량기업들이 개발과제의 편성에 있어 가장 중요한 자원인 리스크를 관리하기 위해 준행하는 다섯 가지 원칙은 다음과 같다.

경직화(硬直化)의 리스크(rigidity risk)를 미리 제거한다

하이테크 우량기업들은 성공은 자기만족을 낳고 자기만족은 학습을 방해한다는 점을 잘 알고 있다. 하이테크 우량기업은 기술, 경쟁기업의 전략, 고객의 수요에서 근본적인 변화가 일어났을 때 기업이 적절하게 대응하는 데 걸림돌이 되는 이 경직성과 소극적 방어자세가 사내에 퍼지지 않도록 경계한다. 또, 이들은 연구개발 과제를 선정하고 추진할 때, 그리고 일상적 경영조직을 관리할 때 이러한 근본적 변화에 탄력적으로 적응할 수 있기 위하여 시장의 반응과 의견을 적극 활용한다.

시장 리스크(market risk)를 적절히 관리한다

개발 중인 신제품의 시장이 적절한 투자수익을 가져올 만큼 크지 않을 때도 있다. 또한 연구개발을 시작할 때 수익성이 풍부해 보이던 프로젝트도 도중에 대체상품이 출현한다거나 새로운 경쟁자의 출현, 고객수요의 변화, 고객의 시장교섭력 강화 등과 같은 여러 변수들의 작용으로 그 매력이 반감되는 경우가 생긴다. 그러므로 하이테크 우량기업들은 연구개발의 결과로 나타날 신상품의 판매처, 시장의 매력에 대해 명시적으로 분석한다. 이때 목표로 하는 시장에 대해 규모, 성장률, 수익성을 계량화하여 분석하고 이 부분시장의 매력 즉, 수익성을 움직이는 배경과 추이에 대해서도 확실히 파악한다.

경쟁 리스크(competitive risk)를 충분히 파악한다

개발하는 신제품이 경쟁기업의 상품과 비교하여 목표시장에서 상당한 시장 점유율을 차지할 만큼 고객가치를 창출하지 못할 수도 있다. 만일 경쟁기업에서 가격·성능면에서 훨씬 우월하고, 제조나 유통면에서도 보다 효율적이며, 판매개시 시점에서도 앞서는 제품을 내놓는다면 자사의 시

장진출은 제약을 받게 될 것이다. 그러므로 하이테크 우량기업들은 자사의 신제품이 경쟁상품에 비해 특정의 고객가치에 얼마나 잘 부합할 것인지를 미리 평가한다. 그들은 이 평가자료를 가지고 이미 설계 중인 신제품이라 하더라도 과감하게 변경한다. 그리고 여러 가지 개발과제의 우선순위를 결정할 때에도 경쟁상의 위치를 주요 판단 기준으로 사용한다.

수행 리스크(execution risk)를 제한한다

과제를 담당한 팀에서 연구개발 과업을 수행할 능력이 없거나 이보다 더 좋지 않은 경우로 매우 비현실적인 계획을 가지고 노력을 낭비하고 있는 경우가 있다. 또, 이와는 달리 팀 구성도 훌륭하고 자원도 풍부하게 지원되고 있으며 개발의 목표도 명쾌하게 인식되어 있는데도 불구하고 실제로 고객의 수요에 부응하는 제품 특성을 증명해 줄 시제품을 만들어 내지 못하거나, 경쟁상의 우위를 차지하기에 적절한 타이밍에 출시하지 못하거나, 혹 적절한 비용수준에서 제조 · 유통 · 납품이 불가능하다거나, 적절한 공급량을 대주지 못하는 경우가 생길 수도 있다. 하이테크 우량기업들은 이러한 위험을 미리 예견하고 관리하기 위하여 연구개발 프로젝트의 진행단계별로 성과를 측정하고 그에 따라 '진행/정지(go/no-go)'의 의사결정을 내릴 수 있는 의사결정 기준표를 미리 작성해 둔다.

재정 리스크(financial risk)를 제한한다

연구개발 과제의 전반적 운영이 적절히 이루어지지 못할 경우, 잠재력이 가장 유망한 프로젝트에 자금부족 현상이 발생할 수 있다. 우량기업이 아닌 일반 타 기업에서는 힘있는 간부나 임원이 밀어 주는 총애받는 프로젝트(pet projects)로 자금이 전환되기 때문에 이러한 일이 자주 발생한다. 더 극단적인 경우는 생명공학산업에서 자주 일어나는데, 개발 프로젝트가 흑자를 실현하기도 전에 자금이 고갈되는 수가 있다. 하이테크 우량기업들은 필요한 단계에서 손을 뗄 수 있도록 편리한 '출구 경사로 (exit ramps)'를 만들어 놓는데, 이에 따라 연구개발에 있어 '10년 간 1억 달러를 들이는' 큰 프로젝트를 한 덩어리로 가져가지 않고 10~15개의 연결된 작은 프로젝트로 나누어(예컨대 2~10백만 불) 추진한다. 즉, 하이테크 우량기업들은 '실패(failure)'라는 항목을 처음부터 개발 프로젝트에 짜 넣고 프로젝트를 불가피하게 중단하는 경우 그 손실을 제한하고 또 그에 연관된 정서적 충격을 중화시킬 수 있다. 나아가 적절한 대가를 받을 수만 있다면 그들의 전략에 맞지 않는 기술은 개발이 완성되지 않은 단계일지라도 이를 임대해 주는 방법으로 관리하는 것이 하이테크 우량기업의 수법이다.

연구개발 포트폴리오의 관리방법

벨코어 사(Bellcore)의 CEO인 조지 헤일마이어 박사는 하이테크 우량기업들은 간부들의 연구개발 프로젝트에 관한 경영자세를 '투입 지향 (input orientation)'에서 '성과 지향(output orientation)'으로 바꾸었는데, 일반기업들은 그러하지 못하고 있다고 말하였다(1996년 7월 인터뷰에서). 세계 제2차대전 이후 대부분의 경영자들은 연합국 승리의 주원인이 우수한 기술력 때문이었다고 믿어 왔다. 오늘날에도 많은 경영자들 특히 전자, 통신, 의약품, 화학산업의 경영자들은 연합국들의 상업적 성공의 주원인도 역시 우수한 기술력 때문이라고 믿게 되었다.

이들 경영자들은 정부의 가장 우수한 연구기관에서 실시하고 있는 시책을 본받아 그와 아주 유사한 연구소를 설립하였다. 즉, 최고 수준의 과학자와 기술자를 고용해 그들에게 최고의 연구설비를 갖추어 주고 각자

자유롭게 관심 있는 연구과제를 수행하도록 내버려두고, 언젠가는 세상을 깜짝 놀라게 할 대히트 상품을 만들어 낼 것이라는 기대에 부풀어 있는 것이다.

이와 같은 투입지향 방식은 많은 기술중심의 기업에 침투되어 있는데, 하이테크 우량기업들은 그와 같은 접근방법으로 인해 쓸데없이 많은 연구자금을 소모하였고 회사가 전략목표를 달성하는 데 거의 기여하지 못하였다는 것을 인식하였다. 이러한 문제점을 해결하기 위해 하이테크 우량기업들은 연구과제를 관리하는 방법을 성과지향으로 바꾸었다. 이 성과지향 관리방식의 주목적은 아래와 같다.

- 조직을 기술, 경쟁기업의 전략, 고객의 수요 등에서 일어나는 변화에 순응시킨다.
- 회사의 전략목표, 경쟁전략과 연구 프로젝트를 명확하게 연결한다.
- 연구개발팀으로 하여금 사전에 명확하게 정해진 결과를 얻어내고, 또 의욕적으로 설정된 기한 내에 완수하도록 하는 책임을 짊어지게 한다.
- 연구개발팀으로 하여금 시장, 경쟁상대, 고객, 연구과제의 위험과 잠재수익성을 스스로 분석하도록 함으로써 경영적인 사고방식을 갖도록 장려한다.
- 특허, 기술사용료 관계의 의사결정을 신속히 내리도록 한다.
- 이상의 업적기준에 미달하는 프로젝트는 중단한다.

앞에서도 말한 바 있듯이 '규율 있는 자원배분(disciplined resource allocation)' 의 과정은 모두 일곱 단계로 이루어졌다.

연구개발 포트폴리오에 관련된 전반적 지식부터 얻는다. 하이테크 우량기업들은 조직의 생리를 파악하는 한 수단으로서 연구개발 포트폴리오를 관리한다. 즉, 각각의 연구개발 프로젝트를 관리하고 그에 따른 자원을 배분하는 한편 고객, 경쟁기업, 직원으로부터 의견을 청취하여 제품향상과 업무개선에 도움이 되는 방향으로 활용한다.

평가좌표지를 활용한다. 경영 수뇌부에서는 프로젝트의 위험과 수익성은 매우 중요한 항목이다. 이를 보다 명확히 측정하고 비교하기 위해 한 축에는 위험을, 다른 한 축에는 수익성을 잡는 좌표평면을 그려 놓고 각 프로젝트를 이 평가좌표(portfolio grid 혹은 matrix) 위에 표시함으로써 회사의 경쟁전략과 각 프로젝트를 연결시켜 분석해 본다.

단계화한 프로젝트 실시계획을 작성한다. 하이테크 우량기업들은 프로젝트 실시계획을 단계화하고 매 단계마다 '출구(exit)' 표시를 해 놓음으로써 만일의 경우 발생할 수 있는 위험을 최소화하고 있다.

현금의 흐름(cash flow)을 추정한다. 위에서 말한 것처럼 단계화 실시계획에 따라 프로젝트를 추진하는 경우, 매 단계별 의사결정 선택점에 있어서의 한계적(incremental) 비용/수익(costs / benefits)을 추정하고 계량화한다.

의사결정수(decision tree)를 작성한다. 하이테크 우량기업들은 프로젝트 담당 팀들의 전문지식과 외부로부터 얻은 정보를 종합하여 의사결정수를 작성하고 각 선택지점마다 성공확률을 추정 기입한다.

연구개발 포트폴리오의 가치를 계산한다. 하이테크 우량기업들은 그들의 연구개발 프로젝트의 가치를 평가한다. 이때 성공확률에 따른 현금수입 금액도 계산하여 기입해 둔다. 또, 불확실한 만큼의 현금수입도 확률로 곱하여 합산한다.

자원배분 과정을 철저히 관리한다. 하이테크 우량기업들은 자원배분

과정을 규율 있게 관리함으로써 가장 유망한 프로젝트로 자원이 집중되도록 한다. 어떤 연구 프로젝트가 단계별 실시계획에 따라 추진되다가 의사결정점에 도달했을 때, 경영진에서는 그 프로젝트에 계속 자금을 공급할 것인지 아니면 이를 중단하고 다른 프로젝트로 자금을 돌려서 투입할 것인지를 결정한다.

프로젝트 포트폴리오에서 지식을 획득한다

연구개발 프로젝트의 포트폴리오를 구성함에 있어 전략적 관리방법을 취함으로써 얻게 되는 한 가지 중요한 이점은 조직 전체로 파급될 수 있는 학습효과이다. 이 학습과정을 의도적으로 잘 관리하면 습득된 지식은 조직의 각 단계별로 서로 상이하면서도 각 단계에 유용한 지혜를 가져다 줄 것이다.

각 개별 프로젝트의 관리단계에서 담당 팀은 다른 회사에서 추진되고 있는 개발 프로젝트에 대해 그리고 경쟁기업의 가격전략 변화, 나아가 업계 전반의 성장률이나 수익성의 변화에 대해 보다 상세한 지식을 얻을 수 있을 것이다. 사실 이러한 제 요인 중 어느 한 가지라도 해당 프로젝트의 예상가치에 영향을 끼칠 수 있다. 나아가 각 개별 프로젝트를 사후에 철저히 분석해 공부한다면 프로젝트 관리방법의 개선 기회가 있었음이 발견될 것이다. 이러한 반성으로 얻는 지식은 회사경영 전반에 매우 유익한 학습자료를 제공할 것이다.

핵심기술의 관리단계에 이 원리를 적용하면 각 개별 구성원들도 신제품 또는 가공기술을 발견할 수 있고, 또 사내의 다른 프로젝트에 도움을 주거나 회사가 다른 시장에 진출하는 데 도움이 될 잠재력을 가진 기법(know-how)을 개발할 수도 있다.

개발 포트폴리오를 조정 관리하는 수준에서는 산업구조와 회사의 경쟁위치에 변화가 일어나면 경영진은 기존의 연구개발 포트폴리오를 중단시키거나 아니면 회사 전체의 입장에서 신규 프로젝트를 넣어 전체 포트폴리오를 변경할 수밖에 없다.

연구개발 포트폴리오를 규율 있게 관리할 때 유용한 지식을 획득해서 조직 전체에 확산시키려면 다음 순서에 따르는 것이 좋다.

첫째, 외부의 변화를 주시한다. 이미 Chapter 3에서 설명한 바와 같이 프로젝트 담당 책임자와 고위 경영진에서는 경쟁환경의 변화를 감시해야 한다.

둘째, 내부의 변화과정을 추적해야 한다. 앞에서와 마찬가지로 프로젝트 담당 책임자와 CEO는 프로젝트팀 내부와 회사 전반에 일어나고 있는 프로젝트의 진행상태, 신기술 및 신기법의 개발동향을 추적하여 상세하게 파악하고 있어야 한다.

셋째, 의사결정수(decision tree)를 최신정보에 따라 수정한다. 앞의 두 단계에서 수집된 정보에 따라 예상수익, 성공확률, 비용, 기타요인 등 프로젝트의 예상가치에 영향을 미칠 수 있는 제 변화를 감안하여 의사결정수를 수정해야 한다(본 Chapter 후반부 〈표 7.2〉 참조).

넷째, 사내에 모범방식 체제(best practices system)를 구축한다. 경영 수뇌부에서는 '모범방식 체제'를 만들어 기술, 종업원, 경쟁업자, 고객 등의 색인을 붙여 인트라넷(intranet)에 올림으로써 사내 직원들이 각각의 업무수행에 참고로 삼게 하여야 한다. 프로젝트 담당 책임자의 업적을 심사할 때 산하 프로젝트팀이 사내 모범방식에 얼마나 많은 신기술과 신기법을 추가하였는지도 살펴보는 것이 합당하다.

마이크로소프트 사는 조직 내의 학습과제를 프로젝트팀별로 고객관리 측면과 기술관리 수준에서 다방면으로 부과하는 것을 제도화하였다. 쿠 사무노와 셀비가 그들의 저서(1995)에서 설명하였듯이 마이크로소프트 사의 각 연구개발팀들은 1980년대 후반 이후에 추진된 프로젝트의 절반 이상에 대하여 사후적 검토보고서를 작성하여 왔다. 이 보고서들은 빌 게이츠(Bill Gates) 회장을 비롯한 경영 수뇌부들이 다 읽었는데 의도적 으로 자기반성을 위해 작성하도록 지침을 주었으며, 분량은 10~100페이 지 정도였다. 이 사후 검토보고서는 전형적으로 어떤 것들이 잘되었고 어떤 것들이 잘못되었는지, 그리고 다음 프로젝트에서 그들을 개선하려 면 무엇을 해야 하는지를 논의하는 내용으로 작성되었다.

마이크로소프트 사는 이와 같은 사후 검토보고서를 이용하여 제품개발 업무의 추진과정을 크게 개선하였고, 따라서 업계에서의 경쟁력도 향상되 었다. 예를 들면 '워드 3(Word 3)' 프로젝트에 관한 사후 검토보고서로 인 하여 이 회사의 신제품 개발방식은 '기능확대 우선'으로부터 '완성도 우 선'으로 전환되었다. 1989년 마이크로소프트 사는 'Word 3' 프로그램에 대해 예정보다 4년 늦게 시판에 들어갔지만 너무나 결함(bugs)이 많아 7만 명의 사용자들에게 무료교환품을 지급해야 했다.

이 소프트웨어(Word 3)의 주된 문제점은 '기능확대 방식'에 있었다. 즉, 개발 담당자는 먼저 제품의 모든 기능에 대해 통합적 성능을 점검해 보 지 않고, 각각의 사용설명서를 엉성하게 일률적으로 작성하는 데 그쳤다. 이 소프트웨어의 완성단계에서 각 하부기능을 통합하려 하자 이제는 각 기 능간 상충이 일어나 가히 '무한대의 결함(infinite bugs)'이라는 상태에 놓 이게 되었다. 마이크로소프트 사는 이때 '완성도 우선' 방식으로 전환하였 고, 이제는 각 기능을 먼저 충분히 개발하고 철저히 검사해 본 다음에야 다음 기능으로 넘어가도록 한 것이다.

또한 엑셀 4(Excel 4) 프로그램 개발과정에 대한 사후적 검토보고서로부터도 여러 가지 교훈을 얻었다. 마이크로소프트 사는 이러한 교훈들을 모아 일련의 '무결점 운동원칙(zero defects rules)'으로 문서화하여 연구개발부서에서 반드시 준수하도록 제도화하였다(Cusumano and Selby, 1995 참조).

고객의견 조사결과(customer feedback)는 마이크로소프트 사의 제품개발 과정 각 단계마다 철저하게 반영되도록 하고 있다. '활동중심 계획방식(Activity Based Planning)', '요망의 전화(Wish Lines)', '통화기록자료(Calls Data)'는 거의가 다 고객의 요구사항과 기존상품에 대한 불만사항을 신제품 설계에 반영하기 위해 실시하고 있는 제도들이다. 프로그램 관리책임자, 그리고 개발 담당자는 사용자들의 요구사항을 분석하여 사양(specification)을 작성하고 시제품을 생산하는 방식으로 개발과정을 진행시킨다. 그리고 고객의견이 반영된 이 시제품은 연구소 자체의 유용성(usability) 테스트에 붙여지는데, 여기에서 얻어진 정보는 사내의 관련부서에서 행하는 알파 테스트(alpha test) 이전에 개발팀에서 필요한 수정을 가할 수 있도록 하는 데 있어 중요한 참고사항을 제공한다. 설비를 실제로 장치하는 현장에서 행해지는 베타 테스트(beta site test)와 제품 서비스의 난이도 테스트도 신제품을 시장에 공급하기 직전에 행해지는 테스트로서, 개발 담당자들에게 고객중심의 제품여부를 검증할 수 있는 유용한 정보를 제공한다. 마지막 조치로서 제품이 시장에 공급된 후에는 고객 서비스 라인으로 걸려온 전화에 응대하고, 대책본부 상황실과의 원격화상회의에 참석해 고객만족도 조사결과와 제품사용 상황조사 결과를 검토하는 순서로 일을 추진함으로써 고객의 의견이 제품개발에 철저히 반영되도록 만전을 기하고 있다. 나아가 개발팀은 각종 마케팅 관계 조사결과와 소프트웨어 사용자들이 조작한 키(key)의 추적기록도 활용하여 초기제품을 개선한다(Cusumano and Selby, 1995 참조).

마이크로소프트 사는 사내의 여러 가지 제도적 장치를 만들어 그룹간 지식·정보의 교류를 장려하고 있다. 또, 이 회사는 매년 한 차례씩 휴양지에서 합숙 연수회라는 것을 연다. 그러나 이러한 연수는 유용하기는 하지만 수시로 열리는 것도 아니고 고위직에 한정되어 있기 때문에 문제해결에는 충분하지 않다. 따라서 이 회사에서는 중간관리직과 기타 사원들이 업무에 유용한 신지식과 정보를 교환·공유하도록 각 부서별로 정례적인 오찬회의를 통해 동일직능을 담당하는 중간관리직들끼리 서로 만나도록 하고 있다. 아울러 개발 담당자들과 시험 관계자들도 매주 정기적으로 회의를 열어 만나게 한다. 이러한 등속의 그룹간 회의에서 논의된 회사 전반에 관련되는 사항은 전자우편을 통해 관리직 전원이 알 수 있도록 한다.

이처럼 마이크로소프트 사는 자사가 개발하는 프로젝트로부터 무언가 새로운 것을 배우는 기업의 전형적인 실례를 보여 주고 있다. 이 회사는 사업에 지장을 줄 수 있는 경직된 규칙을 만들지 않으면서도 학습과정을 제도화하는 데 성공하였다. 마이크로소프트 사는 업무상의 과오를 숨김없이 찾아내는 한편, 그것을 신고한 사람을 문책하지 않으면서도 효과적인 해결책을 능동적으로 발전시키고 있는 것이다.

연구개발 포트폴리오의 평가좌표를 작성, 활용한다

하이테크 우량기업들은 연구개발 프로젝트 선정심사에 올라온 후보 제안서들을 검토하기 위하여, 그리고 CEO로 하여금 연구개발 계획 전반을 회사의 전략과 연결시키도록 도와주기 위해서 연구개발 포트폴리오의 평가좌표(portfolio grids)를 작성하여 활용한다. 이 평가좌표는 경영 수뇌부가 의사결정시 중요하다고 생각하는 평가항목을 양 축에 세워 4분 평면상의 좌표를 한 점으로 나타내는 방식을 쓴다.

예를 들면, 어떤 회사에서는 해당되는 시장의 잠재 수익성과 자기 회사의 예상 경쟁력을 비교하여 연구개발 프로젝트를 선정한다. 이러한 접근방법을 쓰면 경영진에서는 자기 회사가 경쟁상대 기업보다 우월해지기 위해 무엇을 해야 할 것인지를 찾아내는 데 쉽게 초점을 맞출 수 있다. 또, 제네틱스 인스티튜트(Genetics Institute) 같은 기업은 연구개발 제안별로 위험 대비 수익성을 평가하여 선정하는데, 이러한 평가방식을 취함으로써 각 프로젝트 담당팀들로 하여금 예상 수익률이 낮은 프로젝트는 리스크를 더 낮추도록 유도하는 것이다. 시놉시스 사 같은 회사는 기술의 단계와 제품계열의 폭을 평가축으로 하여 좌표를 그린다. 이것은 고객을 위한 상품구색을 완벽하게 갖추어 나가려는 의도에서 비롯되었다.

하이테크 우량기업들은 회사 안팎의 여러 곳으로부터 좋은 아이디어들이 나올 수 있다는 것을 잘 인식하고 있다. 그런데 제안되는 연구개발 프로젝트를 다 수행하자면 예산을 초과하게 되므로 이들의 우선순위를 매기는 것이 필요하다. 이 경우 하이테크 우량기업들은 수익과 위험을 고려한 경영진의 방침과 가용자원 사용상의 제약을 다 같이 충족시킬 수 있는 연구개발 제안의 우선순위를 정하는 데 있어 평가좌표를 사용한다.

에릭 폰 히펠(Eric von Hippel)은 1988년에 출간된 그의 저서 「혁신의 원천(The Sources of Innovation)」에서 지적한 것과 같이 많은 산업에 있어서 새로운 착상들은 '앞서가는 고객들(leading edge customers)'로부터 나온다. 이미 Chapter 5에서 살펴본 바와 같이 하이테크 우량기업들이 신제품을 개발할 때 초기 사용자들과 협력하는 이유도 바로 여기에 있다. 또한 연구개발 아이디어는 산업계에 영향을 미치는 동향분석으로부터 얻어질 때도 있고, 대학의 연구소나 신규 창업회사들로부터 얻어지는 경우도 있다. 또, 일반기업 중에서도 '순수연구(pure discovery)'에 약간의 자금이나마 지원하는 경우도 있는데, 이런 데서도 간혹 좋은 아이디어가 나오기도 한다. 개발팀들은 이러한 모든 원천으로부터 나오는 아이디어를 다 모으고 같이 논의해서 앞으로의 프로젝트 후보를 망라한 일람표를 만들어 활용하면 좋다.

평가좌표는 각 개발 프로젝트를 경쟁전략과 연결시켜 주는 기능을 하기 때문에 각 직능별 전문가들 사이에서, 그리고 경영 상층부에 보고할 때에도 의사소통상 매우 유용하다. 만일 이 평가좌표를 작성할 때 충실한 자료로 뒷받침된다면 이 분석의 결과는 자원배분상 중대한 영향력을 갖게 될 것이다.

잠재 수익성과 예상 경쟁력에 관한 분석결과를 종합하기 위해 평가좌표를 작성할 경우 종축에 잠재 수익성(낮음, 중간, 높음)을 잡고 횡축에 예상 경쟁력(열세, 호각, 우세)을 잡아 메트릭스(matrix)를 만든다. 이 좌표상 '고수익성 — 경쟁력 우세'에 위치한 프로젝트는 투자대상으로 선정되겠지만, 그 나머지는 보다 매력적인 프로젝트에 필수적인 기술을 개발해 주는 내용이 포함되지 않는 한 투자대상에서 제외될 확률이 높다. 하이테크 우량기업들은 이 경우 내부 부서간의 경쟁이 신상품 개발을 보다 빠르게 추진하면서 우수한 제품생산에 도움이 된다는 것을 인식하고 동일시장을 타깃으로 하여 두세 개의 개발 프로젝트를 동시에 진행시키기도 한다.

하이테크 우량기업들은 연구개발 프로젝트를 심사할 때 위의 잠재 수익성과 예상 경쟁력 이외에 위험, 수익과 같은 다른 요소도 참작한다. 그러므로 평가좌표의 축에는 각 기업의 특수한 목표와 입장에 알맞은 평가요소가 사용될 것이다. 그러나 어떤 축을 사용하더라도 경영 상충부가 가장 결정적이라고 생각하는 선택지표(tradeoffs)를 반영해야 한다.

예컨대 생명공학기술 계통의 회사인 제네틱스 사는 연구개발 프로젝트를 선정할 때, '홈런(home runs)'과 '안타(singles and doubles)' 사이에 균형을 유지하려고 애쓴다. 홈런이란 개발 투자의 순현재가치(NPV)가 높지만 성공확률은 낮은 프로젝트를 말하고, 안타란 투자의 순현재가치(NPV)는 상대적으로 낮지만 성공확률은 보다 높은 프로젝트를 지칭하는 말이다.

만일 어떤 프로젝트가 투자대상 포트폴리오 안에 끼지 못할 경우 경영진에서는 담당팀에게 재검토를 지시하여 성공 가능성을 올릴 수 있는지 여부를 조사시킨다. 일례를 들면, 어떤 예정된 약효성분의 투약방법에 있어서 보다 진보된 처방이 필요한 피하주사 방식에서 개발 가능성은 높지만 제품 차별화의 정도는 낮은 정맥주사 방식으로 바꾼다든지 하는 수법이다(제네틱스 사의 투자심사부장 데니스 하프Dennis Harp와의 면담에서, 1996).

시놉시스 사는 제품구성에 있어 균형을 유지하는 데 목표를 두고 있다. 즉, 이 회사는 기술의 단계와 제품계열의 폭을 양대지표로 하여 연구개발 프로젝트를 고르게 분포시키는 정책을 쓰고 있다. 이러한 균형을 유지하기 위하여 이 회사에서는 기존 제품보다 값이 싸고 성능이 수십 배 증대되는 차세대 상품을 개발하는 프로젝트뿐만 아니라 기존 제품의 성능을 약간 개량하는 프로젝트에도 자금을 투입하고 있다. 이때 평가지표의 하나로 채택되는 '제품계열의 폭(breadth of product line)'이라는 차원은 신제품이 기존 제품계열을 어느 정도 보충해 주는지, 그리고 고객들이 기존의 전자장치 자동화 기계를 구입하는 데 얼마나 더 편리하게 해주는지에 대해 고려해 보는 지표가 된다(1996년 8월, 시놉시스 사 CEO와의 인터뷰에서).

<그림 7.1>은 저자가 컨설팅해 준 어떤 제약회사의 평가좌표를 약간 단순화한 것이다. 이 9개(3×3)의 난을 가진 평가좌표는 세 가지 프로젝트 위치를 잠재 수익성과 예상 경쟁력을 양 축으로 하여 표시해 본 것이다.

		예상 경쟁력		
		열세	호각	우세
잠재 수익성	높음			프로젝트 A
	중간		프로젝트 B	
	낮음	프로젝트 C		

※ ■ 중단　■ 투자 또는 중단　■ 투자

〈그림 7.1〉 연구개발 프로젝트의 평가 위치

프로젝트A는 콜레스테롤(cholesterol)을 저하시켜 주는 약인데, 평가 좌표에 의한 심사에서 통과한 유일한 제품이다. 저자의 경험에 비추어 볼 때 이 프로젝트A처럼 고수익성/우세 경쟁력을 갖춘 프로젝트는 매우 드물다. 그러므로 프로젝트B와 프로젝트C를 구분하여 선정하는 일이 큰 과제이다. 왜냐하면 이 둘을 구분하려면 이 업종의 잠재적 수익성과 경쟁적 지위라는 두 가지의 결정요인을 잘 이해해야만 하기 때문이다. 세부적인 분석내용을 살펴보기로 하자.

프로젝트A: 고수익성/경쟁력 우세

프로젝트A는 콜레스테롤을 저하시키는 약제를 개발하는 과제였다. 고수익성의 판정이 나온 것은 총 40억 달러 규모의 시장이 연평균 12%씩 성장하는 경우를 예상하고 있고 평균 부가이윤율도 40%나 되기 때문이었다. 또, 고이윤율은 '베이비붐 세대(Baby Boomers)'의 고령화에 의해 야기된 시장규모의 급속한 성장추세 때문이었다. 그리고 업계의 선두적 지위는 두 경쟁기업 중 규모가 큰 기업은 콜레스테롤 강하제재인 유사제품을 생산하고 있으며, 이들이 상당 규모의 생산설비를 갖추고 광범한 유통조직을 운영함으로써 소위 진입장벽(entry barriers)을 아주 높게 설치해 놓았기 때문이었다. 이 회사의 경쟁적 우위는 가격수준으로부터 연유하였는데, 업계 평균수준의 90% 정도로 공급이 가능하기 때문이었다. 그리고 약제의 치료율은 10% 정도 빠르고 투약방법도 평균에 비해 훨씬 용이하기 때문이었다.

프로젝트B: 중위의 잠재 수익성/호각세의 경쟁적 지위

프로젝트B는 골다공증(骨多孔症, Osteoporosis) 치료제를 개발하는 과제였다. 중위의 잠재 수익성 판정은 목표시장이 규모 6억 달러에 연평균 성장률 60%, 평균 부가이윤율 20%로 추정되었기 때문이었다. 부가이윤율이 중위로 판정된 것은 갱년기를 지난 여성들의 평균수명이 늘어나 시장규모가 넓어졌고, 판매나 제조면에서의 진입장벽도 중간 정도의 수준으로 나타났기 때문이다. 그런데 수익을 좀더 높일 수도 있었던 이 진입장벽은 자체상표(brand)를 갖지 못한 신규 진입기업을 완전히 저지하지 못하여 일부 이윤이 유출되기 때문이었다. 한편, 경쟁적 지위가 호각세로 판정된 것은 제품의 가격수준은 업계 평균의 110%, 치료율은 5% 정도가 빠르고 투약의 용이성은 평균 이하로 나타났기 때문이었다.

프로젝트C: 낮은 잠재 수익성/경쟁력 열세

프로젝트C는 B형 간염 백신 주사제를 개발하는 프로젝트였는데, 그 수익성이 낮게 평가된 것은 시장규모 2백 5십만 달러에 연평균 성장률 4%, 평균 이윤율 8%로 추정되었기 때문이었다. 특히 이윤율이 낮게 평가된 것은 위생상태의 향상에 의한 산업 성장률의 저하, 비교적 많은 경쟁기업의 수, 그리고 치열한 가격경쟁 때문이었다. 경쟁적 지위가 열세로 판정된 이유는 제품가격이 업계 평균치보다 20%가 높고, 면역체 형성률이 10% 낮으며, 치료효과의 지둔성과 투약 편이성이 평균치 이하였기 때문이었다.

이 사례에서 보는 바와 같이 개발 프로젝트를 잠재 수익성과 예상 경쟁력의 관점에서 분석하는 것은 프로젝트의 가치를 기업의 전략에 결부시키는 방법으로서 특히 유력하다고 하겠다. 이러한 분석을 시행하려는 기업은 다음 두 가지의 전략 과제를 다루어 나가지 않으면 안 된다. (1)평균적인 경쟁기업 수를 감안할 때 어떤 부분시장(market segment)이 최대의 잠재 수익성을 갖고 있는가? (2)그 분야의 시장에서 성공하기 위하여 기업에서는 무엇을 해야 하는가?

어떤 산업의 '잠재적 수익성(industry profit potential)'이라 함은 어떤 특정의 산업 또는 산업분야에 투자할 경우 그 평균 수익률에 대한 척도인데, 프로젝트를 선별할 때 하나의 지표로서 사용되기도 한다. 마이클 포터(Michael Porter)는 그의 저서 「경쟁의 전략(Competitive Strategy, 1980)」에서 시장 참가기업 평균 수익률은 산업구조에 영향을 미치는 다섯 가지의 힘에 의해 결정된다고 지적하였다. 이 힘이란, 기존의 경쟁기업간 대결의식, 구매자의 교섭력, 신규 진입자의 위협, 공급업자의 교섭력, 대체상품/서비스 출현의 위협을 가리킨다. 결국 경영자는 경쟁 참가대상이 될 산업을 어떻게 선택하는가, 그리고 그 분야에서 경쟁에 사용할 전략을 어떻게 선택하는가에 따라 기업의 수익성을 좌우할 수 있다.

하이테크 우량기업에서는 다음의 순서에 따라 각 개발 프로젝트에 대한 잠재 수익성을 분석하고 있다.

첫째, 목표시장을 구분한다. 프로젝트 분석팀은 넓은 시장을 몇 개의 하부시장으로 분할하고 해당상품이 목표로 하는 하부시장을 정한다. 이때의 시장분할 기준은 제품의 종류, 지리적 요소, 고객의 업태, 요구되는 기술수준의 세련도 등이다.

둘째, 목표로 하는 하부시장의 크기를 견적해 본다. 목표로 하는 하부시장을 정하면 타 산업분석가, 업계단체, 학회, 업계잡지, 경쟁기업 연차보고서의 각종 데이터를 이용하여 이들 시장의 규모를 예측해 본다.

셋째, 목표시장의 성장률, 수익성을 분석한다. 동일한 자료들을 사용하여 목표시장의 성장률을 예측하고 이와 함께 이윤율, 자본 수익률도 예측하여 미래의 수익성을 추정해 본다.

넷째, 목표시장의 장래성을 결정하는 요인들이 무엇인지 파악한다. 분석팀은 이미 취득한 각종 문서정보와 함께 고객, 공급업자, 심지어는 경쟁업자와의 대화를 통해 정보를 이용하면서 앞에 말한 산업구조에 영향을 미치는 다섯 가지 힘을 참고로 하여 목표시장의 장래 수익성에 관련 있는 주요 요인들을 파악해 본다. 이러한 요인에는 수요확대의 가속화 요인, 가격 경쟁도의 완화, 고객의 가격 민감도 둔화 등이 포함된다.

이미 앞에서 살펴보았듯이 '경쟁적 지위에 관한 예상'은 하이테크 우량 기업이 개발 프로젝트의 전략적 적합성을 평가할 때 두 번째로 수행되는 분석과제이다. 포터(Porter)가 쓴 「경쟁적 우위(Competitive Advantage, 1985)」라는 책에서는 한 기업이 소속된 산업 내에서 수익성에 관한 상대적 순위를 높이기 위해 사용할 수 있는 기법에 대해 소개하고 있다. 그에 의하면, 고객에 대한 가치의 실현을 효과적으로 수행하는 기업활동을 계획 수행함으로써 기업의 상대적 위치를 높일 수 있다는 것이다. 이 점에 대해서는 우리도 Chapter 6에서 '고객가치'의 실현에 한발 앞서 나가기 위하여 하이테크 우량기업들이 시행하는 경쟁전략들을 상품 특성의 개발 측면에서 살펴본 바 있다.

단계화된 실시계획을 작성한다

프로젝트 포트폴리오(projects portfolio)에 관한 평가좌표 심사에서 통과 합격한 연구개발 제안에 대해서는 단계화된 실시계획(phased plans)을 작성하는 것이 우량기업의 수법이다. 이 계획을 이용하는 방법에 대해서는 이미 Chapter 5에서 자세히 살펴본 바와 같다.

이 Chapter에서 사용하고 있는 대표적 사례인 제약업의 경우를 보면 프로젝트A를 담당한 팀은 개발계획이 단계별로 추진될 수 있도록 조직적인 체계에 의해 작성하였는데, 제품이 판매 가능한 상품으로 진전되어 감에 따라 점차 더 많은 자원이 동원될 수 있도록 편성되어 있다.

- 연구단계: 이 단계에서는 비교적 소수의 연구원들이 배치되고 약 3~4년 간의 기간 중에 여러 가지 실험을 실시하고 가격, 조수익, 치료지수(therapeutic index), 투약의 용이성에 관련된 목표를 충족시킬 만한 합성물(compounds)을 설계한다. 실제로는 경영진에서 이 단계의 추진상황을 12~18개월 단위로 점검하고, 그때까지의 성과에 따라 진행/중단(go/no-go)의 결정을 반드시 내린다. 이 연구단계에서 개발된 합성물의 약효(efficacy) - 즉, 치료대상으로 정한 질병의 치료에 얼마나 효과가 있는지 - 를 점검하기 위해 몇 가지 중요한 의사결정 기준표를

만들어 둘 수도 있다.

이렇게 진행되는 프로젝트가 미리 정해진 기한 내에 기업의 경쟁력에 대한 의미 있는 결과를 내놓지 못했을 때에는 그 시점에서 중단되기도 한다. 반대로 가시적인 성과를 나타낼 경우에는 다음 단계로 옮겨 갈 가능성이 높아진다.

• 임상시험 단계: 임상시험은 개발된 화합물이 약품으로 사용될 때 안전한지를 확인하려는 것이다. 이 시험은 몇 개의 구간으로 나누어 시행하는데, 한 구간은 대개 12~18개월을 단위로 하여 시행되며, 각 구간이 끝날 때에는 경영진에서 필요한 의사결정을 내리게 된다. 프로젝트 A의 경우 임상시험을 약 5년 간으로 예측하였다.

이 임상시험은 매 구간마다 비용과 위험이 증가하기 때문에 경영진에서는 시험결과가 개발된 화합물의 안정성을 증명한다는 확신을 얻기를 원한다. 경영진은 이와 같은 여러 가지 시험을 통해 살아남은 화합물에 대해 구체적인 약효 표시에 관한 정부의 허가를 신청하고, 그 화합물 및 계통 화합물에 관한 특허신청을 개시한다. 경영진에서는 또한 그 합성물이 동물실험에서 합격이 되면 다음 단계인 제조규모 확대(scale-up)에 대한 지출승인을 내리게 된다.

• 임상제조 규모 확대단계: 회사가 인체 임상시험을 결정하고 개시하면 임상용 물자 구입, 시험제조 장비의 설치, 공정개발, 소량의 시험생산 등에 따라 지출이 발생한다. 프로젝트A의 담당팀은 이 임상제조 규모 확대를 10차 연도에 실시할 계획을 세웠다. 만일 그 합성물이 안전하고 효율적으로 제조될 수 있다면 경영진에서는 다음 단계인 발매 전 마케팅(prelaunch marketing)의 단계로 나아가도록 승인할 것이다.

때로는 효과 있는 합성물로 제조상의 효율을 기할 수 없을 때 개발이 중단되는 사례가 있다. 예컨대 어떤 회사에서 식품의 불순물을 제거하는 기술을 개발했는데, 소매가격을 파운드당 1달러 정도로 예정하고 개발했음에도 실제시험 제조원가가 8~12달러가 들자 취소된 경우가 있었다.

- 시판 전 마케팅 단계: 개발된 신약의 발매에 앞서 연구 담당자가 영향력 있는 의학 전문지에 논문을 발표하기도 하고, 회사에서는 의사와 의료관련 기업에 임상 데이터를 제공하는 한편, 약재의 견본품을 배포하여 제품홍보를 개시한다. 프로젝트A팀의 계획으로는 10차 연도에 이 단계를 진행하도록 하였다.

- 시판: 프로젝트A팀의 계획에 따르면 본격적인 시판은 11연차에 개시하며, 제품 시판수명은 약 13년 간 지속하는 것으로 되어 있다.

자금수급을 추정한다

프로젝트 담당팀에서 각 단계별 추진 일정표와 진행 추이선의 작성을 마치면 각 단계를 지날 때마다 새롭게 투입되어야 할 자금의 수급 예산표를 작성하여야 한다(개발 대상품목이 시판에 이르기 전에는 자금흐름은 사실상 자금지출로만 나타날 것이다).

이에 관해서는, 어떠한 예측에도 해당되는 사실이지만 그 예측치의 신뢰도는 예측시 채택한 가정이 어떠한가에 달려 있다. 무엇보다 중요한 것은 프로젝트에 관련되는 모든 부서의 관계자들이 기본적인 자금 수급상의 가정에 대해 이해하고 합의하는 것이다. 비록 이러한 검토과정은 지루하고 많은 시간이 소모되기도 하지만, 이를 통해 관련자들의 합의가 이루어지고 또 프로젝트를 자기 것으로 생각할 만큼 실감을 느끼게 한다.

여기에서 우리의 대표적 사례인 프로젝트A로 돌아와 살펴보면, 3년 간 총 1천 2백만 달러가 들어가는 예산을 다음과 같이 세분하여 지출하기로 계획하였다.

- 심장순환기계 질환의 전문 연구원: 4백 4십만 달러. 이 예산에는 심장 순환기 계통의 질환에 관한 전문 연구원을 6명 채용하여 3년 간 직접 비·간접비를 포함한 1인당 연 24만 달러를 지출하는 것으로 하였다.
- 약리화학자: 3백 6십만 달러. 이 예산에는 6명의 약리화학자를 앞의 근무 조건과 같게 하여 1인당 20만 달러씩 3년 간 지급하는 것으로 하였다.
- 효소 관련 연구원: 2백 2십만 달러. 이 예산에는 3명의 효소분야 연구 원을 채용하여 앞의 근무조건과 동일하도록 1인당 24만 달러씩 3년 간 지급하는 것으로 하였다.
- 추가 연구용 설비: 1백 8십만 달러. 이 예산에는 분자모형 해석용 컴퓨 터 두 대와 형광비율 이미지 분석기 한 대를 구입하는 비용이 포함되 어 있다.

프로젝트의 의사결정수를 작성한다

신제품 개발의 각 단계별 자금수급 계획표를 작성한 다음에는 의사결정 수를 작성하는 것이 우량기업들의 기획방식이다. 그런데 프로젝트 담당 팀에서는 이 의사결정수를 만드는 데 꽤 어려움을 느끼는 게 상례이다.

왜냐하면 어떤 사안에 대한 확률을 수치로 나타내야 하지만, 그들은 사실 직관적인 느낌만 있을 뿐 수치로 나타낼 만큼 정확히 예측하기가 곤란한 것이다. 따라서 프로젝트 담당팀에서는 팀원끼리 토론을 거듭하여 확률 추정치를 추출하고, 그 수치들이 프로젝트 전반에 걸쳐 일관성이 있는지 점검해 본다. 이러한 과정을 거쳐 팀 내의 단결심은 더욱 견고해지고, 프로젝트에 대한 친근감과 소유의식이 강해진다.

프로젝트A에서 사용한 의사결정수를 <표 7.2>와 같이 단순화하였다. 이를 이용해 프로젝트의 가치를 산정하는 방법을 살펴보기로 하자. 의약품은 대개 한 품목을 시판 이전단계까지 개발하는 데 약 1억 달러가 넘게 들어간다. 그러한 제품은 대개 23년의 수명을 갖는데 북미, 유럽, 아시아 지역의 경우 개발단계의 10년 외에 시판으로 수익을 올릴 수 있는 기간이 13

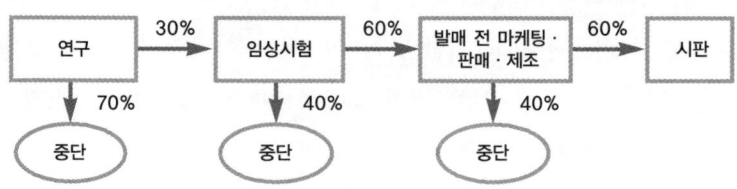

〈표 7.2〉 프로젝트A의 단순화된 의사결정수

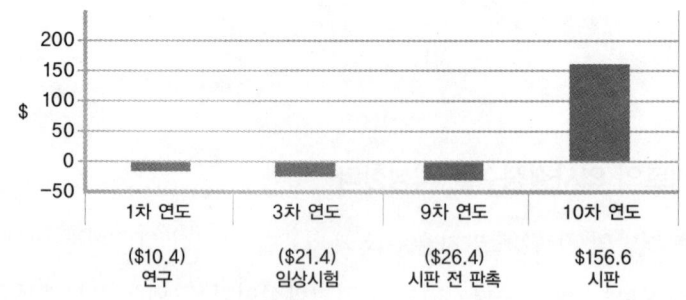

단계별 누적 현재가치(1차~23차 연도)

년 정도인 것으로 나타나고 있다. 프로젝트의 위험은 의사결정수의 마디(node)마다 확률로서 반영되어 있으므로 자금흐름은 일반적인 무담보 이율(risk-free rate)로 할인하여 현재가치화하였다.

프로젝트A의 현재가치는 아래에 설명하는 전제조건과 계산방식에 따라 약 1억 5천 7백만 달러로 나타났다. 이 수치는 제품이 시판된 이후 이익의 현재가치 1억 8천 3백만 달러에서 연구(1천 4십만 달러), 임상시험(1천 1백만 달러), 발매 전 마케팅, 제조, 판매(5백만 달러)의 예상현재가치를 차감한 결과이다. 이 계산의 내역은 다음과 같다.

- 연구: 이미 앞에서 언급된 바와 같이 연구에는 3년 간 1천 2백만 달러가 소요되는 것으로 가정하였다. 무담보 금리 5%와 연구종료 후 연구비를 지급하는 조건으로 할 때 연구투자의 현재가치는 마이너스 1천 4십만 달러이다.

- 임상시험: 프로젝트팀의 예상으로는 연구단계 종료 후 임상시험에까지 이르게 될 가치 있는 화합물을 얻게 될 가능성은 30%(즉, 임상시험 전에 중단될 확률은 70%)였다. 만일 임상시험에 들어가면 6년 간 5천 8백만 달러가 소요된다. 무담보 금리 5%를 적용하고 임상시험의 모든 비용을 9차 연도 말에 지급한다고 가정하면 임상시험 단계에 투입되는 예산의 현재가치는 마이너스 1천 1백만 달러이다(즉, 임상시험 비용의 현재가치는 — 3천 7백만 달러인데, 개발된 화합물의 임상시험 회부확률은 30%이므로 — 3천 7백만 달러 × 0.3 = -1천 1백만 달러라는 계산이 나온다). 그리고 임상시험 비용의 현재가치 마이너스 3천 7백만 달러라는 수치는 임상시험에 투입되는 실비용 5천 8백만 달러를 할인율 [1.552 = (1.05)9]로 나누어 산출된 액수인데, 이는 이

비용이 9차 연도 말에 지급된다는 가정에 따른 것이다.

- 시판 전 마케팅, 판매, 제조: 프로젝트 담당팀에서는 개발된 화합물이 임상시험을 통과할 확률을 60%(즉, 시판 전 마케팅, 판매, 제조단계 이전에 중단될 확률은 40%)로 보았다. 시판 전 마케팅, 판매, 제조는 1년이 걸리며, 총 4천 6백만 달러가 지출될 예정이다. 무담보 금리 5%를 적용하고 이 4천 6백만 달러가 10차 연도 말에 모두 지급된다면 이 단계에서의 지출예산의 현재가치는 마이너스 5백만 달러이다(시판 전 단계비용의 현재가치 마이너스 2천 8백만 달러×임상시험 통과 확률 60%×개발된 합성물을 임상시험에 회부할 확률 30%).

- 시판: 개발된 약품이 시판 전 단계를 통과할 확률은 60%(즉, 시판단계 직전에 중단될 확률은 40%)로 예상되었다. 그리고 그 약품의 시판이 개시되면 판매수명은 약 13년 간 지속되고, 매년 10억 달러씩의 판매 수입을 제공하며, 이윤율은 약 40%가 될 것으로 예상하였다. 무담보 금리 5%를 적용하고 모든 이윤이 23차 연도에 수령된다고 가정하면 제품이윤의 현재가치는 1억 8천 3백만 달러이다(판매이윤 실금액 1백 6십 9만 3천 달러×시험제조 및 마케팅 테스트 통과 확률 60%×임상 시험 통과 확률 60%×개발된 화합물을 임상시험에 회부할 확률 30%).

이미 언급한 바와 같이 의사결정수는 프로젝트 담당팀이 프로젝트 추진 의 각 단계를 통과시켜 나가는 능력과 같은 내부적 요인의 변화뿐만 아니라 정부규제, 경쟁상대의 전략, 고객의 수요에 있어 발생하는 변화 등이 프로젝트의 현재가치에 미치는 영향을 계량화하는 데 이용될 수 있다. 예를 들면, 프로젝트A의 경우 임상시험에 들어간 지 3년이 경과된

후에 심각한 변화가 일어나 프로젝트의 예상가치가 1억 5천 7백만 달러에서 1억 2천 5백만 달러로 떨어졌다고 하자. 이때 의사결정수도 다음과 같은 변화를 반영하여 다시 작성되었던 것이다.

- 규제 · 인허가 제도의 변경: 임상시험 도중에 프랑스에서는 심장순환기 계통 약품에 관한 규제제도의 변경이 있어 수입관세를 대폭 인상하였는데, 프로젝트팀에서는 대프랑스 수출분을 포기하고 예상판매수입에서 제외키로 하였다. 이러한 변화로 말미암아 총 판매고는 8천만 달러가 줄었고, 프로젝트의 현재가치도 2천 4백만 달러가 감소하였다.

- 경쟁상대 기업의 연구활동: 임상시험 도중 프로젝트팀에서 공동연구를 추진하다가 실패한 어느 대학 연구소의 연구원이 대규모제약회사와 경쟁약품을 개발하기로 계약했다는 소식이 들려 왔다. 이 경쟁약품보다 먼저 연방식약청(FDA)의 허가를 받기 위해 프로젝트A팀은 임상시험을 조기에 완료하기 위한 추가예산 1천만 달러를 배정받았다. 이로 인해 프로젝트의 예상가치는 8백만 달러가 감소하였다.

개발 포트폴리오의 가치를 계산한다

각 개별 프로젝트팀이 자기들의 담당 프로젝트에 대해 의사결정수 작성을 끝내면 경영진에서 개발 프로젝트 전체의 기대치 계산이 가능하게 된다. 만일 프로젝트팀 멤버들과 경영 수뇌부간의 의사소통이 자주, 그리고 명료하게 이루어졌다면 이 개발 포트폴리오 기대치 계산의 근거가 되는 전제조건 등은 조직 전체에 타당한 것으로 잘 이해될 것이다.

경영진에서는 이 프로젝트 전체의 기대치 계산을 해봄으로써 개발 포트폴리오가 회사에 가치를 창조해 줄 수 있도록 잘 편성되어 있는지를 평가해 볼 수 있고, 또 기대치에 따라 각 프로젝트의 순위를 매겨 볼 수도 있다. 그리고 경영진에서는 이를 통해 그들이 투입하는 개발투자가 어느 정도의 깊이로 이루어지는지, 그리고 몇 년이 걸려서 이 깊은 투자의 구덩이로부터 빠져 나와 순 흑자의 이익을 누릴 수 있는지를 알아볼 수 있다.

예상가치를 계산하여 프로젝트의 가치를 평가하는 방식은 사람들에게 불안감을 안겨 줄 수도 있다. 이 불안감은 개발 프로젝트가 결국 리스크 조정 후 현금흐름의 집합체로 압축되고 그 크기도 당초 생각했던 것보다 그리 크지 않기 때문에 나타나게 된다. 아울러 개발 담당팀에서는 프로젝트 뒤에서 편안히 숨어 지내던 자신들이 재무분석이라는 강한 광선 아래 드러나 보이게 되었다는 당혹감도 있을 것이다. 이러한 불안감을 부드럽게 표현하는 방법은 보통의 경우 기대치를 계산하는 방법이나 가정이 과연 타당한가를 질문하는 식으로 나타난다.

업무를 진행할 때 이 단계에서의 합의(consensus)를 만들어 내는 것이 아주 중요한 과제이다. 프로젝트에 참여하는 모든 사람들이 방법이나 가정에 동의하였다면 분석의 결과가 그들의 기대만큼 화려하지 못하더라도 이러한 단계별 업무추진 과정 전체의 신뢰성을 뒤엎으려고 시도하기는 어려울 것이다.

우리들의 사례연구에 되돌아와서, 회사가 투자결정을 내린 사업내용을 살펴보자. 회사는 프로젝트A를 포함해서 총 6건의 프로젝트 누적 기대치가 6억 8천만 달러에 이르는 포트폴리오를 선정하여 자금을 공급하기로 하였다. 기대가치 계산과 아울러 전체 포트폴리오에 대한 민감도 분석(sensitivity analysis)이라는 것도 행해지는 게 보통이지만, 여기에서는 논의를 간결히 하기 위하여 프로젝트A에 대해서만 그의 기대치를 움직이는 3대 요인에 대해 살펴보기로 한다.

- 3년차의 수익: 프로젝트A의 현금흐름에 관한 분석을 보면 제13 연차의 예상수익이 10% 감소된다면 프로젝트A의 전체가치는 14%가 감소되어 2천 2백만 달러가 줄어드는 것으로 나타났다. 이러한 우려할 만한 사태가 실제로 발생할 가능성이 있는지, 있다면 어디로부터인지 알아보기 위하여 고객행태 분석을 실시하였다. 그 결과 예상수익의 하락을 가져올 가장 큰 요인은 치료율이 예상보다 낮게 나타날 경우라는 것이 프로젝트A팀의 생각이었다. 이에 대한 대책으로서 하부팀을 조직하여 신약의 상대적 치료율을 좌우하는 요인을 정밀하게 조사하기로 하였다.

- 임상시험 비용 : 비용추정 모형의 분석에 따르면 임상시험 비용이 10% 상승하면 프로젝트A의 예상가치는 4%, 즉 6백만 달러가 하락하는 것으로 계산된다. 팀 내에서 이를 논의하고 검토한 결과 문제의 비용 10% 상승요인은 임상시험 제3국면이 2년 간 지연될 경우로 지목되었다. 역시 이에 대한 대책으로서 하부팀이 편성되어 그와 같은 지연을 일으킬 수 있는 원인을 미리 찾아내서 해결하도록 하였다.

- 시판 전 제 비용: 앞에서도 사용된 비용분석 모델에 따라 제조비용이 10% 상승하면 프로젝트의 기대치는 3%, 즉 5백만 달러가 감소한다. 논의의 결과 문제의 제조비용 10% 상승은 시험제조 설비(manufacturing pilot plant)의 완성이 8개월 늦어질 경우에 발생할 수 있다는 것을 알아냈다. 하부팀이 편성되어 회사의 제조설비 능력을 점검하고 필요 부분을 추가로 증강할 대책을 강구하기로 하였다.

신제품 개발을 위한 전체 프로젝트를 편성하고 기대치를 계산함에 있어 적용할 수순은 다음과 같다.

첫째, 시나리오(scenario)를 개발한다. 각 프로젝트에 대해 낙관적인 전개과정, 비관적인 전개과정, 그리고 상식적이면서 가장 그럴듯한 전개과정을 상정하여 의사결정수에 반영·작성한다. 프로젝트 담당팀은 기대치의 80%를 움직이는 주요변수 20%를 찾아내어 각 변수에 대해 비관적, 낙관적, 상식적 시나리오를 작성해 본다.

둘째, 현금흐름을 할인한다. 미래의 특정기간에 대해 미연방재무성 증권 이자율에 기초를 둔 무담보 이자율을 적용하여 각 의사결정 마디에서의 현금흐름을 할인함으로써 현재가치화한다.

셋째, 기대치를 계산한다. 각 의사결정 마디에서 그 의사결정에 따른 현금흐름의 현재가치에 성공 확률을 곱하여 프로젝트의 기대치를 계산한다. 각 프로젝트팀에서 일단 낙관적, 비관적, 상식적 시나리오를 작성하였다면 경영진에서는 각 시나리오별로 프로젝트의 기대치와 전체 개발 프로젝트의 총체적 기대치를 계산해 낼 수 있다.

넷째, 민감도 분석을 실시한다. 각 팀이 실시할 민감도 분석이 어떠한 성질의 것이 될 것인지는 기대치 계산의 결과가 어떻게 나타났는가에 의존한다. 만일 전체 포트폴리오의 기대치가 플러스(positive)로 나타났다면 기대치를 0으로 낮출 가능성이 있는 결정적인 몇 가지의 변수에 대해 그 변화율을 %단위로 계산해 본다. 이때의 결정적 주요변수(critical variables)에는 시장 침투율, 성공확률, 조수익률, 제조설비에 대한 자본투자 등이 포함될 것이다.

만일 기대치가 마이너스(negative)로 나타났다면 여러 가지 시나리오를 검토하여 기대치가 플러스(positive)로 돌아설 가능성을 찾아보아야 한다. 이러한 시나리오에는 기대치의 마이너스값이 가장 큰 프로젝트를 중단하는 것, 기대치가 더욱 큰 프로젝트를 추가하는 것, 그리고 전체 포트폴리오의 기대치를 플러스로 전환시키는 데 필요한 결정적 요인의 값을 얼마나 변동시켜야 할 것인지 계산해 내는 것 등이 포함될 것이다.

자원배분 과정을 관리한다

하이테크 우량기업들은 자원배분에 관한 정책결정에 있어 회사의 '사업경영' 측면과 '과학기술적' 측면 사이에 균형을 이룰 수 있도록 조정관리하고 있다. 특히 이들은 분기별로 회의를 열어 사실에 입각한 자원배분에 관한 주요결정을 내리곤 한다. 이와 동시에 기술적 문제에 관한 회의는 더욱 자주 가지는데, 이 회의에서는 다음 보기의 자원배분 관련 회의에서 더 많은 예산을 획득하기 위해 충분한 업적을 올리려고 노력하는 각 팀들의 애로사항을 해결해 주고, 또 그들의 독창적인 노력을 권면하는 분위기를 조성토록 운영한다. 이처럼 주요 의사결정을 위한 회의와 문제해결을 위한 회의를 확실히 구분하여 운영함으로써 하이테크 우량기업들은 사업경영 측면과 과학기술 측면에 관련된 회사의 목적을 모두 달성하고 있다.

결국 이와 같은 우량기업들의 자원배분 방식은 콜린스와 포라스(Collins and Porras)가 공저한 「장수하는 조직(Built to Last, 1994)」이라는 책에서 언급한 바 '관리하의 진화(directed evolution)'라는 과정을 그대로 반영하고 있다고 하겠다. '관리하의 진화'라는 개념에서 연구개발의 성패는 온통 불확실성으로 둘러싸여 있지만, 그렇다고 해서 통제를 지나치게 많이 하면 잠재적 가능성을 지나치게 제약하기 쉽고 또 통제가 불충분하면 소중한 자본과 인적자원이 소산(消散)되는 문제를 낳는다고 보고 있다.

'관리하의 진화'는 연구 프로젝트가 갖는 '유전자의 풀(gene pool)' 가운데서 바람직한 변종의 발생량을 극대화하려는 목적을, 희소한 자본과 인적자원을 효율적으로 사용해야 할 필요성과 잘 부합되도록 통제하는 임무라고 해석된다. 경영자는 입수할 수 있는 최선의 정보를 바탕으로 장래성이 없는 프로젝트는 기각하고, 잠재적 가치가 더욱 높아지는 프로젝트로 자원을 돌려서 공급하는 것이다.

하이테크 우량기업이 동종업계의 일반 타 기업과 확연히 구분되는 점은 자원배분시 시장의 가능성, 경쟁상의 위치, 당해 프로젝트의 중간이정표 달성 정도에 직접 관련된 사실들을 근거로 균형감 있고 합리적인 결정을 내린다는 특성에 있다. 하이테크 기업 가운데는 사내정치에 이끌려 자원을 배분하는 기업도 있는데, 장기적인 안목으로 보면 무의식중에 파산의 길로 걸어가고 있는 것이다.

우리의 사례연구로 되돌아가자. 프로젝트A 팀에서는 CEO, CFO, CTO들과 각 부서의 책임자들이 참석하는 자원배분위원회에 자기들의 연구 중간보고서를 제출하였다. 프로젝트A는 개발연구의 3차 연도가 완성되었기 때문에 임상시험 단계에 필요한 예산배정을 신청하였다. 이 위원회에서는 예상 치료율 15%를 주장하는 프로젝트A 팀의 보고내용을 철저히 조사·확인하고 팀이 예산배정 신청 이유로 제시한 아래 사항들을 심사숙의한 끝에 6년 간 6천만 달러가 소요되는 임상시험을 승인하였다.

• 치료율: 3년 간의 연구 끝에 팀에서는 인체 내에서 콜레스테롤을 생성하는 주요 효소의 활동을 억제하는 화합물을 발견하였다. 실험실에서 행해진 예비시험 결과 팀은 이 화합물이 기존의 약제들보다 콜레스테롤을 최소 15% 이상 빨리 저하시키는 효능이 있다고 확신하였다.

- 투약의 편이성: 화학작용으로 판단되는 그 화합물의 특성은 정제로 제조하여 1일 2회 투약하는 간편성이 있다고 한다. 기존 약제들은 모두 주사제인데 반해 이 정제약품은 투약의 편리성을 크게 개선한 것이다.
- 경합되는 개발연구의 부재: 회사에서는 제약협회, 자문위원, 재무 분석가 등과 접촉하여 알아보고, 업계 잡지도 면밀히 분석해 본 결과 주요 제약업체의 연구개발계획에는 유사한 연구가 없다는 것이 확인되었다. 그러나 팀은 어느 대학의 한 연구원이 비슷한 치료방법을 발견했다는 사실을 알아냈는데, 이에 따라 회사에게 이 사람과 라이센스 계약을 추진하도록 건의하였다.

결론

이 Chapter에서 소개한 하이테크 우량기업의 7단계 자원배분 방식은 업계의 타 기업에 비해 다음과 같은 여섯 가지 강력한 이점이 있다.

적응력 있는 조직: 하이테크 우량기업들은 최신정보에 의해 의사결정수를 경신하고, 각 프로젝트와 전체 포트폴리오에 대한 민감도 분석을 실시하며, 사후분석의 결과를 다른 프로젝트에도 반영하고 한 프로젝트에서 얻어진 교훈을 전 조직으로 확산하기 위한 공식·비공식 통로를 개설한다. 일반기업들도 이러한 방식을 따라 실행하면 실패로부터 교훈을 얻는 능력을 갖출 수 있다.

수익성 좋은 시장 개척: 하이테크 우량기업들은 프로젝트팀에 외부의 전문가를 초빙하여 그 능력을 보충하고, 산업구조의 변화추이를 예의 주시하여 자사의 전략수립에 참고로 한다. 일반기업들도 이러한 방법과 절차를 따름으로써 잠재 수익성이 보다 큰 시장을 목표로 진행되는 프로젝트에 자원을 집중배분할 수 있게 된다.

경쟁상의 주도권: 하이테크 우량기업에서는 기술의 변화, 경쟁상대 기업의 전략 변화, 고객 수의 변화 등을 면밀히 감시하여 자원배분정책 수립에 반영하는데, 일반기업들도 이러한 과정을 따름으로써 회사의 지도적 지위를 확립하고 수익 가능성이 보다 큰 시장에서 주도권을 잡을 수 있는 프로젝트에 자원을 배분할 수 있다.

연구개발 포트폴리오 가치의 극대화: 하이테크 우량기업에서는 전체 연구개발계획의 포트폴리오 안에 있는 각 개별 프로젝트의 할인된 현금 수입액을 누적하여 포트폴리오 전체의 가치를 평가한다. 일반기업들도 이러한 방식을 준용하여 자사의 연구개발 프로젝트 전체의 가치를 평가해 볼 수 있다. 만일 포트폴리오의 가치가 마이너스로 나타났다면 이 회사는 이 과정에서 자기 기업의 가장 큰 자금 유출구를 찾아낸 셈이 되며, 앞으로 알찬 경영개선의 기회를 갖게 되었음을 의미한다.

위험과 수익성간의 균형: 우량기업들은 포트폴리오 평가좌표를 사용함으로써 연구개발 프로젝트에 대한 자원배분 과정에서 위험과 수익간의 균형관계가 어떻게 되어 있는가를 평가해 볼 수 있다. 개개의 프로젝트를 놓고 이 균형이 맞지 않을 경우에는 프로젝트 담당팀에게 지시하여 리스크를 줄이고 수익성(return)을 올리도록, 혹은 두 가지를 다 올리도록 함으로써 양 자산의 균형을 유지하도록 조치한다.

재정상의 건전성 확보: 하이테크 우량기업들은 프로젝트 관리를 유연하게 하기 위하여 소단위로 분할하고 경영층에서 자본, 인적자원을 가장 효과적인 방법으로 운용함으로써 잠재 수익성이 가장 큰 프로젝트에 우선적인 자원배분이 이루어진다. 이러한 방식을 따르면 다른 기업들도 기술혁신 수익률의 극대화를 도모할 수 있다.

······

앞의 Chapte 2부터 Chapte 7까지는 하이테크 우량기업을 성공으로 이끌어 온 네 가지 기본조건에 관해 해설하였다. 이제 다음 Chapte 8에서는 이제까지의 결과를 총괄정리하고 요약 제시함으로써 독자들이 속해 있는 기업을 자가진단하고 변혁의 작업에 착수할 순서를 정하는 데 길잡이가 될 수 있도록 하겠다.

Chapter 8

기술혁신 채점표

The Technology Leaders

'어떻게 하면 나의 회사가 더욱 혁신적으로 변할 수 있는가' 하는 것이
세계 모든 하이테크 기업들의 CEO들이 부심하는 과제이다. 이 장에서
는 기업들이 바로 이 질문에 대한 해답을 얻고자 할 때 사용할 수 있는
분석의 틀을 제시하려고 한다. 여기에는 두 가지 전제조건이 가정되어
있다. 첫번째는 기업경영의 혁신으로 측정 가능한 경제적 가치가 생성된
다는 것이고 두 번째, 기업에서는 혁신의 수익률을 향상시키는 경영방
법상의 개선방안을 발견하고 실행해 나갈 능력이 있다는 점이다. 여기에
서 제시하는 분석의 틀이 충분한 활용가치를 가지려면 궁극적으로 다음
네 가지 목적을 달성할 수 있어야 한다.

• 일반인이 널리 받아들일 수 있는 기술혁신 수익률의 측정방법을 확립
한다: 어떤 기업에서는 기술혁신의 수익률을 측정하는 지표로서 총 매
출액 중 신제품 매출액의 비중을 사용하기도 한다. 그러나 여기에는 개
념상 많은 단점이 있다. 예컨대 '신제품(new product)'의 개념은 업종

과 제품 종류에 따라 다르게 정의될 수 있다. 즉, '과거 5년 간 새로 발매된 제품'이라는 회사도 있고, '지난 1년 이내에 발매된 신제품'으로 정의하는 회사도 있다. 더욱이 매출액 비중으로 측정하면 그 신제품 개발에 투입된 비용·유통·제조에 소요된 비용을 제대로 반영할 수 없다. 그리고 신제품으로부터의 매출액만을 계상(計上)한다면 생산공정의 혁신으로부터 얻을 수 있는 비용절감 효과나 수익증대를 측정에 반영할 수 없다.

이 책에서 이미 설명한 바와 같이 이론적으로 보다 견고한 기술혁신 수익률의 척도는 '신제품의 개발, 제조, 유통, 판매 그리고 애프터서비스(A/S) 때문에 발생되는 현금의 지출(cash outflow)을 순현재가치로 평가한 위에 그 신제품이 가져오는 현금수입(cash inflow)의 순현재가치를 합산한 금액'이다. 이러한 계산방식으로 나오는 기술혁신 수익률은 화폐단위로 표시되는 순현재가치로 나타낼 수도 있고, 또는 투자의 내부 수익률(IRR)로 나타낼 수도 있다.

• 회사 내부에 기술혁신 수익률 계산에 필요한 자료수집 담당 및 관리부서를 설치한다: 이 책에서 권장하고 있는 기술혁신 수익률은 지금까지 사용해 온 기업이 그리 많지 않기 때문에 그 자료 수집에도 상당한 시간이 필요할 것이다. 그러나 사내 각 부서에서 관련자료를 내놓아 합치면 보다 신속하게 필요한 데이터를 모을 수 있을 것이다.

• 기술혁신 수익률을 향상시키는 '성공의 네 가지 조건'을 구체적으로 평가할 척도를 작성한다: 이 책의 서두에서 제시한 성공의 네 가지 조건 – 즉, 기업가로서의 리더십, 개방적 기술정책, 무경계의 제품개발, 규율 있는 자원배분 – 들은 기술혁신 수익률을 향상시키는 원동력이다. 사내의 경영 관행에서 이들이 어느 정도 실천되고 있는지 측정함으

로써 혁신과 개선에 대한 노력을 장려하는 효과를 얻게 된다.

- 업계의 모범기업이 실시하는 표준 경영방식을 목표기준으로 삼아 본받으려는 체계적 노력을 경주한다: 이러한 목표를 달성하기 위해 노력하는 과정에서 기업들은 업계의 선두주자인 우량기업의 성공사례를 통해 많은 것을 배울 수 있다. 자사와 업계 내의 선두기업 또는 타 산업의 선두기업을 비교해 보려면 상당수의 기업을 표본으로 삼아 관련자료를 모아야 한다. 즉, 충분히 큰 수의 표본과 관련자료를 모아 기술혁신 수익률을 비교·평가하는 기초로 삼을 수 있다. 아울러 벤치마킹(benchmarking)의 데이터베이스에 포함되는 기업의 수가 확대됨에 따라 선도기업의 모범적 방식을 공유할 기회도 비약적으로 증가할 것이다.

이 Chapter에서는 독자들이 경영하는 회사가 기술혁신을 얼마나 잘하고 있는지 평가할 때 사용할 수 있는 질문사항을 5개 군으로 나누어 제시하려 한다. 그 첫번째 범주는 혁신성과의 척도, 즉 기술혁신 수익률이다. 나머지 4개 범주(경영진과 종업원, 기술, 제품개발, 자원배분의 프로세스)는 각 투입요소의 기여도를 측정하는 내용이다. 이러한 평가내용을 검토할 때 다음 두 가지 사항을 유의하여야 한다. 첫째, 우리가 제시하는 설문항목들은 의도적으로 광범위하게 편성되어 있다. 각 개별 기업의 사정과 관련이 없는 부분은 삭제하고 필요한 항목은 추가해야 할 것이다. 둘째, 혁신 채점표(Innovation Scorecard)는 특정시점에서의 기업현황을 진단하는 목적으로 작성되는 것이지만, 장기적으로는 경영관리 수단으로 사용되어도 매우 유익하다.

기술혁신 수익률(Return on Innovation)

각 기업들은 다양한 방법으로 기술혁신 수익률을 평가하고 있다. 그런데 이 가운데 분석적 정밀도가 높은 측정방법은 그리 널리 사용되지 못하는 경향이 있는 것 같다. 기업들 사이에서 사용되고 있는 여러 측정방법별로 장단점을 분석해 보면 아래와 같다.

• 당기매출액 중 신제품 판매액의 비중: 이미 앞에서 여러 차례 언급한 바 있듯이 많은 기업들이 이 방법으로 자기 기업의 기술혁신 성과를 평가하고 있다. 이 측정방법은 기업이 제품별 매출액을 조사해 보면 쉽게 계산해 낼 수 있다는 장점이 있다. 반면에, 당기매출액의 30%가 과거 5년 간 발매된 여러 신제품들에서 나왔다면 이 성과를 경쟁상대보다 낫다고 평가할 수 있는 것인지 의문이 아닐 수 없다. 더욱이 매출액이 같은 경우라 하더라도 타 연구기관으로부터 라이센스한 기술로 1년 걸려 개발된 제품이 자체연구 10년, 시판 개시시기 18개월 지연된 제품보다 훨씬 가치가 있을 것이지만, 이 평가방법으로는 점수가 똑같게 나온다는 문제가 있다.

• 주주자본 수익률: 이 측정방법은 기술혁신 투자에 대한 효과를 분석하기에는 너무 조잡하다는 결점이 있다. 주주가 출연한 자본금은 기술혁신 이외의 여러 활동에도 배정되기 때문이다. 한편, 이 주주자본 수익률은 특히 과거 5년 간의 평균치로 보았을 때 업계 평균에 대한 자기 기업의 총체적 성적을 상대적으로 비교해 보는 지표로서 유용하고, 관련자료도 대부분의 기업에서 공개하고 있기 때문에 객관적 통계를 작성하기가 용이하다. 그리고 회사에서 자사의 자본비용을 추정하여 주주 수익률과의 관계를 분석한다면 혁신 수익률의 근사치로서는 유용한 자료가 될 수 있다.

- 종업원 1인당 이윤액: 이 개념도 앞에서 본 주주자본 수익률과 같이 혁신 수익률 지표로서는 매우 조잡하다. 종업원 1인당 상대적 이윤율은 혁신 이외의 다른 요인에 의해 영향을 받기 때문이다. 한편, 이 지표는 공개된 기업에서는 쉽게 구할 수 있는 통계자료로서 기업간 생산성 비교를 위해 매우 유용한 자료로 쓰이고 있다.

- 주가 상승률: 이 측정방식은 주주자본 수익률보다도 훨씬 못한 지표이다. 주가는 혁신 수익률 이외의 요인에 의해 영향받는 정도가 주주자본 수익률보다도 훨씬 크기 때문이다. 주가변동은 기술혁신 보다는 금리의 변동이나 분기별 실제수익의 예상수익 대비율과 같은 요인들에 의해 일어난다. 다만, 이 책에서 살펴본 하이테크 우량기업들의 주가 상승률은 일반 기업들의 그것에 비해 훨씬 높았으며, 기업간 비교통계도 쉽게 구할 수는 있다.

- 기술혁신 수익률: 이 측정방식은 특정제품이나 공정혁신에 부수되어 발생하는 현금흐름의 순현재가치를 계산하는 방식이다. 이 방법은 기술혁신 투자가 회사에 기여하는 가치를 정확하게 파악하여 경영진의 판단자료로 제공하는 장점은 있으나, 몇 가지 단기적인 불이익도 있다. 특히 이 개념은 아직 널리 인식되지 못했기 때문에 이 계산에 필요한 자료를 프로젝트 예산과 제품판매 수입예측 시스템으로부터 도출해 내야만 한다. 더욱이 기업간 비교를 위한 자료를 경쟁상대 기업으로부터 입수하기도 곤란할 것이다.

위에서 살펴본 바와 같이 각 측정지표에 관한 유의사항을 열거하였는데, 각기 나름대로 기술혁신의 평가지표로서 의의가 있어 어느 정도의 유용성은 있다고 하겠다. 당기 총 매출액 중 신제품 매출액 비중은 회사의 판매관리 시스템으로부터 입수할 수 있다. 또, 이에 관한 업계 전체의 자료나 경쟁기업의 자료도 협회 또는 산업 분석가로부터 입수할 수 있다. 주주자본 수익률, 종업원 1인당 이윤액, 주주이익에 관한 데이터도 산업 분석가, 금융관계지 그리고 사내의 재무제표로부터 입수가 가능하다. 그러나 혁신 수익률을 계산하는데는 대부분의 기업에서 많은 시간과 노력이 필요할 것이다. 이 지표를 계산하는 실제작업은 제7장에서 설명한 순서에 따르는 것이 좋다고 본다.

1. 당기매출액 중 신제품 매출액의 비중은?
   ① 10% 미만   ② 11~20%   ③ 21~35%
   ④ 35~50%   ⑤ 50% 이상

2. 당기매출액 중 신제품 비중을 과거 5년 간 평균치와 비교할 때 그 비율은?
   ① 80% 미만   ② 81~100%   ③ 101~120%
   ④ 121~150%   ⑤ 151% 이상

3. 당기매출액 중 신제품의 비중을 경쟁상대 기업과 비교한 순위는?
   ① 1위   ② 2위   ③ 중간   ④ 최하위

4. 과거 5년 간 주주자본 수익률의 추세는?
   ① 하락 추세   ②일정   ③ 상승 경향

5. 위의 경향은 업계 평균과 비교할 때 어떠한가?
   ① 열악함   ② 같음   ③ 우세함

6. 귀사의 종업원 1인당 이윤액의 과거 5년 간 추이는 어떠한가?
   ① 하락 추세   ② 일정   ③ 상승 추세

7. 이 추세는 업계 평균에 비해 어떠한가?
   ① 열악함   ② 같음   ③ 우세함

독자들이 속한 기업이 위의 측정지표를 분석한 결과에서 지도적 지위에 있지 않을 경우에는 다음의 절들을 참조하여 기술혁신 수익률의 원동력이 되는 네 가지 조건에서의 실천상황을 점검해 보는 것이 유용할 것이다.

리더십

아래에 상세하게 제시된 질의사항에 답변하기 위해서는 종업원과 관리직에 설문조사를 실시하고 지도자의 능력, 기업문화의 성격과 질, 인적자원의 자질, 직원에게 이양된 권한의 정도, 금전적 및 기타 보상제도의 근로의욕에 대한 영향 등에 관한 자료를 수집하는 것이 좋다고 생각한다.

2. CEO가 기술담당 임원과 접하는 시간의 비율은?
   ① 10% 미만　　　　　② 10~30%　　　　　③ 30% 이상

3. 회사가 시장에서 차지하고 있는 위치에 대해 자긍심을 가지고 있는 직원과 관리직들은 얼마나 되나?
   ① 아무도 없다　　　　② 많다　　　　　　③ 모두 해당

4. 자기 동료를 업계의 최고 인재라고 생각하는 직원과 관리직의 숫자는?
   ① 아무도 없다　　　　② 많다　　　　　　③ 모두 해당

5. 대학에서 상위 10% 내의 성적으로 졸업한 직원과 관리직의 비율은?
   ① 0%　　　　　　　　② 1~25%　　　　　③ 25~50%
   ④ 51~75%　　　　　　⑤ 76~100%

6. 타 부서 직원들과의 공동작업을 즐겁게 생각하는 직원과 관리직의 숫자는?
   ① 아무도 없다　　　　② 많다　　　　　　③ 모두 해당

7. 회사의 목표를 달성하기 위해 경쟁기업을 능가해야 하겠다는 강한 의욕을 가진 직원과 관리직의 숫자는?
   ① 아무도 없다　　　　② 많다　　　　　　③ 모두 해당

8. 주요 직원, 관리직 중에 회사 사업목표 달성을 위해 장시간 근무도 기꺼이 받아들이는 직원의 숫자는?
   ① 아무도 없다　　　　② 많다　　　　　　③ 모두 해당

9. 회사에서는 직원·관리직들이 자기 전문분야 외의 타 분야에서 신기술을 배우도록 장려하고 있는가?
   ① 그렇다　　　　　　② 그렇지 않다

10. 직원·관리직 중에서 경쟁상대 기업·고객·기술의 변화에 대응하여 전략적 결정을 내릴 수 있는 권한·책임·의지가 있다고 생각하는 사람은 몇이나 되나?
    ① 아무도 없다　　　　② 많다　　　　　　③ 모두 해당

11. 고객을 위한 가치실현에 방해가 되는 '사내 관료주의'를 타파하기 위해서 회사가 적극 노력하고 있다고 생각하는 직원과 관리직의 숫자는?

① 아무도 없다　　　　② 많다　　　　　　③ 모두 해당

12. 회사에서 종업원과 관리직에게 개인적 부의 축적과 승진의 기회를 실질적으로 부여하고 있다고 생각하는 비율은?

① 아무도 없다　　　　② 많다　　　　　　③ 모두 해당

13. 제3기관이 실시하는 고객 만족도 조사결과를 급여에 반영하는 대상 직원과 관리직의 숫자는 얼마나 되나?

① 아무도 없다　　　　② 많다　　　　　　③ 모두 해당

14. 스톡옵션(Stock Option) 제도의 적용을 받는 직원과 관리직의 비율은?

① 0%　　　　　　　② 1~25%　　　　　③ 26~50%
④ 51~75%　　　　　⑤ 76~100%

위의 설문에 대한 응답 중 '아무도 없다', '25% 미만' 등이 나왔다면 독자의 회사에는 리더십의 측면에서 개선해야 할 부분이 있다는 것을 가리킨다. 그러한 답변들은 일반적으로 말해서, 회사의 인사관리가 관료적 성향을 띄고 있기 때문에 우수한 과학자와 기술자들을 채용하고 회사에 안착시켜 열심히 일하게 하는 방법에 서툴다는 것을 뜻한다.

기술

아래의 설문에 응답할 때에는 기능횡단형 기술조사팀을 구성하고 외부의 관련 전문가들의 도움을 받도록 하면 좋을 것이다. 이 팀은 주로 기술관리에 종사하는 직원들을 인터뷰하여 다음과 같은 항목의 데이터를 수집해야 한다. 즉, 핵심기술과 종속기술을 분류하고 가치를 평가하는 작업에 관한 자료, 기술제휴 관계수립을 위한 회사의 노력에 관한 자료, 기술교섭과 관리에 관한 자료, 종속기술의 외부조달과 외부처분에 관한 자료를 수집해야 한다. 그리고 기술조사팀에서는 자기 회사의 경영과 기술에 대한 산업 분석가들의 보고서도 검토하여 수집된 내부자료와 함께 신중하게 설문응답을 작성해야 한다.

1. 귀사는 최근 5년 간 핵심기술에 대한 공식적인 사정과 평가를 몇 번 실시하였나?
   ① 한 번도 없다   ② 1회   ③ 2회
   ④ 3회   ⑤ 4회   ⑥ 5회 이상

2. 업계의 기준기술(leverage-point technologies)에 있어 귀사는 선도적 지위를 가지고 있는가?
   ① 그렇다   ② 아니다

3. 앞의 응답이 '그렇다'라면 고객과 산업 분석가들도 귀사의 선도적 위치를 인정하고 있는가?
   ① 그렇다   ② 아니다

4. 귀사에 신기술을 감시하는 업무를 전담하는 개인이나 부서가 있는가?
   ① 있다   ② 없다

5. 앞에서 '있다'라고 답변한 경우, 그 담당자(부서)에게 획기적인 (paradigm-shifting) 기술을 발견하여 회사가 그 기술을 개척하고 이용하는 데 도움을 준 사례가 몇 번이나 있는가?
   ① 한 번도 없다   ② 1회   ③ 2회
   ④ 3회   ⑤ 4회   ⑥ 5회 이상

6. 최근 5년 간 중요한 기술제휴 혹은 기업매입은 몇 건이나 있었나?
   ① 한 번도 없었다   ② 2회   ③ 4회
   ④ 6회   ⑤ 8회   ⑥ 10회 이상

7. 위의 기술제휴로 인해 제품개발 주기가 얼마나 줄어들었다고 생각하는가?
　① 0%　　　　　② 1~25%　　　　　③ 26~50%
　④ 51~75%　　　⑤ 76% 이상

8. 위의 기술제휴·기업매입으로 인하여 당기매출액은 얼마나 증가하였나?
　① 0%　　　　　② 1~25%　　　　　③ 26~50%
　④ 51~75%　　　⑤ 76%

9. 회사에서는 최근 5년 간 기술의 외부처분을 몇 번이나 시행하였는가?
　① 한 번도 없다　　② 2회　　　　　③ 4회
　④ 6회　　　　　　⑤ 8회　　　　　⑥ 10회 이상

10. 같은 기간 중 기술의 외부처분으로 인한 자본소득은 동기간 중의 연구개발 예산에서 얼마만한 비중을 차지하는가?
　① 0%　　　　　② 1~25%　　　　　③ 26~50%
　④ 51~75%　　　⑤ 76% 이상

11. 최근 5년 간 기술의 외부조달은 몇 건이나 있었나?
　① 한 번도 없다　　② 2회　　　　　③ 4회
　④ 6회　　　　　　⑤ 8회　　　　　⑥ 10회 이상

12. 같은 기간 중 상기의 거래로 인한 자본 지출액은 총 연구개발비 예산 중 어느 정도의 비중을 차지하는가?
　① 0%　　　　　② 1~25%　　　　　③ 26~50%
　④ 51~75%　　　⑤ 76% 이상

13. 상기의 거래로 인해 당기매출액은 얼마나 증가하였나?
　① 0%　　　　　② 1~25%　　　　　③ 26~50%
　④ 51~75%　　　⑤ 76% 이상

14. 최근 5년 간 종속기술에 관한 타사와의 제휴에서 분명한 목적을 가지고 완전한 합의하에 이루어진 것은 몇 건이나 있는가?
　① 한 건도 없다　　② 많다　　　　③ 모두 해당

15. 상기의 종속기술 제휴에 있어 책임을 맡은 임원이 명확한 목표의식을 가지고 지휘, 감독한 것은 몇 번이나 있나?
   ① 한 번도 없다   ② 많다   ③ 모두 해당

16. 최근 5년 간 성사된 종속기술의 제휴협정이 양사의 기업풍토에 적합하게 이루어진 것은 몇 건이나 있는가?
   ① 한 건도 없다   ② 많다   ③ 모두 해당

17. 최근 5년 간 이루어진 종속기술의 제휴협정이 당초의 목적을 실질적으로 달성한 건수는 얼마나 되는가?
   ① 한 건도 없다   ② 많다   ③ 모두 해당

위의 설문에 대한 응답이 '25% 미만', '2 이하', '한 건도 없다' 등으로 나왔다면 짐작컨대 독자의 회사에는 기술관리면에서 개선의 여지가 많다고 보겠다. 왜냐하면 일반적으로 볼 때 그러한 응답은 회사의 비용과 시간이 자급자족적 기술관리 방침 때문에 낭비되고 있음을 가리키기 때문이다.

제품개발

제품개발의 평가에 부수되는 '유효한(valid)' 데이터를 수집하기 위해서는 상당한 시간과 노력을 투자해야만 할 것이다. 좀더 구체적으로 말하면, 먼저 이 일을 위한 조사팀을 편성하고 '대표적인' 신제품을 선정하여 이에 대한 개발과정도(process map)를 작성하도록 해야 한다. 이 개발과정도는 제품이 개발되는 전 과정을 추적하기 위해 작성하는 것이다. 다음으로는 재무 담당자의 도움을 받아 개발과정의 각 단계마다 관련부서가 개발업무에 투입하는 시간과 비용을 확인할 수 있다. 그 다음 조사팀에

서는 각 프로젝트의 대표적인 사항들을 망라한 횡단면 자료(crosssection data)를 수집하여 다음과 같은 사항을 파악해야 한다. 즉, 제품개발팀의 구성과 보수 · 장려금, 프로젝트 시행계획, 초기 사용자들과의 유대관계 및 협동내용, 시제품의 이용, 회사의 제품 공급능력 등을 사전에 파악해야 한다. 또한 고객이 당사의 제품개발 과정을 어떻게 생각하는지 조사하여 위의 내부자료와 보완사용하면 좋을 것이다.

1. 최근 5년 간 개발된 신제품 중에서 각 부서(기술 · 제조 · 마케팅 · 기타)에서 차출된 팀에 의해 개발된 품목 수는?
   ① 전혀 없다   ② 많다   ③ 모두 해당

2. 상기의 제품개발팀 중 각 직능 전문가들이 초기연구 단계부터 시판 단계까지 계속 함께 일한 팀은 몇이나 되는가?
   ① 한 팀도 없다   ② 많다   ③ 모두 해당

3. 개발 프로젝트를 단계별로 구분하여 업무진행 순서, 처리기한, 관리 책임을 명시하기 위한 협동작업을 거친 프로젝트팀은 몇이나 되는가?
   ① 한 팀도 없다   ② 많다   ③ 모두 해당

4. 상업적으로 성공한 신제품을 기한 내에 예산을 초과하지 않고 개발해 낸 팀에 대해 금전과 인사면에서의 대우를 실시한 팀은 얼마나 되는가?
   ① 한 팀도 없다   ② 많다   ③ 모두 해당

5. 개발 프로젝트 중에서 제품설계 단계 이전에 고객의 요구사항을 확인하기 위해 고객과 만난 팀은 몇이나 되는가?
   ① 한 팀도 없다   ② 여러 팀에서 면담   ③ 모든 팀이 면담 실시

6. 개발 프로젝트팀 중에서 초기 사용자들의 요구를 꼼꼼히 이해하여 시제품을 개발한 팀은 몇이나 있는가?
   ① 한 팀도 없다   ② 많다   ③ 모든 팀이 실시

7. 제1차로 개발된 시제품을 초기 사용자에게 시험 사용하도록 하고 그 반응을 참고로 시제품을 재설계한 팀은 몇이나 있는가?
   ① 한 팀도 없다　　　② 많다　　　③ 모두 해당

8. 제조부서, 구매부서의 반응을 참고로 하여 시제품을 재설계한 팀은 몇이나 있는가?
   ① 한 팀도 없다　　　② 많다　　　③ 모두 해당

9. 마케팅부, 판매부, 고객 서비스부의 반응을 참고로 하여 시제품의 설계를 변경한 팀은 몇이나 있는가?
   ① 한 팀도 없다　　　② 많다　　　③ 모두 해당

10. 고객이 가장 선호하는 제품 특성을 갖추어 경쟁업체 제품을 능가하겠다는 목표를 가지고 시장조사를 실시한 팀은 몇이나 있는가?
    ① 한 팀도 없다　　　② 많다　　　③ 모두 해당

11. 만일 시장조사를 실시하였다면 고객의 응답이 경쟁업체 제품을 능가하는 것으로 나온 팀은 몇이나 되는가?
    ① 한 팀도 없다　　　② 많다　　　③ 모두 해당

12. 초기 사용자들의 요구가 충족된 이후 출시하여 꾸준한 매출액 증가를 실현한 프로젝트는 몇 건이나 있는가?
    ① 한 건도 없다　　　② 많다　　　③ 모두 해당

13. 위와 같이 꾸준한 매출액 성장을 기록한 제품 중에서 품질이나 고객 서비스에서 별다른 문제를 일으키지 않으면서 제조·유통·판매가 원만히 진행되고 있는 품목 수는?
    ① 한 품목도 없다　　　② 많다　　　③ 모두 해당

　이상의 설문에서 '한 건도 해당 없음' 이라는 응답이 많이 나왔다면 당신의 회사는 제품개발의 방법면에서 개선해야 될 문제를 많이 가지고 있다는 뜻이다. 당신의 회사는 아직도 시간과 비용이 많이 소모되는 릴레이식 (relay race) 개발방법을 고수하고 있기 때문이다.

자원 배분

독자들이 소속된 회사의 자원 배분과정에 관해 객관적인 자료를 수집하려면 역시 별도의 조사팀을 구성·활용하는 편이 좋다. 이때 과거에 실패한 프로젝트와 성공한 프로젝트를 비교분석하면 특히 도움이 될 것이다. 이러한 비교분석을 통해 개선해야 할 부분이 어디인지 쉽게 찾아낼 수 있을 것이다. 한 가지 명심할 일은, 회사가 속한 업계의 전반적인 위험 수준을 염두에 두어야 한다는 점이다.

1. 프로젝트팀들은 향후의 개선점을 찾아내기 위하여 사후검토를 실시하는가?
   ① 실시하지 않는다 ② 가끔 실시한다   ③ 언제나 실시한다

2. 프로젝트팀과 운영부서와의 상호교류와 교차학습을 위해 사무실 밖에서의 관리직 회의 혹은 비공식 오찬 같은 것을 실시하는가? 실시한다면 얼마나 자주 실시하는가?
   ① 실시하지 않는다 ② 가끔 실시한다   ③ 자주 실시한다

3. 회사 전체의 전략분석을 위해 개발 프로젝트 전체구성(포트폴리오)에 관한 평가좌표를 얼마나 자주 사용하는가?
   ① 사용하지 않는다 ② 가끔씩 사용한다 ③ 언제나 사용한다

4. 당신의 회사에서는 연구개발 프로젝트를 심사, 선정하기 위해 포트폴리오 평가좌표를 얼마나 자주 사용하는가?
   ① 사용하지 않는다
   ② 가끔씩 사용한다
   ③ 언제나 사용한다

5. 제안되었던 개발 프로젝트가 심사과정을 통과하는 빈도는?
   ① 전혀 통과되지 않는다
   ② 간혹 통과되는 경우도 있다
   ③ 언제나 통과된다

6. 중요한 자원배분상의 의사결정 시점에서 프로젝트를 중단 · 퇴출시킬 수 있도록 편성된 프로젝트의 단계적 실시계획을 사용하고 있는가?
   ① 사용하지 않는다
   ② 가끔 사용할 때도 있다
   ③ 언제나 사용한다

7. 프로젝트팀들은 각 의사결정점에서의 의사결정에 관련되는 순현금 흐름의 증감을 추정하기 위하여 발생원인에 기초를 둔 비용계산 (activity-based costing)을 사용하는가?
   ① 사용하지 않는다   ② 사용할 때도 있다   ③ 언제나 사용한다

8. 프로젝트팀은 의사결정점에서 중지 혹은 계속에 관한 확률을 추정하는가?
   ① 시행하지 않는다   ② 가끔 시행한다   ③ 언제나 시행한다

9. 프로젝트팀은 각각의 프로젝트에 관련하여 일어나는 순현금수지에 확률을 곱하여 기대치를 계산하는가?
   ① 시행하지 않는다
   ② 실시하는 경우도 있다
   ③ 언제나 실시한다

10. 경영 수뇌부에서는 각 프로젝트의 기대치를 합산하여 전체 개발포트폴리오의 기대치를 계산하는가?
   ① 실시하지 않는다   ② 가끔은 실시한다   ③ 언제나 실시한다

11. 프로젝트팀들은 각 프로젝트 기대치의 80%를 좌우하는 주요 투입요인의 값을 20% 정도 변경시켜 그 결과를 점검해 보는 기대치의 민감도 분석(sensitivity analysis)을 실시하는가?
   ① 시행하지 않는다   ② 가끔은 시행한다   ③ 언제나 시행한다

12. 경영 수뇌부에서는 전체 개발 포트폴리오 검토회의의 일정을 프로젝트의 중요한 의사결정점과 일치하도록 조정하는가?
   ① 조정하지 않는다
   ② 가끔은 조정한다
   ③ 언제나 조정한다

13. 경영 수뇌부는 각 프로젝트팀과 수시로 만나 기술, 규제, 제조, 마케팅에 관한 특정문제들에 대해 조언을 해주는가?
  ① 해주지 않는다 ② 가끔 해준다 ③ 언제나 해준다

14. 경영 수뇌부가 프로젝트 담당 책임자가 권고하는 자원배분안에 찬성한 빈도는?
  ① 한 번도 없다
  ② 가끔 찬성한 적이 있다
  ③ 언제나 찬성하였다

15. 경영 수뇌부가 미리 정한 의사결정점에 미달하는 프로젝트를 중단시킨 빈도는 얼마나 되는가?
  ① 한 번도 없다
  ② 가끔은 중단시켰다
  ③ 언제나 중단시켰다

16. 프로젝트팀은 새로운 정보가 입수될 때마다 의사결정수(decision tree)의 확률과 순현금수지액을 수정하는가?
  ① 수정하지 않는다 ② 가끔은 수정한다 ③ 언제나 수정한다

이상의 질문에 대해 '전혀 하지 않는다'라는 답변이 나왔다면, 독자들이 소속된 회사에는 아마도 자원배분 과정상 개선의 여지가 많이 있을 것이다. 일반적으로 그러한 답변이 많이 나오는 배경에는 자원배분에 관한 의사결정이 측정 가능한 위험/수익에 관한 분석에 기초하지 않고 사내정치에 오히려 더 많이 의존되어 있다고 볼 수 있기 때문이다.

CEO의 변혁 추진 수순

이 Chapter에서 소개된 '기술혁신 채점표'를 사용하면 자기 회사가 기

술혁신 수익률을 향상시키기 위해 어느 정도 최선의 경영방법을 실천하고 있는지 분석할 수 있다. 그 채점의 결과 개선할 필요가 있는 부분이 적출되면 그 기회를 잡아 행동에 옮기는 것은 경영자의 책임이다. 그러므로 이 Chapter에서 제시된 설문에 진지하게 답변할 자료를 준비하고 그 답변의 결과를 선용한다면 기필코 그 비용을 초과하는 혜택이 회사에 돌아올 것이다.

이 책의 여러 사례에서 증명되었던 것처럼 조직의 의미 있는 변혁이란 실행하기는 어렵지만 기업이 장기간 생존해 가려면 때로는 그것이 필요한 경우도 있다. 아래에 제시하는 일련의 변혁 수순은 수많은 선도적 우수기업들이 경영의 중요한 전기를 맞아 실천함으로써 예상 외의 좋은 결과를 얻었던 것이다. 연간 매출액 80억 달러를 올리고 있는 휴렛 패커드사의 프린터기 개발도 이 수순을 밟아 이루어진 것으로, Chapter 3에서 상술한 바 있다. 또, 포드자동차 사도 1980년대 유사한 혁신의 과정을 통해 저 유명한 베스트셀링(best-selling) 토러스(Taurus)를 개발해 냈었다.

혁신 채점표의 결과 자사의 기술혁신 수익률이 업계평균을 하회할 경우 CEO로서는 다음의 순서에 따라 필요한 조치를 실천해야 할 것이다.

- '실제시험' 부서를 선정한다: 휴렛 패커드 사가 '벤쿠버(Vancouver) 프린터 사업부'를 시험부서로 선정했던 것처럼 경쟁상 업무내용을 급히 변혁하지 않으면 안 되는 현업부서를 지정하면 좋다. 이렇게 선정된 시험부서는 제품개발의 새로운 방식을 실험적으로 실시해 보는 장소가 된다.
- '혁신실행 부대'를 창설한다: CEO는 상기 시험부서의 장을 포함한 주요 관리직들로 구성된 '혁신실행 부대'를 결성한다. CEO는 또한 이 팀의 업무에 기본방향 설정, 보조수단 강구, 객관적 분석의 관점 수립 등에

도움을 주기 위해 외부의 인재를 보강할 수도 있다.

- 혁신계획을 작성한다: 팀 구성의 과정을 본격적으로 시작하는 의미에서 CEO는 임명된 실행부대에게 회사의 주요 신제품 개발에 관련되는 업무영역을 선정하고, 이에 대한 혁신계획을 지정된 기일 안에 작성·제출하도록 명령하는 것이 좋다.

- 현행업무 추진과정을 도표로 작성한다: 계획에 포함되어야 할 첫번째 작업내용은 검토를 위한 본보기로서 최근에 시행된 프로젝트를 사례로 하여 현행업무 추진과정을 도표로 작성한다. 또 이 도표에 프로젝트의 진행단계별 비용과 시간을 상세히 추적한 데이터를 첨부해도 좋다.

- '선망하는 모범기업'의 업무추진 과정을 연구한다: 팀은 업적이 탁월한 업계의 모범기업을 찾아내어 그 기록을 연구하고 또 면담 취재 일정을 교섭한다. 이 과정에서 팀은 회사에 유익한 결과를 가져올 수 있는 특정의 업무방식을 찾아내어 자사의 업무에 벤치마킹할 수 있다. 조사된 자료와 함께 경험이 많은 산업 분석가의 견해도 청취하여 연구내용을 보충한다.

- 새로운 업무추진 과정을 설계한다: 자사의 현행 업무방식에서 잘못된 부분과 쓸데없는 부분을 가려내고, 또 선진기업의 모범방식에서 얻어낸 좋은 아이디어를 따라 새로운 업무 개선안을 입안한다. 이렇게 하면 각 부서에서는 각각의 프로젝트 목표를 달성하기 위해 새로이 설계된 업무방식에 따라 맡은 임무를 수행하도록 한다.

- 나머지 부서들도 훈련한다: 만일 새로이 설계한 업무추진 과정이 양호한 결과를 낳았다면 '실제시험 부서'는 그들의 성공사례를 배우고자 하는 타 부서에 자신들의 사례를 공개해야 한다. CEO는 이처럼 '살아 있는 실험실(a living laboratory)'을 만들어 기술혁신의 수익률을 획기적

으로 향상시킬 수 있는 변혁의 기초를 창출할 수 있는 것이다.

······

다음 Chapter 9에서는 장래에 관한 몇 가지 견해를 진술함으로써 이 책을 끝맺으려 한다. 그 요점은, 하이테크 우량기업은 앞으로 더욱 업계의 일반적 양상에 영향을 미치며, 전문경영인, 소비자, 금융가들의 삶의 방식도 이들 우량기업의 영향을 받을 수밖에 없다는 점이다.

Chapter 9

장래에 관한 몇 가지 소견

The Technology Leaders

이 책은 일련의 영속성 있는 경영원리를 탐색하려는 노력으로 쓰여졌다. 이 원리들이 어느 정도의 가치가 있다면 장래에 대해서도 어떤 참된 의미를 가지게 될 것이다. 돌이켜보건대 제5장에서 우리는 신개발 상품이 초기 사용자로부터 대량 소비시장으로 급속히 확산되는 이행과정을 살펴본 바 있다. 그와 마찬가지로 오늘날 하이테크 우량기업들이 선진기업으로 발돋움하도록 뒷받침된 경영원칙들도 미국의 전산업계에 급속히 확산되리라 믿는다. 그리고 이러한 경영방식이 보편화될 때 전문경영인, 근로자, 소비자, 자본가들도 그 영향을 받게 될 것이다.

실업계의 전반적 양상

산업을 분류할 때, 그 산업의 성공이 기본적으로 어떠한 요소에 기인하였는가에 따라 몇 가지로 나누어 볼 수 있다. 그러한 요소들을 진화 순서대로 늘어놓으면 천연자원, 제조기술, 유통, 인재의 네 가지로 나누어진다. 지난 200여 년 동안 부를 창출해 낸 '마법의 지팡이(magic wand)'는 천연자원을 지배하는 사람들의 손으로부터 '인재(smart people)'를 지배하는 사람들의 손으로 인계되었다.

물론 미국의 여러 거대산업들은 이들 네 가지 요소를 여러 가지의 결합비율로 이용하여 사업을 수행해 나갈 것이다. 그러나 경제를 선두에서 이끌어 나가는 산업은 가장 새로운 형태의 부(wealth)를 창조하는 산업이다. 그리고 그 부는 바로 첨단기술 산업의 선두주자들이다.

첨단기술 산업의 선두기업들은 산업계의 향도(嚮導)들이기 때문에 그들이 추구하고 있는 경영원칙들은 경제의 나머지 부문에도 그대로 전도될 가능성이 높다. 그렇다고 해서 이 원칙들이 모든 기업에 동시획일적으로 완벽하게 뿌리내리는 마술은 일어나지 않을 것이다. 다만 이러한 원칙들은 하이테크 우량기업에서 초기 채용기업(early adopter companies)으로 전파되고, 그 다음에는 미국 경제계의 다른 부분으로 서서히 확산되어 나갈 것이다.

여기에서 어떤 산업, 어떤 기업이 초기 채용자들이 될 것인지, 그리고 이들을 넘어 다른 부분으로 어떻게 퍼져 나갈 것인지 예측하기는 불가능하다. 다만 한 가지 미약하나마 예측 가능한 시나리오는, 기초요소의 진화단계를 역순으로 하여 그 경영원칙들이 파급되어 나간다는 것이다. 바꾸어 말하면 다른 하이테크 기업들이 하이테크 우량기업의 경영원칙을 가장 먼저 채용할 것이며, 그 다음에는 금융서비스업이나 소매와 같은 유통을 기반으로 하는 업계로서 하이테크 산업의 가장 큰 고객군으로 이 원칙이 파급될 것이다. 그 다음에는 자동차, 중화학 산업 같은 제조를 기반으로 하는 업계에서 그 경영원칙들을 채용하고, 마지막으로는 천연자원에 관련되는 산업들이 시행할 것으로 예측해 보는 것이다.

이렇게 해서 그 경영원칙들이 경제 전반에 확산된다면 실업계의 전반적 양상은 어떻게 변할 것인가를 고찰해 보자.

첫째, 대기업들은 계층적 조직제도를 해체하여 보다 유연한 조직으로 개편해 갈 것이다. 의사결정의 실권은 고위간부로부터 고객과 접하는 담당자들에게 이양될 것이며, 회사조직 내의 모든 종사원들은 시장과 고객으로부터 오는 객관적인 반응으로 평가를 받고 그 바탕 위에서 회사성공의 과실을 분배받게 될 것이다. 각 기업조직은 지금까지와는 달리 매우 신속하게 환경변화에 적응해 갈 것이다.

둘째, 대기업은 더욱 민첩하게 시장에 진출입할 수 있게 될 것이다. 기업들이 학습에 보다 능숙해지면서 어떤 시장에서 이윤을 올릴 수 있는 기회란 언제까지나 지속되는 것은 아니라는 점을 잘 인식할 것이다. 기업들은 마치 중개업자처럼 이익의 기회를 민감하게 냄새맡고 이를 자기 것으로 만들기 위한 여러 수단을 신속히 끌어 모으는 데 현재보다 훨씬 능숙하게 될 것이다. 일단 이익을 얻은 다음에는 이들은 다른 목표를 향해 떠나간다.

셋째, 기회를 향해 신속히 움직이기 위해서는 대기업이나 중소기업이나 협조하는 방식을 배우지 않으면 안 될 것이다. 대기업에서는 중소기업에서 개발한 아이디어를 경쟁적으로 채용하려 할 것이며, 중소기업들은 대기업의 자본, 제조시설, 유통조직의 힘을 필요로 할 것이다. 이들은 접합점에서 서로 비슷해져야만 능률적인 협력이 가능해진다. 양자 모두를 위해 이러한 방식의 기업간 제휴의 성공률을 비약적으로 높이지 않으면 안 될 것이다.

이렇게 실업계의 전반적 양상이 달라진다면 경영자, 근로자, 소비자, 자본가들에게는 어떠한 변화가 올 것인가를 살펴보기로 하자.

경영자

하이테크 우량기업들은 세 가지 중요한 점에서 경영자들에게 영향을 끼칠 것이다. 그들의 경영기법은 일반 타 기업이 인적자원을 다루는 방식을 변화시키고, 기업 경영자들이 조직적 학습을 대하는 태도를 변화시키며, 기술이 고객가치를 실현하는 방법을 잘 터득해야 CEO로서의 자격이 있다는 인식을 강화시켜 줄 것이다.

인적자원

하이테크 우량기업이 성공하는 이유 중 하나는 가장 우수한 인재들을 끌어모았던 데 있다. 듣기에는 간단해 보이는 이 아이디어가 실은 매우 강력한 착상인 것이다. 과거에는 기업들이 금이나 석유, 가스와 같은 희소자원을 점유함으로써 경쟁에서 승리하였다. 그러나 하이테크를 기반으로 하는 오늘날의 산업에서는 상품의 물리적 구성 부분은 모래알 몇 개 정도로 사소한 것이다. 산업계에서 승자와 패자를 가르는 것은 상품의 지적 내용(intellectual contents of products)이며, 이것은 바로 사람으로부터 우러나오는 것이다. 그러므로 가장 성공한 기업은 그들의 상품에 최상의 지적 내용을 함유시키는 사람을 얻은 기업이라는 것이 논리의 당연한 귀결이다.

하이테크 우량기업의 자산이 증대하면서 두뇌의 힘(brain power)이 가지는 중요성은 더욱 커지게 될 것이며, 이러한 추세는 경제 전체로 확산될 것이다. 가장 우수한 인재를 끌어모아 오래 확보하는 기업은 번영할 것이나, 과거의 경영방법에 매달리는 기업은 업계에서 신속하게 사라질 것이다. 그러므로 기업 경영자는 가장 우수한 인재를 확보하려는 경쟁에서 승리할 수 있는 직장환경을 조성해야만 할 것이다.

조직화된 학습

하이테크 우량기업들은 끊임없는 학습을 통해 계속해서 앞으로, 앞으로 전진해 나아간다. 그들은 가장 우수한 인재들로 하여금 고객의 수요, 기술, 경쟁상대의 전략 등에 있어 일어나는 변화에 언제나 접속되어 (plugged-in) 있도록 긴장을 늦추지 않을 것이다. 하이테크 우량기업의 경쟁력 증대를 멈춰 세울 것은 아무것도 없을 것이다. 이들 우량기업들이 경제의 각 방면에 손을 뻗치면서 그들의 학습능력으로부터 엄청난 부가 창출되는 것을 본다면 타 기업들도 당연히 이를 모방하고자 노력할 것이다. 그러므로 독자들도 승자의 반열에 들기 원한다면 "학습하는 방법을 학습하라(learn how to learn)."고 말해 주고 싶다.

기술적 재능

하이테크 우량기업에서는 경영진이 기술에 대해 무지한 상태로 지내는 것을 용납하지 않는다. 하이테크 우량기업의 엄청난 부는 실업계의 거의 모든 방면으로 계속 침투해 나갈 활력소가 될 것이다. 이러한 상황에서 경영자는 정보담당 간부나 기술담당 간부의 그늘에서 더 이상 숨어 지낼 수는 없을 것이다. 앞으로는 경영자를 선발할 때 기술을 이용하여 고객가치를 창출해 낼 능력이 있는지를 먼저 평가해 볼 것이다. 독자들이 큰 뜻을 품고 있는 경영자라면 기술에 대해 편안함을 느낄 정도로 잘 알고 친숙해져야 하며, 이 기술혁신·기술중심의 조류에서 뒤떨어지지 않도록 해야 할 것이다.

근로자

이제까지 보아 온 실업계의 경영방식 변화로 근로자는 두 개의 계층으로 분화될 것이다. 한편에는 사회에 엄청난 변화를 몰고 오는 소수의 근로자들이 있고, 다른 한편에는 안락한 생활을 즐기지만 별반 두드러짐이 없는 다수의 근로자 집단으로 나뉘어질 것이다.

업계에서 가장 앞서 나가는 기업들은 총명하고 기술적 재능이 풍부하며, 또 대단한 정력을 가진 이 소수의 엘리트들을 다투어 고용하려 할 것이다. 이들 소수의 엘리트들은 흥미 있는 직종을 찾아 이 기업 저 기업을 편력하면서 상당한 재력도 쌓을 것이다.

다른 다수의 근로자 집단들도 쾌적한 생활을 누릴 만한 소득은 얻을 것이다. 이들 대부분은 보다 향상된 생활양식을 즐길 수 있을 것인데, 그 이유는 가정용 컴퓨터가 직장과 연결되어 일과 생활의 균형을 유지하도록 도와줄 것이기 때문이다. 그렇지만 이들 대부분은 이 생활수준 향상에 대한 대가도 치러야 할 것이다. 즉, 그들의 직업은 보다 천편일률적이 되어 별 특징이 없게 되고, 재력을 키워 갈 기회도 일정한 수준에서 제한될 것이다.

사원교육은 지금보다 더욱 중요하게 될 것으로 예상된다. 학교에서는 기업에서 직원들에게 요구할 기술과 지식을 가르쳐야 할 것이다. 일류대학들은 기업계가 엘리트 집단에게 요구하는 기술적 능력, 조직관리의 능력 등을 훈련하는 교육과정을 개발해야만 한다. 국공립학교에서는 일반 근로자에게 읽기, 수학, 컴퓨터에 대한 보다 견고한 기초교육을 제공해야 할 것이다.

소비자

하이테크 우량기업들은 계속해서 소비자의 생활을 향상시키는 제품을 생산해 낼 것이다. 한편, 어떤 하이테크 기업 중에는 소비자가 원하지 않는 제품을 시장에 출시하기도 할 것이다. 물론 이러한 상품들은 시간이 흐르면 시장에서 도태되고 말 것이다.

하이테크 우량기업들은 소비자들이 보다 가치 있는 상품을 수요하는 습성을 소비자의 의식 가운데 심어 놓았는데, 이러한 추세는 반도체의 처리능력이 증가되면서도 단가는 인하되는 한 계속되리라 보인다. 그러나 어떠한 시점에 이르러서는 중앙처리장치(CPU)의 성능이 단위당 가격인상과 함께 향상될 수 있는 여지와 소비자들이 선호하는 응용제품을 적절한 가격으로 개발하는 것 사이에 현격한 시차가 존재하는 상황이 발생할는지도 모른다.

인텔 사는 이미 이러한 시간격차를 감지하기 시작하였다. 반도체 제조공장의 건설비용이 20억 달러에서 100억 달러 규모로 증가되고 있는 상황에서 인텔이 생산하고 있는 강력한 고성능 칩을 사용할 새로운 용도가 계속 발견될 것인지 일말의 불안을 느끼고 있는 것이다. 반도체 제조설비의 비용이 이처럼 증가한다면 신설공장의 채산성을 맞추기 위해서 칩 판매량은 기하급수적으로 늘어나야만 한다. 인텔과 같은 기업은 자기들이 생산하는 고성능 칩을 소화해 줄 큰 시장을 개척하지 않으면 안 된다. 그렇지 않다면 현재의 구도하에 이루어져 있는 반도체 산업은 전체가 붕괴할 수도 있다.

소비자들은 아마도 자기들에게 더 큰 가치와 만족을 가져다 주는 상품을 계속 선호할 것이다. 그러나 장래의 어느 시점에서는 가정용 컴퓨터 같은 하이테크 제품은 소비의 포화상태에 도달할 것이다. 이러한 상황이 오면 소비자들은 개량판을 사서 업그레이드해도 그 효용가치는 체감함을 느끼게 될 것이다. 이를 더 간단히 말하면, 소비자들이 신제품이나 개정판을 사서 교체해도 추가로 지출하는 금액만큼의 효용을 느끼지 못하기 때문에 그때까지 사용하던 제품을 그냥 두고 신상품으로 교체하지 않는다는 것이다. 다만 하이테크 우량기업들이 더 열심히 노력하여 소비자들에게 더 큰 가치를 제공한다면 이러한 포화점은 뒤로 연기될 수 있고, 성장도 지속될 수 있을 것이다.

자본가

하이테크 우량기업들은 자본가들에게도 크나큰 영향을 미친다. 그 이유는 우선 하이테크 우량기업 자체가 벤처 자본가와 직접 부딪쳐 싸워야 하는 관계에 놓여 있다. 둘째, 그들은 유례가 없을 만큼 엄청난 부를 주주들을 위해 창출해 내기 때문에 금융자산 관리자들(portfolio managers) 은 그들의 주식을 취득하려고 노력할 것이다. 세 번째로, 그들 우량기업들은 자본을 모집하고 투자하는 과정 자체를 변화시키는 기술을 창출해 내기 때문이다.

벤처자본

많은 하이테크 우량기업들은 자기 그룹 내에 벤처 캐피탈 부문을 설치하고 있다. 말할 것도 없이 이들 기업들은 자본시장에서 자기 기업의 평가가 엄청나기 때문에 많은 자본을 손에 넣을 수 있다. 그들은 자본 이외에도 두 가지의 결정적인 주요 재료를 가지고 있는데, 하나는 기술과 시장에 대한 이해 그리고 경영의 재능이다. 이 말은 결국 너무 많은 기업이 같은 업종에 들어와 한정된 시장을 놓고 경쟁하게 되면 벤처 자본가들의 수익은 체감할 가능성이 있다는 것을 의미한다.

물론 벤처 자본가들이 새로운 경쟁수법을 연구해서 창안한다면 이와 같이 평균수익으로 역류하려는 경향은 방지될 수도 있다. 그러한 사례의 하나를 클라이너 퍼킨스(Kleiner Perkins) 그룹에서 찾아볼 수 있다. 클라이너 퍼킨스 은행(KPCB)은 인터넷 비즈니스의 중요한 핵심부문을 소유할 가능성이 있는 기업에 투자하였다. 환언하면, 클라이너 퍼킨스는 인터넷이 수익을 창출하는 한 수단으로 부각되자 그 관련사업 중 가장 가치 있는 부분의 지분을 소유하려 한 것이다.

이 투자모델에서 특이한 점은, 클라이너 퍼킨스가 그 지분을 소유하고 있는 그룹 내 타사와 함께 상호간 거래를 하자고 제안한 점이다. 이런 투자를 하는 기업은 단지 그 회사의 주식을 사서 가지고 있으면서 배당이나 기다리는 소극적인 투자가들보다 더 많은 가치를 적극적으로 창출해 낼 수 있을 것이다.

한 가지 분명한 사실은 평균 이상의 수익을 계속해서 올리려는 벤처 자본가라면 경쟁방법에 관한 새로운 아이디어를 가지고 있어야 한다는 것이다. 하이테크 우량기업들이 벤처 캐피탈 사업에 진출함으로써 그들 자신도 첨단기술을 입수하는 방법에 있어 근본적인 변화가 일어날 것이다. 하이테크 우량기업들이 벤처 자본시장에 진출함으로써 기존의 벤처 자본가들도 그들의 사업방식을 근본적으로 변혁하지 않으면 안 될 것이다.

투자기회

이 책에서 분석된 20개 우량기업들은 1990년대 전반 동안 시장평균의 4.5배 이상 주주들의 부를 증식시켜 주었다. 다른 말로 표현하면, 투자가들이 이들 기업의 주식을 1990년에 매입했다면 1995년 말의 주가는 복리계산으로 연평균 180%씩 올랐었다는 말이다.

똑같은 포트폴리오에 투자한다 해도 앞으로는 이와 같은 고수익이 실현되기 어려울지 모르겠지만 이들 기업의 고수익 실적을 연구해 보면 무언가 배울 것이 있으리라 생각된다. 아마 그 연구로부터 얻을 수 있는 해답 중 한 가지는 다른 사람들이 눈치채기 전에 유망주를 손에 넣으라는 충고가 될 것이다.

하이테크 우량기업들은 부지런한 투자가들에게 투자에 있어 유용한 지표가 될 다섯 가지의 공통 특성을 가지고 있다. 첫째, 기업은 급속히 성장하는 시장에 진출해야 한다. 둘째, 그 기업은 기술에 대한 깊은 이해와 엄청난 경영수완을 겸비한 CEO가 통솔하고 있어야 한다. 셋째, 그 기업이 시장에 판매하고 있는 상품은 초기 사용자와 산업 전문가들 사이에서 뛰어난 호평을 받고 있어야 한다. 넷째, 그 기업은 일류 기술자들과 과학자들 사이에서 최고의 직장이라는 호평을 받고 있어야 한다. 다섯째, 그 기업은 수익성이 좋아야 하고 대차대조표에는 다액의 현금과 최소한의 부채가 나타나야 한다. 이들 중 네 번째까지는 정확한 정보를 얻기 위해 부지런해야 하므로 근면한 투자가에겐 유리한 기회로 작용할 것이다.

투자기법

하이테크 우량기업들은 자본시장의 성격을 바꾸어 놓을 기술을 창조할 것이다. 즉, 첨단기술 회사들이 가장 우수한 엔지니어들을 채용함으로써 성공하는 것과 같이 투자회사들도 최우수의 금융 전문가를 고용함으로써 성공할 것이다. 사실 지난 10여 년 간 일어난 일을 보면, 여러 투자회사에서 하이테크 기업들도 부러워할 만한 수학·물리학 박사들을 많이 채용하였다.

주식평가 모형들 사이에서 어떤 모형이 더 정확한가에 대한 경쟁이 일어날 것이고, 이에 따라 투자가와 증권회사들의 수익과 소득도 영향을 받을 것이다. 1980년대 중반 이래 투자회사들은 금융시장에서 탐색이 곤란한 주가변동 패턴을 찾아낼 수 있는 분석모형들을 개발해 왔다. 이 분석모형에서는 아주 단기간 동안만 일어나는 주가의 실세와 시가 사이의 괴리현상을 포착하여 매매하면 이익을 볼 수 있는 주가변동 패턴을 제시해 준다. 이처럼 세련된 모형은 초고성능 컴퓨터, 정확하고 적시에 제공되는 주가정보, 그리고 이러한 데이터를 분석해서 투자의 기회를 지적해 줄 우수한 수학자와 과학자가 있어야 제대로 작동될 수 있다.

그런데 기술의 위력이 증대될수록 이러한 모델이 고수익을 찾아내는 효용성의 반감기는 점점 짧아질 것이다. 그러므로 고수익의 기회를 찾아낼 수 있는 능력을 좌우하는 것은, 어느 투자회사가 최우수 인재와 최량의 데이터를 가지고 가장 강력한 분석용구(tool)를 사용할 것인지에 관한 사실이 될 것이다.

물론 기술의 발전으로 자본시장에서의 일반적인 주식거래에 대한 거래비용을 줄여 갈 것이다. 예컨대 미래 어느 시점에 이르면 완벽하게 갖추어질 주식의 전자거래 시스템은 오늘날 수동과 자동이 혼합된 방식하에서 투자 전문가들이 누리는 가공할 정치적 힘을 형편없게 압도해 버릴 것이다. 주식시장의 기본분석 데이터와 실시간대의(real-time) 주가정보는 시장 참가자 모두에게 아주 저렴한 비용으로 제공될 것이다. 주식의 보관과 매매정산 기능도 지극히 효율적인 방식으로 수행될 것이다. 이와 같은 주식거래 과정에 대한 개선으로 거래비용은 저하되고, 정보의 비대칭성(information asymmetry) 문제도 줄어들 것이며, 결과적으로 자본시장은 현재보다 훨씬 효율적인 시장이 될 것이다.

......

이 Chaper에서 논의된 것을 요약하면 다음과 같다. 즉, 하이테크 우량기업들이 보다 저렴한 비용으로 보다 높은 가치를 고객에게 제공하는 새로운 방법을 찾아냄으로써 이 세상을 더 살기 좋은 곳으로 만들어 가기 때문에 실업계의 양상은 보다 능률적인 모양으로 변해 갈 것이다. 기업 경영자들은 최고의 인재를 얻기 위해 경쟁할 것이며, 학습과 적응을 강조하는 직장 분위기를 조성해 갈 것이다. 근로자들은 그들의 직업경력을 축적하거나 변경하는 데 보다 큰 자유와 그에 상응하는 책임도 가지게 될 것이다. 소비자들은 지출에 비해 보다 큰 가치를 지닌 상품을 보다 넓은 선택범위로부터 고를 수 있게 될 것이다. 그리고 투자가들은 자본을 보다 효율적으로 모집하는 방법을 개발하여 높은 수익을 올리도록 운용할 것이다.

참고문헌

Alster,N. "Making the Kids Stand on Their Own." Forbes, Oct. 9, 1995. pp. 49-56.

"AMD Gains Access to Intel Patents, MMX." Microprocessor Report, Jan. 22, 1996, 10(1), 5.

"Amgen Announcement of NPS Alliance." [http://www.recap.com/]. May 1996.

"Amgen Announcement of Yamanouchi Agreement." [http://www.recap.com/]. May 1996.

"Annual Report on American Industry." Forbes, Jan. 1, 1996, pp. 76-235.

Buck, E. "U.S. Robotics: The Leader in Remote Access Technologies." Donaldson, Lufkin & Jenrette, Mar. 1, 1996.

Cauley, L. "Bell Atlantic, Nynex, PacTel to Close Tele-TV." Wall Street Journal, Dec. 6, 1996, pp. A3, A10.

Clark, D. "A Dud at Its Birth, Windows NT Is Back As Networking Force." Wall Street Journal, July 29, 1996, pp. A1, A4.

Collins, J., and Porras, J. Built to Last: Successful Habits of Visionary Companies. New York: HarperBusiness, 1994.

Crockett, B. "Death for the gold-spinning, high-tech genie? Grove poses the question." MSNBC, November 16, 1996. [http://www.msnbc.com]

Cusumano, M., and Selby, R. Microsoft Secrets: How the World's Most Powerfull Software Company Creates Technology, Shapes Markets, and Manages People. New York: Free Press, 1995.

DePompa, B. "EMC Is the One to Beat." Information Week, May 1, 1995. [[http://www.techweb.com/se/directlink.cgi?IWK1995050.50071]

Dolan, K. "Help Wanted: Urgent!" Forbes, Oct. 7, 1996, p. 18.

Heskett, B. "Cisco Buys Granite Systems." C | net, Sept. 3, 1996. [http://www.news.com/News/Item/0,4,3000,00.html]

"HP Labs." [http://www.hp.com/abouthp/hplabs.htm]. Mar. 1995.

Ingrassia, L. "The Cutting Edge." Wall Street Journal, Apr. 6, 1992, p. R6.

Kaplan, J. Startup: A Silicon Valley Adventure. New York: Penguin Books, 1994.

Klaus, T. "Checking Out Linux." UnixWorld, Mar. 1993, p. 66.

Lenzner, R. "The Reluctant Entrepreneur." Forbes, Sept. 11, 1995, p. 162.

Levine, J. " 'A' Is for Arbitrage." Forbes, July 15, 1996, pp. 116-121.

Loeb, M. "Ten Commandments for Managing Creative People." Fortune, Jan. 16, 1995, pp. 135-136.

Markoff, J. "Microsoft Quietly Puts Together Computer Research Laboratory." New York Times, Dec. 11, 1995, pp. D1, D5.

Michaels, J. "Keepin Score." Forbes, Oct. 14, 1996, p. 16.

"Microsoft Incorporates Java as a Feature of Windows." [Microsoft press release], April 30, 1996.
[http://www.Microsoft.com/corpinfo/press/1996/apr1996/actxjapr.htm]

Mitchell, J. "Standards, Integrity, and Concern for Employees." San Jose Mercury News, March 27, 1996 [http://www.sjmercury.com/business/packard/standard.htm].

Moore, G. Inside the Tornado. New York: HarperBusiness, 1995.

Nee, E. "Interview with John Chambers." Upside, July 1996.
[http://www.upside.com/texis/archive/search/article.html?UID=9607011011]

"Patents: Bay Networks and 3Com Corporation Announce Patent Cross Licensing Pact." EDGE: Work-Group Computing Report, Nov. 27, 1995, 6(289), 15.

Peltz, M. "High Tech' s Premier Venture Capitalist." Institutional Investor, June 1996, p. 92.

Porter, M. Competitive Strategy: Techniques for Analyzing Industries and Competitors. New York: Free Press, 1980.

Porter, M. Competitive Advantage: Creating and Sustaining Superior Performance. New York: Free Press, 1985.

"Quotes on David Packard." San Jose Mercury News, Mar. 27, 1996. [http://www.sjmercury.com/business/packard/quotes.htm]

Seabrook, J. "E-Mail from Bill." New Yorker, Jan. 10, 1994, p. 59.

Steadman, C. "IBM Drops RAID Boost: Costs, Complexity May Rise." Computerworld, Feb. 20, 1995. [http://www.computerworld.com/search/AT-html/9502/950220SL7ibmraid.html]

Stephens, M. "Revenge of the Nerds." [PBS television broadcast], October 1996.

Strassel, K. "Liquid Plastic May Transform TV Screens." Wall Street Journal, Dec. 3, 1996, p. 86.

Stross, R. The Microsoft Way: The Real Story of How the Company Outsmarts Its Competition. Reading, Mass.: Addison-Wesley, 1996.

"Survey: Unisys/Telephony Magazine Survey on Customer Service and Buyer Values Points to Winners of the Telephone Wars: Long Distance, Local Telephone, Cable TV and Cellular Companies Getting into Each Other's Business." EDGE: On and About AT&T, Nov. 13, 1995, 10(138), 8.

Tanouye, E. "Value of Some Drug Firms' Acquisitions Is Questioned." Wall Street Journal, Nov. 19, 1996, p. B4.

Trachtenberg, J. "How Philips Flubbed Its U.S. Introduction of Electronic Product." Wall Street Journal, June 28, 1996, pp. A1, A4.

Yoder, S. "How H-P Used Tactics of the Japanese to Beat Them at Their Game." Wall Street Journal, Sept. 8, 1994, pp. A1, A9.

von Hippel, E. The Sources of Innovation. New York: Oxford University Press, 1988.

Wilke, J. "Thermo Electron Uses an Unusual Strategy to Create Products." Wall Street Journal, Aug. 5, 1993, pp. A1, A7.

저자 피터 코핸(Peter S. Cohan)은 경영자문회사인 피터 코핸 앤 어소시에이츠 사(Peter S. Cohan & Associates)의 사장이다. 그는 '경영전략'에 관한 지도와 자문을 통해 기술집약적인 업계의 기업이 신규사업 기회를 발견, 평가, 개척하는 데 도움을 주고 있다. 또, 이 회사의 업무에는 특허권에 대한 조사보고, 경영진 개발지도, 그리고 경영 추진과정의 지도까지도 포함된다. 이 회사에 자문을 요청하는 주고객들은 통신, 온라인 정보서비스, 컴퓨터 네트워킹, 생명공학기술, 제약, 유전개발 등의 분야에서 세계 굴지의 기업들이다.

코핸 사의 투자자문 업무는 유력한 민간투자회사와 제휴하여 '산업집중 전략' 에 의한 자본투입 방식을 위주로 하고 있다. 예컨대 금융서비스 부문에서 직접 기업매수, 경영통합 또는 저비용 판매망을 통한 제품판매와 같은 전략을 구사하고 있다. 또한 코핸 사는 인터넷 소프트웨어 부문에 초기자본 투자(seed capital investment)를 하기도 하였다.

저자는 '기업구조 개편(Reengineering the Corporation)'의 공동 저자인 제임스 챔피(James A. Champy)와 CSC/Index 사에서 함께 일했으며, 하버드대학교 경영대학원의 마이클 포터(Michael E. Porter) 교수와 경영전략 지도 회사인 모니터 주식회사(Monitor Company)를 공동 설립한 바 있다. 저자는 또한 금융, 보험 업계에서 내부 경영자문 역으로 일한 경험도 있다.

저자는 1980년 스와스모어대학(Swarthmore College)에서 전기공학 학사를, 1985년 워튼 경영대학원(Wharton School)에서 경영학 석사(MBA)를 수여받았다. MIT에서는 컴퓨터 사이언스의 대학원 과정을 밟았는데, 이때 동대학의 마이클 해머 박사(Dr. Michael Hammer)와 함께 일한 적이 있다.

저자와는 Peter-Cohan@msn.com으로 접속하면 연결된다.